·文汇新观察丛书

美国看法

张　军　著

文匯出版社

图书在版编目(CIP)数据

美国看法 / 张军著.—上海：文汇出版社，2014.11
 ISBN 978-7-5496-1317-5

Ⅰ.①美… Ⅱ.①张… Ⅲ.①时事评论-美国-文集 Ⅳ.①D771.209-53

中国版本图书馆 CIP 数据核字(2014)第 235702 号

· 文汇新观察丛书 ·

美国看法

著　者／张　军

责任编辑／黄　勇
特约编辑／刘非非
封面装帧／周夏萍

出版发行／文汇出版社
　　　　　上海市威海路 755 号
　　　　　（邮政编码 200041）
经　　销／全国新华书店
排　　版／南京展望文化发展有限公司
印刷装订／启东市人民印刷有限公司
版　　次／2014 年 11 月第 1 版
印　　次／2017 年 6 月第 2 次印刷
开　　本／787×960　1/16
字　　数／310 千字
印　　张／19.5

ISBN 978-7-5496-1317-5
定　　价／45.00 元

目 录

序言/信鸽一样自由飞翔 ……………………………… 1

中美纠结为哪般？ ……………………………………… 26

美国总统是怎样坐上宝座的？ ………………………… 37

解码奥巴马的"主义" …………………………………… 84

"关门不打烊"之奇观 …………………………………… 95

司法公正与媒体自由 …………………………………… 113

言论自由源于宪政体制吗？ …………………………… 131

种族梦魇何日消？ ……………………………………… 145

美国"舌尖"靠什么保安全？ …………………………… 161

美国航空母舰来了 ……………………………………… 171

移民？移民！移民？ …………………………………… 183

留学生问题与"问题留学生" …………………………… 199

伊拉克之战十年祭 ……………………………………… 213

埃及的现状和出路 ……………………………………… 230

战火煎熬叙利亚 ………………………………………… 246

美国在缅甸的战略诉求 ………………………………… 260

"龙象之睦"话西陲 ……………………………………… 272

中日如开战,美国怎么办？ …………………………… 284

后记/未来10年的中美关系 …………………………… 298

致谢 ……………………………………………………… 307

序言/信鸽一样自由飞翔

我们正越来越熟悉一位旅美华人的名字——张军。

论社会影响,近年来,无论央视、东方卫视、深圳卫视、凤凰卫视、江苏卫视、浙江卫视、湖南卫视抑或东森卫视、国际卫视、天下卫视、中国国际广播电台,还是中国新华社、人民日报、瞭望周刊、新民周刊,只要涉及公众的视野热点,涉及国际重大新闻,特别是涉及美国或中美间的重要新闻,你都能看到或听到张军语言精当且观点新锐的时事评论。

论职业影响——移民热、投资热、留学热使这位华裔律师的卓越的能力在中美之间日甚一日地热力四射,其领军的律师事务所近二十年来成功地办理了数千例法律案件,成功率之高,在业内首屈一指,成为美国南加州最知名和最具规模的律师事务所之一。

有鉴于此,为了让公众进一步了解张军,我们在此公布2013年夏天胡展奋对他的一次长时间访谈,因内容丰富,既可代序,亦可视作"张军自述"。

外面的世界无奈又精彩

胡展奋:张律师你好!很高兴有机会和你侃侃美国。我觉得美国是这么一个大家都很熟悉,但事实上却又对它知之不多的国家。这么多年它和我们的关系既密切又那么疏远。在这样的国度,你从80年代就进入生活、学习和工作,那么20多年后,我们面对这个话题,你的第一感受是什么?你觉得你的人生价值主要兑现在美国还是中国?

张　军:我的第一感受是命运,命运的力量太大了!因此,我要回答你的第二个问题是:正是命运的力量,使我的人生价值既不完全兑现在美国,也不完全兑现在中国,而是兑现在中美之间宽阔的缓冲地带。

胡展奋:这说法新鲜。你能展开一下吗?

张　军:我所谓的"缓冲地带",是指那些中美两国都愿意让渡出某种空间,让民间人士自由活动的地带,比如环保NGO、艺术沙龙、教育中介和新闻传播、司法实务等,我主要在新闻传播和司法实务领域内,用比较法解读中美之间的政体异同、司法异同和文化异同以及国际事务的种种纠结、纠结种种……

跨国度的传播,对个人来说需要人生的特殊际遇,这方面我觉得我还是很幸运的,我刚出国的时候是80年代后期,那时候中美各方面都有很大的差距,这个差距首当其冲体现在物质方面。

今天的中国有钱人到美国去,可能没觉得物质差距有那么大,但在20多年前,这个差距是非常大的,可以说所有的地方美国都领先于中国,中国人对美国是很向往的。因此我们这些学英语专业的人,毕业后能有机会去美国深造,能感受到美国首先在物质方面和中国的巨大差距,对我们的思想当然冲击很大。

现在想来,觉得还是很幸运赶上了当年那波出国潮。在所有的国人中,让我们这批人提前了解了美国。

中美建交35年了,两国之间,表面看上去有许多许多的交往,好像双方"你中有我、我中有你"的程度越来越高。事实上,我觉得中美双方还常常发生很多很多的误判,由于价值观不同,宗教信仰、政治形态的不同,会有很多很多误判的东西。坦率地说,就新闻传播而言,我从来都不认为我一个人就能化解多少误判和误解,但是至少我可以提供中美两国的听众观众一个看问题的不同角度。请注意,中国的经济在过去二三十年获得了极大发展,它的物质生产能力、物质文化水平已经发展到相当高的程度,我觉得人生赶上了这两个好的时间段,当需要去美国读书学习的时候我们赶上了第一班车,而当中美需要深度沟通的时候,我们又赶上了,有一句笑话,站在风口,猪都会飞。这一点上我个人是觉得还是比较幸运的。

胡展奋:能否谈谈你的过去?故事能否从校园生活开始,读什么专业,当时为什么想出国,后来又是怎么出国的?你的观众可能会喜欢你的故事。

张　军:呵呵,感谢大家的抬爱。我想,我基本可以从初中开始谈,我出生于江苏,父母均为高级知识分子。也许是环境的关系,我从小就很喜欢阅读,尽管我们的读物非常贫乏。在我们那个求知年代,基本是两报一刊的年代。很多现在看来很正常的书,比如《红与黑》、《战争与和平》,也只能课余时私下里偷偷传看。

在我的少年时代,我特别喜欢看一个读物,就是《参考消息》,在当时,这就足以让你在小朋友面前炫耀你看到了什么他们看不到的稀罕东西。

大量的阅读,使我对国际大环境和周边国家的时事政治产生特别兴趣,在阅读中看到太多的外国地名,当然会产生强烈的想法,想去那些地方看一看。最近我去了柬埔寨,什么"马德望省",什么"诗梳风"、"洞里萨湖"……这些柬埔寨地名我很小就熟悉了,都是从《参考消息》上看到的。当然对英国、美国,介绍他们的文章越多,就越有兴趣想深度了解它们。80年代中期的时候,大量的翻译小说和杂志开始进入中国,我如饥似渴地投身其中,废寝忘食地阅读,之前禁锢得太久了,大人都说我痴了,幸好,我的父母非常开明,从不对我的阅读倾向指手画脚地唠唠叨叨。他们相信自己的儿子"坏"不到哪里去。

在阅读的过程中我发觉,同一本书,不同的译本差距很大,不仅文字表现力差异大,就是思想差距也很大,这是怎么回事?!要是有机会读读英文的原著该有多好!

因为对外语有兴趣,也因为模仿力强,所以我学习英语感觉特别轻松、特别"溜",15岁时,便以优异的成绩考入专门培养外语人才的中学,后来因成绩优秀,被选送到大学专攻英语。

在那个年代是"学好数理化,走遍天下都不怕"的年代,同学中,作为一个男生去学英语的更少,我很快占了外语的优势。

我们是80年代初的大学生,中国教育体制正处在10年制向12年制的转变期,"文革"把中小学的学制变成10年了,"文革"结束有些学校就把学制变成12年,但恰巧也有不变的,我们10年就毕业,没有改成12年制,所以我17岁就上大学了。

胡展奋:大学英语专业毕业后,怎么想到去美国的?这之前,在大陆工作过么?

张　军:是的,工作过较短的一段时间,主要是接待来中国访问的美国客人。当时的美国人来中国,就像现在的中国人去柬埔寨一样,普通的人是不愿意去的,当时愿意来华的美国人更多是借中美建交的东风,要么是富人,要么是政府官员,要么是有思想的人,比如说教授、律师、艺术家等。

美国的比较上层的人,想了解这个神秘的国度,来了之后就跟我这么个神秘国度的年轻翻译到全国访问,作为工作,我必须陪同他们去北京、西安、成都、昆明、厦门、青岛、武当山、黄山、华山甚至拉萨、喀什、呼和浩特……旅途漫漫,自然要碰撞出很多的思想火花,也有很多感情交流。

事实上,在这个担任外方译员的过程中,我不可避免地结识了大量的美国所谓的头面的人物,他们既依赖于我的翻译,也依赖于我的友谊。旅途中,无数生活细节的安排和通融,无数龃龉和误会,都需要我排解与"和谐",就这样,迎新送旧地结交了很多这方面的朋友。

向往着外面的新奇世界,我想出去的念头其实转了很久了,学英语的同学都会有想出去的念头。我有个好朋友,也是在她访华时认识的,她在佛罗里达,是大学教育学院的教授,这个人也是一个传奇,她是教育学院的历史上第一位女性终身教授,那个年代的美国女性的社会地位也不是很高。她很喜欢我,就问我愿不愿意去她那里学习,我当然愿意。于是,她担保我去美国学习,帮我申请入学。

我当时是在南佛罗里达大学的"国际政治"系学习。当时学校里的学生很少有中国大陆来的,多数是台湾来的,绝大部分都是当地的白人。在中国学的英语,开始还是很不适用的,当时中国的英语教学都是闭门造车,只比"洋泾浜英语"好些,不像现在有类似"新东方"这样的学习系统,所以到了美国后发现,很多书本上学的,无法对接,但毕竟我当年学习英语时积攒了很多的词汇量和比较扎实的语法基础,以及通过译员生涯对美国社会的初步了解,所以转型对我来说不是问题。

当时最大的是生活问题,没人供养我,仅凭奖学金是不够生活用的。美国有这样一个教育制度,外国的学生的学费是要比本州的学费高许多倍的,因为本州的学生是在本州交过税的,所以理应享受这样的公共教育。我们外国学生与外州学生的待遇是相同的,那就是需要你维持很好的成绩,每年你的名字都要出现在院长表彰名单上,才能持续地拿到菲薄的奖学金。但奖学金只是帮你上学。吃穿住行还是需要钱的。幸好美国的社会很有趣,有一些需要学生提供各种服务的人会自动地找上门来。

我当时遇到这么一个情况,他是一个美国的残疾人,是一个自强不息然而高位截瘫的残疾人。这个人叫杰克(尊重隐私,姑隐其名),我叫他"非凡杰克"。

他们家是当地非常有钱的人。他十几岁的时候,和亲戚在自家的庄园里飙车,结果发生了重大车祸,造成高位截瘫,当然是很伤心的事情。他的截瘫程度事实上是很难想象的,但是他凭借着自己坚强的意志一直读到了应用心理学的博士。

他只能这样(作仰面困难写字状)写字,也只能运用微弱的肌肉能力,配合那些照顾他日常起居的人。事实上"非凡杰克"居然还能开车,当然是特制的为他度身打造的车,同时还管理着家族的企业。

他每天需要两个人照顾他,比如说他起床,不像我们半个小时完事了,他起床需要两个多小时。他请了两个学生,他知道愿意提供这类服务的只能是学生(半工半读)。为了每天7—8点钟正常去上班,他必须清晨5点起床(当然我也必须和他同步起床)。要照顾他上厕所,大小便。因为高位截瘫,血液是不畅通的,要通过特殊的床,把他竖起来,使他变成站立状,才能改善他的排泄功能。

每天,这个美国的"非凡杰克"要看半个小时的《华尔街日报》,有特制的桌子让他放报纸,笔上有个特制的橡皮栓可以帮助他翻页。多年的生活已经让他习惯利用自己微弱的肌肉能力做些事。之后要照顾他穿衣服,帮他把早饭准备好。

因为高位截瘫,他的大小便是不能自主的,我们两个学生都要带着乳胶手套帮他解决,说实话,工作量很大。小便固然通过尿袋收集,大便就要使用类似开塞露一样的东西,一早塞进去,刺激他的肠蠕动,完成排便。

再强调一遍,我的工作量非常大。我们提供这样的服务是有交换条件的,作为对应,我们的吃住行都免费,也就是我们的吃住都是在他家里,两个学生,两个单间,我们轮班。对我们来讲,物质是艰苦的,生活也是艰苦的,但是精神是丰富的。一来美国就在这样一个坚强意志的美国人家里做事,积累了很多人生经验,真所谓耳濡目染,和他的邻居、家人、亲友、花匠、清洁工和公司员工打交道,学到了很多跟美国人相处的社交知识。

这段经历深深影响了我。杰克在美国没有报纸报道他,没有人拿他当作励志的榜样,他每天就这么非凡地生活着,管理着庞大的产业,处理着千头万绪的人际关系,也没有什么领导人来赞美他,他就是觉得应该要这样做,人活着就是要这样做。

他出车祸的时候是十七八岁,我照顾他的时候他三十几岁。我听隔壁的邻居介绍,他刚出事的时候,很长一段时间摆脱不了想自杀的念头,他觉得人生是没有意义的、虚妄的,不过这么长的时间他也活过来了,我觉得他的精神比你我都要强大。当时我就常想,他有那么多钱,如果用所有的钱,换三天正常人的生活,甚至说像我这样贫穷的生活,也许他都会愿意。所以不得不说,杰克的非凡人生对我的震撼迥非常人所能想象。

胡展奋: 能否比较详细地说一下每天料理"非凡杰克"的程序?

张　军: 可以。料理顺序是这样的,他床边上就是轮椅,睡觉前将轮椅放在他床边,调整到和床一样平行的高度。5点钟他醒来,可以用自己微弱的力量蹭到轮椅上。这个轮椅是特质的中空的,电驱动的,有点像抽水马桶。点了按钮,他自己可以把轮椅驱动到厕所里面,这时候你把开塞露都弄好了,他大部分时候是可以自己完成排便的。之后他会通过厕所的电话叫我们过来,帮他把机器调整好,让他"竖起来",报纸铺开,早饭摆好。之后他就开始读报,一边看报一边吃早饭,简单的早饭,这是学习的时间,也是推助他血液循环的时间,然后帮他把衣服穿好,把他送出门,早上我的任务就完成了,前后大约需要一小时的时间。

我照顾了他有一年的时间。他会自己开车去公司,我就去上课。如果晚上轮到我值班,我会帮他做晚饭。他没有其他管家,只有我们两个学生。他每天都有一套菜单,每天会告诉我想吃什么,都是西餐,我自学烹调,也就练出来了。吃好后他看一会儿电视,因为起得早,所以大概八九点钟他就睡觉了。我帮他预设好设备,替换好睡衣,帮助他上床、关灯、拜拜,他睡觉之后我就去看书,第二天就换我们的美国同学。

胡展奋: 那就是说你值班的时候,一天有两段自由的时间:他上班以后到晚饭的一段时间;他睡觉后的一段时间。

张　军: 是的。不值班的时候可以做我想做的事,但做学生主要还是读书嘛。这份工作以外,我还有其他的工作,这份工作只解决了吃喝住,我还需要零花钱的部分。帮助我来美国的教授已经退休了,但她所在的教育学院有一份工作需要人完成,我就去报了名。我们教育学院除了教书,还扮演着给全佛罗里达州参加教师资格考试的人准备复习资料的角色。我们第一要编撰大量的复习资料,第二是把复习资料派发到所有申请的人那里。我的任务就是负责在教育学院派发这个资料,通过这项工作赚取酬劳。

很奇怪的是,当时最累的并不是学习的部分,学习只要差不多学一学就可以拿到全A,就可以进入院长名单。最累的恰恰是在杰克家的打工以及教育学院的打工。如果还想赚钱,隔壁邻居也知道我们都是学生,哪一家需要剪草,他们会出5美元一小时的剪草费,我们就拿着自己家的剪草机,去帮邻居剪草。

当时就是这么样一个的生活状况。

胡展奋:每个月打工收入,加起来2 000美元有么?

张　军:不。当时每个月打工赚1 000美元左右。教育学院不能做全职,我还要上学呢,只能做半职,因为在杰克家,吃住是不付钱的。佛罗里达也不需要买很厚的衣服,都是短裤和T恤,那里很热。那个时候钱也值钱。年轻人,也没家庭负担,生活确实是无忧的。这样的状态持续了两年。

胡展奋:这个时候有什么志向呢,酝酿着什么梦想?

张　军:这个时候当然也有志向,就是儿时的梦想。我一直想做外交官,所以我选择了学英语,选择了国际政治。但是很快我就发现,我的理想是比较骨感的。

我们学校里不要说中国人,连黑人和墨西哥人都很少,都是白人。首先当中国的外交官已经不现实了,因为已经出国了。想当美国的外交官也不现实,我不是美国的公民,连绿卡都没有。所以我必须找到一个比较现实的目标,而事实上,在我求学的过程中,我认识了很多律师朋友,大家都是觉得我在这个方面是有天分的人。同时在教育学院工作的时候,我又认识了我们学校图书馆古籍部的一个负责人,他太太是中国人,他会讲中文。他说他就是杨百翰大学图书馆系毕业的,他觉得杨百翰大学的法学院特别棒，问我有没有兴趣。我当然非常感兴趣，杨百翰大学对我们中国人来讲，当年比哈佛大学更出名。因为中国改革开放以后，杨百翰大学派出了美国历史上第一个大学生舞蹈团访华，激起了"杨百翰旋风"，它的知名度非常高。

其次我面临毕业，我当不了外交官，可以继续学习法律嘛。我同时申请了许多学校，也被不少名校录取了，但后来我还是决定去杨百翰大学。

第一，杨百翰大学的院长特别欢迎我，因为我当年在大陆工作时接待了美国许多的政要，他们都给我写了推荐信，其中有一些参议员。有一个参议员的妈妈，就是杨百翰大学的校友，他专门在推荐信中强调："我妈妈就是杨百翰的校友，我觉得这个年轻人非常好。"当年我陪这个参议员去西藏、新疆访问，当时来访问中国的美国人不是为了享受，而主要是了解中国。当初，我还接待了ABC广播公司最著名的女播音员，芭芭拉·沃尔特斯女士，她是美国播音界泰斗级的人物，她也为我写了推荐信。所以杨百翰大学对我表示出特别大的兴趣。当然它的学费也相应便宜，还给了我少数族裔学生的奖学金。在佛罗里达期间，朋友帮我申请了扶轮社国际大使基金奖学金的项目，这是美国非常有名的NGO组织。我在法学院的第一年得到了国际大使基金奖学金的批准，它解决我一年所有的费用，学费零花钱都包括。我当时申请的是去牛津大学做一年的访问学生。但我读完法学院博士的学位需要三年，如果我当中去牛津一年，则我既不能拿杨百翰的学位也不能拿牛津的学位，我就提出能不能把这一年放到杨百翰大学的学历计算，他们也同意了。

胡展奋：你在申请到牛津的时候，当时还没入学杨百翰大学？

张　军：我是在申请法学院的过程中，同时申请了扶轮社国际大使基金奖学金。什么叫"国际大使基金"呢？主要是帮助美国学生到海外去学习一年。

我申请的是牛津，我决定去的话是可以去的，但后来拿到这个奖学

美国看法

金的时候我已经被杨百翰大学录取了。所以我提出,如果到牛津去的话,会耽误我一年的学习。尽管去牛津很好,但是没有学位,同时法学院的学习将被迫中断。我于是跟扶轮社提出把这一年放到杨百翰大学,他们经过商议,同意了。

杨百翰大学在犹他州,盐湖城附近的一个小镇,叫普罗沃,在美国的中西部,气候比较极端,白天的温差很大,夏天很热,冬天很冷。不繁荣但很恬静。那个地方是摩门教的大本营。盐湖城曾经办过冬奥会,当年冬奥会的组委会主席罗姆尼也是我们杨百翰大学的学长。后来罗姆尼曾和奥巴马竞选总统,被奥巴马击败。他是杨百翰大学的校友。

作者南佛罗里达大学毕业照

到了杨百翰的第一年和第二年我生活得非常好,因为所有的费用都是他们包的。为此我非常感谢,我觉得美国类似的NGO组织对年轻人的帮助太大了。在佛罗里达近两年的生活是很艰苦的,到杨百翰大学之后就逐渐走向正轨了。

身无分文闯荡美国法律界

胡展奋:我注意到,你开始读的是"国际政治",怎么又会和美国法律缠上了呢?

张　军:读博第一年的时候,我的另一个好朋友,是美国的著名商人,开着很大的公司,他的孩子想到中国办厂,他问我暑假能不能做个

"先遣队",派我回中国考察。所以我就利用暑假把这个办起来了。在回去读书的过程中,我继续遥控着这些事情,他们也给我开工资,所以突然间,我变成了比较"富有"的法学院学生。

从杨百翰大学毕业很多年以后,我在美国联邦最高法院参加宣誓仪式的时候碰到了我的老同学,他们说:"我们当时就特别羡慕你,当我们还在想着怎么找工作的时候,你每年暑假都往中国跑,赚着大钱。"其实当时也没赚多少钱,但比普通学生要有钱。

读博三年就顺利毕业了,这三年之中,以前认识的一个朋友,是在洛杉矶当律师的,他们有很多中国的业务关系。我就向他询问,第二年暑假能不能去那边实习。

他们同意了。那个时候中国的改革开放渐入佳境,越来越多的中国企业要来美国了。现在是美国人想来中国做生意比较多,但当时互相交叉的比较多,美国人想来,中国人也想去,特别需要一个像我这样一个熟悉两国情况的人。所以顺理成章的,一毕业后我就进入了这个律师事务所,这是个很大的律师事务所。

解决了工作的问题,也就解决了身份,解决了绿卡。更重要的是,跟这么多大牌律师工作的两年中,学到了大量知识。他们很多人都是前美国政府的高官,里根时期的高官。今天我们用的很多法案都是他们写的,跟其他实习生比,我有一些劣势,我是少数族裔,他们大部分是犹太人;但我也有特别的优势,因为他们要跟中国人做生意,再大牌的律师在跟大牌的中国人沟通的时候,也需要我在现场。于是,我在现场翻译的时候,我自己就做个有心人,细心学习美国大牌律师是怎么和客人谈话的。律师,严格讲来也是商人,他是怎么样销售自己的服务的,又是怎么去分析的,怎样让客人真切地了解到"我正是你要找的律师,我是如何解决你的难题的"。这个司法实务的过程——如果说,今天我能在美国律师界做得比较好的话——是再牛的法学院也学不到的。

回顾那些跟随美国第一流律师学习的岁月,我至少学到了下列经验:

第一，无论你大牌还是小牌，无论你面对的客户的教育背景是初中生还是博士生，首先你一定要非常非常熟悉你的法律业务，你对自己的业务本身要非常熟悉。我发现我们现在有些年轻的律师朋友，经常容易轻视自己的客人，他认为"我一定比你懂得多"。其实不然，客人来找你，很多人虽然不懂法律，但是对这件事情的本身，特别是来龙去脉和隐情曲折，他是很清楚的，更何况他们非常有可能已经跟别的律师谈过，探过深浅，所以你的业务娴熟永远是第一位的。

第二，无论是中国的客人或是任何地方的客人，他都会有很多"选择性隐瞒"。

通常，他总是愿意告诉你他想告诉你的，尽管我们常常鼓励客人把整个事情的全部信息都告诉我们，以便我们全面分析判断，但是很多客人做不到，有的时候，类似的隐瞒还不一定是故意的。在这个层面，我觉得大牌律师教我的就是，首先，你职业的道德操守非常重要。你不应该选择性地帮助客人，当他觉得这件事我可讲可不讲，而这些事很可能就徘徊在法律边缘时，你就必须明确地告诉他，徘徊在法律边缘的事，我绝对不能帮你做。也就是，法律不允许的事，你如果想通过改变证据、改变事实部分来实现目标，我宁可不做这个案子，也绝不做这种被我们这里称为"擦边球"的事。

当然，我对此也曾有过困惑。刚开始的时候我还觉得，这样会不会失去很多生意。但恰恰相反，你越是这样坚持，反而越会得到客人的尊重，你因为诚信、因为正直而会得到更多的生意。

在我的职业生涯中，这是一份重要的启示录，事实上这页启示录一直警示着我，我的坚持反而会让一些比较烂的案子，那些冲着法律"擦边球"的案子，自动不来找我。

第三，他们让我深度了解了资本主义社会，市场经济是很现实很公平的。

我固然有很高的业务素质，也有很高的道德操守，但是你既要用我的服务，你也要准备出比较高的价钱。所谓"一分价格一分货"，针对相应的报酬,中国人老喜欢说"价钱好说"、"价钱好说",往往临了,大家最后又变得很不好说。我是非常明确这一点的,必须要和别人明确地讲明白,我们肯定是好朋友,我们也愿意和你交往,因为客人其实就是我们的衣食父母。但是如果要做成功这个事,对不起,"亲兄弟,明算账",可能我应该收多少,就收多少,该三万块,就不能二万。我必须要明码标价,而且要白纸黑字地签下来。市场经济的核心,就是如果你不付我钱,我真的不能开始工作。就算是社会主义,其第一原则也是"按劳取酬"。想当年,80年代的中国人的行事风格是很含蓄很内敛,很不市场化的,我为大牌律师担任翻译的时候也常觉得,你这样赤裸裸地跟别人讲价格,是不是太那个(物质)了。但后来发现你不讲不行,公平,公平,首先就得公开,然后才有平等,物质的话,总得有人讲,那就直接讲。

第四,就是一旦这家客户你决定接了,你就要坚决地,有时还必须勇敢,甚至"凶悍"地捍卫这位客户的利益。只要他一天还是你的客人,他还在履行他的付款合同,你就必须尽最大努力,动用一切你可以动用的知识和能力,去帮人把这个事情解决。

当然,法律规定不能做的事,我是坚决不做的,我觉得我们应该站在很高的道德制高点上讲这句话。这其实也是前辈们教给我们的很高的智慧,让我们事先规避了许多潜在的司法灾难。我常常告诫我自己和我的员工,绝不能为了利益闯红灯,只要案子在法律框架以内,我绝对"两肋插刀",哪怕是直接冲撞大财团,直接控告政府——我们经常和政府打官司——只要法律在我这边,我们坚决不会饶过政府或者恶势力。如果法律不在你这边,第一我说我代表不了你,第二我也坚决劝你不要这样做。

在这个强大的律师事务所工作了两年左右。之所以离开,当然不是因为它太强大,也不是因为我的个人原因,而是这位犹太律师的合伙人拆伙了,散伙了。这在美国很正常。在他们拆伙的时候,有的人鼓动我去他那儿,又有的人鼓动我去另一方,我当时都动过心。但是后来我想想,这两年的中国客户基本上都是我开发的,我觉得我已经积累了充分的资源,何必为别人打工一辈子呢?所以我就很友好地跟他们说,我将充分尊重你们的权利和资源,你们开发的业务我是不会碰的,但是我希望给我自己一次机会,我幽默地说,我记得伟大的亚历山大大帝还不到十八岁就担心未来的事业都被前辈开拓完了,忧虑着自己还有多少创业空间——而我,张军已经奔三了!

他们听了都开心地笑了。

从此,我就开始独立创业。那是1996年。1997年,我的"张军律师事务所"创办成功。

胡展奋: 能不能讲讲你自己出来闯、自己出来做的故事?

张　军: 这可真是说来话长。话说有了律师资格,在美国建立律师事务所,就程序而言是不难的,律师事务所可大可小,你既可以买一栋楼去做律师事务所,你也可以买个桌子板凳租个房子去弄。我们最初的办公室,我非常清楚地记得,就是不到500平方米的房子。

我当年创业的艰苦性现在谈谈无妨。第一,没什么钱,刚刚毕业两年时间,但比学生时期要好,毕竟拿一份工资了。但当律师的,成本也就是人的资源,不用机器什么的,无非是租一间房子。美国的律师是这样分的:合伙人(董事),下面是律师雇员,再下面是法律助理。

当时我没有合伙人,就一个人,请了一个助理,然后我们就开张了。现在想想蛮简单的,其实在当时还是挺大的一个决定,突然间从那么大的律师楼里出来,马上变成这么小的办公室,没人知道,个中确实有很多艰辛。但是这个"艰辛时段"时间不长,前两年在大的律师事务所的学习,给了我非常大的帮助,再加上我有语言优势,以及之前在大陆的人脉资源,所以很快在华人社区打开了局面。

如果你愿意了解,你就会发现,每隔个两三年我们就会搬到更大的一个地方去,现在我们已经拥有数十位同仁了。

胡展奋: 你还记得当年自己开律师事务所的第一笔业务么?

张　军: 自己的律师事务所的第一笔业务我自然记得非常清楚,

那是代理一位从上海来的客人。这位客人是个著名的摄影家,当时要帮他申请"杰出人士移民",因为他要到美国来发展。也是一个很好的朋友介绍,介绍我说,这个律师虽然刚出来,但有着深厚的大律师事务所的工作经验。

这位上海的客户来了以后,我们一见如故,谈得非常好。我们就帮他把这个案子精心准备,其核心事迹是当年美国一位著名总统访问上海的时候,他为这位总统拍过一张很漂亮也很著名的照片,我就帮他把这张照片捐给了美国的一个著名的博物馆收藏,然后让博物馆实事求是地出具证明,证明这张照片的"杰出性"和历史意义……当然他自己也有很多其他的,能够彰显他杰出事迹的内容,结果移民局六七个月就批下来了,他就拿到了美国绿卡,非常顺利。跟上海还蛮有缘分的。

有了这次独立的"小试锋芒",我就甩开膀子大干,利用自己历年的人脉积累和社会资源,连打了几个大官司,特别是美国某些商家欺负大陆投资者的官司,为自己打出影响,为律师事务所打出了定位,更为华人华裔打出了志气,就此在美国,在西海岸站稳了脚跟。

我 爱 中 国

问:我们注意到,凡是华人被欺负或被打击尤其受挫折的案子,你都会热情地去承揽,这是不是可以理解成你对自己的祖国、自己的故乡怀有一种特殊的强烈的情愫?但是,又怎么解释你加入了美国籍,成为美国联邦最高法院出庭律师呢?

张 军:这看起来矛盾,其实并不矛盾。几乎所有的洛杉矶华人都知道我的毫不掩饰的中国情结,所有华人都知道我对华人社区的事务抱有相当的热诚,但生活又是具体的,异国他乡的生活尤其必须直面,很简单,我们华人,尤其我们这一代,年轻时都受过物质短缺的折磨,为了下一代的幸福,我们在美国不但要求生存,而且要生活得好,就必须适应环境,物竞天择,适者生存,比如做律师最高层次自然是想做到"美国联邦最高法院出庭律师",我们干这一行总想做成最出色的,这本无可厚非吧,但是美国法律又规定,非美籍律师不得出任美联邦最高法院之出庭律师,所以,作为律师如果我不改变自己,就有太多的案子和我无缘,这时候我相信直面你的生存环境、直面你的职场环境毫无疑问应该更重要,这是现实人生,一万个零,抵不上一个一。然而在文化归属上,在传统价值观与灵魂深处,我们已是"无可救药"的中国人,就算是赵美心这样美国出生的第三代华裔身上,仍然流淌着炽热的中国情,仍然深受故国人民的关注,难道有谁不欣赏她为彻底驱除排华阴影而奋斗、而迫使美国政府为排华案道歉的壮举吗?!

爱国,既和国籍有关,又不全然,汪精卫一天都没有脱离过中国籍,但还是大汉奸(笑),而杨振宁、陈省身、李政道、丁肇中诸先生,都入了美籍,你能说他们都不是著名的爱国人士吗?

胡展奋:呵呵,你的解释至少相当坦诚而且雄辩,文化归属、心灵的归属确实同样重要,但是你在法律方面取得可观成就的同时,我们发现你对国际事务,特别对中美之间的事务相当关注。不但关注,而且是热诚介入,最常见的是你在众多荧屏上的频频亮相和指点江山,这是你的兴趣呢?还是觉得责任所在?你如何评价中美关系,中美关系是否存在本质上的冲突?

张 军:这要上溯一下历史,我们应该注意到,1949年中国完全倒向苏联,"一边倒"的政策,产生了很多后果。当然,中国领导人当时是有一定的考虑的。考虑到当时中国的国力权衡与利弊权衡等问题。

是的,美国历史上的确试图希望与中国修好,当时美国驻中国南京政府的大使司徒雷登就是主要想做这个事情而迟迟逗留南京不走的,但是后来毛泽东写了一篇著名的《别了,司徒雷登》,意味着事情结束了,大门关上了。

胡展奋:这就是说,"二战"结束后,中国作为战胜国,苏联和美国都试图拉拢中国。

张　军：是的，因为中国毕竟在整个东亚举足轻重。苏联帮助了中国这么多，当然也有利益诉求，但是中国还是做过一些独立的判断。

美国在"二战"之前，外交方面，采用的还是实用主义的态度，他们认为中国是东方一个很大的国家，不把中国拉过来，自然中国会倒向苏联。尽管当时蒋介石是美国的盟友，但是最后还是共产党做出了最终的决定。

事实上，我们和司徒雷登这么一"别"，中国和美国两国关系在很长一段时间内就走了下坡路，没有任何起色。包括后来中国大陆与台湾的海战，美国还派了军队到台湾去，一次次对抗事件的发生，只能促使两国的关系持续地走向冰点。

胡展奋：二十多年后两国究竟又是出于什么样的考虑突然就出现了尼克松访华这样的态势呢？看多了这方面老生常谈的文章，很想知道你有没有新鲜的解读。

张　军：这方面的文章虽然很多，归根结底，我觉得还是出于实际利益的考虑，你是知道的，国际关系没有永远的敌人。关于中美的突然解冻，近年来的确另有一些新的说法，但是在得到中国政府公开确认之前，我不便评说。

"二战"后的长期冷战，东西方的恶斗在欧洲很激烈，美国觉得与中国搞好关系，可以牵制苏联，这对他们来说是一个机会。中国曾痛陈苏联的修正主义，亡我之心未泯，说苏联在中苏边境陈兵百万，实际上后来历史查证，可能并没有"百万"这么多，大概也就40多个师，美国从全球战略考虑，如果加强中国的实力，就可以在中国方面牵制更多的苏联的军力。

当时尼克松访华，两国其实都是有共同意愿的。他这一举动在美国国内都是有一定的争议的，有些人认为中国毕竟是共产主义国家，所以就有了基辛格的秘密外交的举动。如果一开始就大张旗鼓，会有更多更大的争议，就无法推动之后这么大的事情。其实中美建交一直拖到1979年卡特总统时期，两国才正式缔结外交关系。在1972年到

1979年之间,其实美国国内的政治环境还是挺动荡、复杂的。首先是日本与中国改善了关系,后来法国等国家也加入,中国的外交空间便打开了,这为中美两国关系的改善提供了一定的基础。

胡展奋:其中台湾问题是不得不提的。

张　军:是,尼克松时期就在谈这个问题,有上海公报,说得比较暧昧,因此没建交。8·17公报是里根政府时期签订的,要求美国对台湾出口的武器逐渐减少,直到最后不再出口。可是实际情况是相反的。所以中国与美国外交关系的原则是建立在三个公报上的——上海公报、建交公报和8·17公报。卡特政府在国内有强大的反对势力,他们大力推动的国内法就是"与台湾关系法",要求变成美国国内的法律,要求美国在台湾遇到来自大陆的威胁时,坚决给予帮助。这是美国在谈论与中国的关系的时候比较多会提到的,而中共领导人比较愿意提到的是三个公报。这是有些矛盾的,依我看,如果要想一个法律在美国国内得到实施,是需要国会通过的,这需要更强大的国内势力助推,所以,因为台湾因素的牵制,美国对中国实行的外交政策是一个双轨制。

胡展奋:我们能不能从较为感性的角度谈谈,因为之前都是从历史的较为理性的角度出发谈这个问题的。作为中国人,从1972年到1989年你感觉身边的人看到新闻联播里中美两国关系的变化,有没有明显的递进?就你而言,什么时候察觉到政治风向标的显著转变?

张　军:1972年我还小,还记得小学里热烈欢迎尼克松访华、大人们热烈议论尼克松访华的印象,后来我毕竟读的是国际政治,回过头再研究那段历史,发觉那个时段其实是中美两国政治关系上的一个高峰,民间的友好程度之热烈,是历史上一直到今天都不曾超越过的。比如当时,中美日三国的旗帜都印在一个胸章上,大街上,公共场所到处可见。1979年之后,来中国的美国游客逐渐开始增多,我说过,当时都是一些素质较高的人,如教授啦、议员啦等,他们回去,为中国说好话的居多。1989年天安门事件之前,中美两国的关系都很好,武器上、战略上,都有友好合作。

这个时期,作为专业的译员,我就代表中国同胞欢迎来自美国的友人们。

我比较直观的感受是因为我是江苏人,南京国民政府等很多中美关系的见证物都在江苏。当时陈纳德的孩子们等一些人成为改善或加温中美关系的中坚力量。我还翻译过多首毛泽东的诗给他们听,他们觉得蒋介石政府倒台的确是有客观原因的,他们本身对中国共产党的感情就比较好。中国当时物质条件都不是很好,但是我会带他们去老人院、幼儿园参观,比如南京著名的小红花艺术团,他们觉得中国的社会主义制度很好,但是现在这样的事情就比较少了。

我说过,当时我曾给佛罗里达大学的某教授做翻译,她觉得如果能帮助像我这样的年轻人去美国学习,同时,又派遣一些美国青年来中国交流是一件大好事情。事实上她一回去就把申请入学的资料都寄过来了,让我觉得很多美国人十分真诚,我想他们一方面是帮助中国的年轻人,另一方面是想尽可能地多影响一些中国的年轻人。

胡展奋:说实话,你当时认为他们热诚地想让中美年轻人之间进行交流,是为了什么?

张 军:他们没有个人的利益诉求,而是认为中美之间缺乏了解,导致误会、误判太多。比如,当时的中国几乎没什么犯罪情况,社会秩序良好,老人都照顾得很好,这与他们之前受到的很多负面宣传是不同的。包括中国与日本的关系,在政治问题上1979年也是一个分水岭,因为美国是日本的老大哥,所以他们的外交是向美国看齐的,他们当时对中国经济的帮助也是确确实实存在的,给了我们很多的低息甚至无息贷款——尽管日本当年对南京的伤害是巨大的——所以,受到美国的巨大影响,当时中日两国的关系也达到了友好的高峰。

我记得有一次我陪美国几个有钱的、受教育程度高的人游丝绸之路,坐飞机从嘉峪关起飞,但是航班临时取消,我们就请当地的外事部门协作,买火车票。然而,没有软卧,也没有硬卧,只有乱哄哄的坐票。

从嘉峪关到兰州,地理环境是一望无际的沙漠。没有动车的年代,没有冷气,巨热,各种体味、喝酒、打牌,绿皮车内的脏乱差你可以想象。我很担心美国人的心绪恶化,但是他们非但没有抱怨,还很感谢我们。我们把我们较为"丑陋"的一面坦率地暴露出来,反倒促成了旅行中的一个高潮,他们和当时的中国人嘻嘻哈哈地打成一片。

多年后我出国又见到了当时的那群朋友,他们都认为中国人很朴素,又可爱,处处呈现出真实的一面,他们印象很深。

那是激情燃烧的岁月,是80年代的新一辈,因为中国各方面"饥饿"太久,我们都想马上把中国建设好。

胡展奋:你倒是看看现在的年轻人和当时的年轻人有什么不一样?

张 军:年轻人都是非常好的。我们那时候的年轻人精神世界很富裕,现在相反,物质世界可能比较富裕。我们当时多轨制并存的,既有复读的再考,也有工农兵再读的,我上大学时刚17岁,但有些同学读大学时都30岁了。我们对知识如饥似渴,百废待兴,晚上自修,不到12点多没有睡觉的,路灯下、洗衣房、图书馆、教室里等,学习的氛围非常浓郁。

胡展奋:抱歉,聊着聊着,又要聊回去了,初进大学,你当时的理想是什么?来到美国,进了美国的大学,你的理想又发生了什么变化?

张 军:我们当时的理想比天还高。我们学英语的同寝室6个人,每天晚上讨论国家大事、中美关系等讨论到很晚,很亢奋,隔壁寝室都强烈抗议,说我们有完没完。无数同学都怀着巨大的热情,学习西方一切的东西,这是需要深度反思的,因为我们整个民族都被禁闭太久了。当时有一个美国的乡村歌曲叫约翰·丹佛,校园里很流行,会唱觉得很时髦的,我们要求英语教授教我们唱那些歌曲。

1979年邓小平访问美国,但是中国和越南的关系出现麻烦,和苏联关系也紧张。我们年轻人比较一面倒地相信美国与中国有秘密协议。

中国在南方的边境要与越南打,但是比较忌惮在北方打,在这个节骨眼上访问美国,我们认为美国表面上没说帮助,真等到开战时是会帮助我们的。可最后打了没多久中国部队就回撤了,美国没有什么行动,当时我们信心满满,认为邓小平到处发表的演讲都是很有信心很有底气的,我们都认为邓公做事是有把握的,当时我们年轻人几乎都这么认为,后来的历史表明其实美国没有什么承诺。这也说明我们当时幼稚,大国之间的博弈没那么简单。

在老布什当政时期,其实他是对中国十分友好的总统,可是因为美国国内的压力和国际政治格局的变化,他只能主导美国政府对中国实行制裁、武器禁运等,1989年后中美关系走入建交以后的最低潮。

我到了美国后,那里的人对我很好奇。我被很多团体组织要求去讲中美关系的现状,比如妇女俱乐部等。我当时很朴素的想法是想影响一部分人。他们问中国的女性可以上学吗? 中国老人是谁来照顾呢? 中国人怎么看待美国人呢? 他们对中国没有机会充分认知,当时对中国的观感还停留在大清朝。他们很好奇。

我在美国学习国际政治的毕业论文是"20年后的中美关系"。

我当时在论文中对中美关系比较悲观,担心中国的改革开放会毁于一旦,当时中国瞬间失去了西方的进出口。中美关系的基石原来是一致对抗"前苏联和前华沙条约组织成员国",可是1989年以后,当初夯实的基石都没有了。当时还没想到中美的经济关系,后来会起到这么大的修补作用。虽然我觉得仅仅经济互动是不够的。

你刚才问我中美关系本质性的冲突在哪里? 我觉得,意识形态方面的冲突是中美无法克服的地方。美国的外交,常常对中国做出限制性处理,他不能不与中国打交道,由于先天不足,后天要做得更多。

应该更好地向你中有我、我中有你的方向发展,只有这样,经济关系才会更健康。所谓健康就是不要太大起大落,比如贸易战等,彼此很伤害。中美关系本身就不是很牢固。今天中国的经济力量很大,我以为要在文化方面多交流。好莱坞大片、NBA、KFC等,这些美国文化对中国文化的影响现在远远大于中国文化对他们的影响。

我一直呼吁中国对外要有正能量输出、有价值观的输出,人家才会尊重你。

胡展奋:我们是否可以谈谈中国人眼中的美国文化输出?或者聊聊"张军眼里的美国霸权主义"?

张 军:根据我的研究,"二战"时,美国民众骨子里对太平洋战场的开辟没什么胃口,直到珍珠港事件后才被刺激出了这个胃口,而且一下子胃口开得很大。

美国参加"二战"的确对世界反法西斯力量有极大的贡献,太平洋战争,美军与日军殊死的搏斗,异常艰难困苦;解放欧洲,在欧洲恢复各国主权;轰炸东京,在日本投放原子弹,美国都是付出了很大的代价的。"二战"后马歇尔计划帮欧洲重建,建立新型的民主制度,才使欧洲有了长久的发展。还在亚洲遏制日本,监督日本重修宪法,否则现在的亚洲有些地方是会有核武器的。美国的确付出了这样巨大的代价,也建立了很多秩序。美国这样做,一是希望美国的子弟兵不要再因为战争而付出这样的代价,二是希望美国自身能获得长足稳定的发展。因为实力,美国在当今的世界秩序中的确可以拥有更大的发言权,比如世界银行、世界贸易组织等,都受他们主导。他们这样做是从自身国家利益的角度出发,就是我们所理解的"霸权主义"了。美国自己花大力气,真金白银地建立了秩序,有人触及它的利益的时候,当然会强烈反弹,大力维护的。中国今日对非洲的帮助,其实也是对未来发展有预案的,也是一个长远的、高瞻远瞩的计划。

现实可以借鉴的是当时美国的马歇尔计划。我觉得,欧洲今日的经济危机其实是让中国可以参与到世界秩序建设的一个很好的机会。

胡展奋:我们可否谈谈中国人眼中美国的政治霸权?

张 军:政治经济是分不开的,美国经济上的积极作为,当然是希望自己在政治方面有很大的发言权。联合国的建立就是为了避免世界大战的再次爆发。从根本上说,美国历届政府在发动战争上还是比较审慎的,当然必须符合美国国家利益。伊拉克、阿富汗等战争,对错都有,美国自己也承认自己有些错误的战争。美国从越南战争脱身后,被搞怕了,但是萨达姆的愚蠢却把美国人的信心又从冰点升到了沸点。说到利比亚,它的防空是很差的,美国在道义上支持反对派,但是奥巴马不希望自己的子弟兵卷入战争。

胡展奋：中国在这类国际战争事务上,照例感情复杂。你觉得作为一个中国民众,应该如何看待？

张　军：中国是一个上升的大国,唯一会对中国的崛起产生威胁的是美国,美国民众也是这么考虑的。美国的总统管不到世界各地,宪法规定总统首先是对美国人民负责。美国也不是想打就打的,受很多问题的钳制。美国第二次打伊拉克是出于诸多考虑的：第一是石油方面的考虑；第二是伊拉克有大规模杀伤性武器和基地组织有关；第三,萨达姆的存在是对美国中东战略不利的,对美国的利益是有害的。没有一个大国会不维护自己的国家利益的,同时还要有国际担当,这不能仅仅停留在"互不干涉"层面,一个国家发生惨无人道的种族灭绝一类的事情,你岂能借口"互不干涉内政"而袖手旁观?!"在对的时候,做正确的事。"否则还有什么"国际道义"呢。比如卢旺达当年发生的部族残杀,你能装聋作哑吗？再比如现在中国,在朝鲜问题上,中国领导人应有所担当,认为不能让朝鲜一直任性下去。这些都是国际道义。

胡展奋：在美国生活了二十多年,每次回到你的祖居之地,怎么看不同价值观下的人际交流和文化渗透？

张　军：美国快餐帝国对世界的影响巨大,美国制造有自己的品牌价值,这是美国全民族的努力共同造就的。柬埔寨也许是最喜欢中国和法国的国家,中国不是没有世界影响,只是对美国的影响不够大。我们能在国际问题上多一些担当,也许会引起世界的戒心,但也会赢得别国的尊重。我认为,中国与其他国家的贸易不一定每次都要赚钱,可以为中国的国家形象做帮助。

胡展奋：你是否觉得现在一些中国人对美国的学习只是邯郸学步？只是一个浅表性的学习秀，而无法深入？

张　军：大部分人都是表面认识的，但是这是一个潜移默化的过程。比如《拯救大兵瑞恩》，体现美国人的一种人道关怀。文化是一种……怎么说呢，我更喜欢用"影响"这个词，比起"渗透"来更温和，更务实。中国30多年的发展，可以考虑中美之间的交流由上向下地转移了，让人民对人民之间有交流，美国有一个组织就叫"人民对人民"，进行多边的交流，我觉得我们可以做得更好，这方面我们十分缺乏，中国去美国的太多，美国对中国的交流少。如果中美能达到平均的程度，中美关系也不会是现在的局面了。

胡展奋：东一榔头西一棒槌的，很抱歉，我们可否谈谈移民的问题了？

张　军：100年前的美国是没有移民法的，任何人来到美国都是该国的国民了。排华法案更具体来讲就是不许移民法。当时广东沿海的一些人参与美国的西部大开发，对当地发展作出了很大的贡献，也引起了当地白人的不满和担忧。他们以自己的土地被占，廉价的劳动力太富于竞争，长得太不一样等各种理由，向美国国会提出排华案。排华法案简单来讲就是"世界各国人民都欢迎来美国，除了中国人"。

这是要把你气疯的。

在金银岛进行消毒，肺结核等病毒。中国人无法带妻子孩子，无法与美国人结婚，住在一起。中国人只能待在一个地区，就是现在各地的唐人街，所以唐人街不是我们的光荣，是我们的耻辱。偷渡等事情十分普遍，吃喝拉撒都在集装箱里，很多人在路上就挂了，扔到了海里。很多人被海湾警卫队抓起来，关在集中营里。还有一部分是精英分子，改革开放造就了一部分有钱人，本世纪初兴起了移民潮。

胡展奋：美国对中国移民的看法？

张　军：中国人十分勤劳、吃苦；普遍重视教育；模范少数族裔，尽量不犯事。但对政治敏感，不愿意参与政治。对美国的向心力不够，如对美国公益等方面不够热心等。

胡展奋：最后一个话题：你对自己的中长期定位是怎么思考的？是不是中国人都很难融入美国社会？

张　军：任何一个地方的少数族裔，要加入当地的主流社会都会有曲折的，不仅仅是中国人，应该是整个亚洲人的移民都遇到了阻力的问题。但在不同的地区，这种融入的程度会有所不同。

拿我来说，由于我这个特殊的工作，亦即华人群体希望通过我和美国人沟通，美国人则希望通过我，和日渐庞大的华人华裔群体沟通——别忘了，华人华裔群体现在在美国的总数已经接近400万——在美国，任何人都不会小觑这个400万的群体，我和我的家人也已经不由自主地渐渐融入美国主流社会。美国人，美国政府很多事不得不找我、找我的同行商量解决，比如大洛杉矶郡警局的辖区非常庞大，由八十多个"小市"组成，有鉴于华人华裔的影响力越来越大，他们成立了"华人顾问委员会"，他们之所以请我担任这个会长，就是因为很多地方，他们必须通过或借助我的影响力和庞大的华人华裔族群协调沟通，时间一长，我成了双方都乐于接受的人物，美国人对我说，你可以代表我们，华人也说，你可以代表我们，我两只手，可以携起两个族群，对此我备感荣幸，而且今后只能更加兢兢业业地为大家服务，为城市服务。最近我很荣幸当选为圣安东尼社区大学公民监督委员会主席，圣安东尼社区大学是美国暨加州最大、最知名的公立社区大学之一，美国社区大学是提高公民素质，加强国民教育的重要组成部分。

广而言之，我近年来频频应邀在美国和中国参与媒体活动，也是试图在中美之间传递善意和合作，传递信任和谅解，这，就是我的人生"中长期定位"，在两个伟大的国家、伟大的民族之间做一个信使，做一只信鸽吧。

学一句陈香梅女士常说的老话，就是"与有荣焉"！

中美纠结为哪般？

回眸中美建交35年，两国关系发展可谓沐雨经风、曲折迂回、恩怨交加。既饱含相互斗争、坎坷迂迴的一面，也有相互借重、相对平稳的一面。

中美两国关系发展深受世界总体形势、各自国内政治文化因素以及台湾、人权、经贸等问题的牵制和影响。中美之间也存在许多共同的利益，只要中美双方共同努力、高度重视、采取措施，中美是可以找到智慧和途径，推动双方关系平稳向前发展的。

中美关系虽然有合有分，有聚有散，但和则两利，斗则两伤。维系中美关系的健康发展，终归有利于两国人民的福祉，有利于世界的和平与稳定。

当下中美关系正站在新的起点上，面临重要的发展机遇。日前，就如何看待中美关系现状和未来的走势，新民周刊高级记者胡展奋采访了国际时事评论家张军律师。

胡展奋：张军先生，您有没有感觉到，我们面前的中美关系，似乎是一种既简单又复杂，既割舍不开又带有斥力的关系？

这种关系很独特，它不同于昔日的英美关系，也不同于冷战时代的美苏关系，它体现了和平与发展的时代要求，更是中国倡导和平崛起理念的必然产物。显然，中美两国的关系，直接影响到世界经济的发展。而回眸中美关系的历史，首先不能不提到尼克松。这也是一种吊诡的历史现象，因为尼克松当年曾被舆论形容为"铁杆反共分子"，而作为一个反共老手却主动出访共产主义国家，这样不按常理出的"怪牌"事实上对中美关系以及后来世界范围的冷战的结束有什么样的影响？

张　军：对中美来说，尼克松的访华意义是非常深远的。尼克松在第一次竞选总统时就说过，他有一个秘密计划就是要结束"越战"，后来这个秘密计划只是一个选举需要。"越战"是在当时冷战格局下的一个组成部分，以苏联为首的东方阵营和以美国为首的西方阵营之间的对局。当时一方面是美国深陷"越战"，另一方面对中国压力也很大，当时被世界孤立的时间太久，在那样的情况下，中国的领导人毛泽东、周恩来等人都非常希望有个契机能使中国重新回到世界舞台。

同时，当时的中国与美国又面临着一个共同的敌人：苏联。苏联不仅对美国产生很大的影响，对中国压力也很大，当时有消息说苏联在中苏边境陈兵百万，对华虎视眈眈。尼克松这次访问使我想起一句话：没有永远的敌人，只有永远的利益。这种情况下，双方走到一起肯定不是因为互相爱慕，一定是为了一个共同的利益。

这次访问的确是改变历史的访问，不但改变了西方历史、中国的历史，可以说改变了世界的历史。

胡展奋：布鲁斯作为尼克松的助理，是许多讲稿的撰写人，他评价尼克松，称尼克松有卓越的远见，可以预见美国在冷战的出路，"越战"的出路。这点你怎么看？

张　军：中美在这种情况下能够走到一起，肯定需要很大的政治勇气。相比而言，尼克松迈出这一步，做出这一决定要比中国领导人需要更多的勇气。当时毛泽东有着很高的威望，有周恩来为他操盘，很多事情变得非常的顺利，尽管当时中国还处在"文革"期间，但是毛泽东的外交政策受到别的势力掣肘的程度远低于尼克松所受到的。尼克松当时是西方世界的领袖。为什么当时基辛格要从巴基斯坦秘密前往中国，原因就是尼克松更担心自己国内反对的声浪，如果访问之前曝出真相，尼克松和基辛格的访华可能就不会发生了，所以此举可以说是冒天下之大不韪的，会引起世界格局的一系列变化。比如，在苏联，勃列日涅夫就被迫跟美国谈一些本来不愿意谈的事情；越南也受到很大的影响;海峡对岸的台湾也受到很大的影响。这是一个牵一发而动全身的行为,是需要具备很大的政治勇气的。

胡展奋: 1972年尼克松访华对当时世界格局的影响是什么?

张　军: 我觉得对世界格局的影响是非常深远的。首先,把一个封闭很长时间的中国重新拉回到世界舞台,让人们认识到还有中国的存在。我觉得这对后来中国"文革"的结束、邓小平的复出和之后30年的改革开放都有非常大的影响。如果当时尼克松访华没有发生,恐怕今日你我坐在这里谈话的一幕都可能不一定会发生。有人会说乒乓外交,这也是尼克松访华的一个组成部分,小小一个银球推动了地球。

从世界范围来说,访华事件的发生逼着当时的苏联不得不考虑要分兵,在欧洲驻扎军队。试想一下,如果苏联跟中国的关系发生改善,在中苏边境的四十多个师的士兵全部调到欧洲去,那对于欧洲、对于北约组织的压力是非常非常大的。而且当时尼克松很快要进行总统连任的竞选,他在第一次选举时提到的要结束"越战"的秘密计划,他的秘密计划有一个逐渐成型和成熟的过程。我认为,尼克松访华对于改变世界政治格局尤其是改变世界二元的政治格局起到了非常大的作用。

胡展奋: 中国"十八大"以后产生了新的领导班子,而在美国奥巴马获得了连任,两位领导人虽然见过面,但毕竟是不同的班底。两位领导人对待中美关系会有什么不同? 有人说,中美关系最大的问题就是彼此不信任,为什么?

张　军: 我觉得这个不信任说法虽然是仁者见仁智者见智,但不信任可能是存在的。我认为不信任至少存在于这几个方面:首先,中美两国在意识形态方面存在巨大的不同,这就使得中美两国在许多方面横亘着难以信任的基因。比如,美国标榜自己是民主的国家,很多政策都是透明的,无论是国防、外交还是发动战争的政策等等,对民众、对世界都有比较大的透明度。美国觉得像中国这样一个大国需要发展军力、拓展自己的势力范围是可以理解的。究竟是怎么发展的? 国防开销用在什么地方？这是美国比较关心的问题。中国正在从近海的防御逐渐走向大洋,从浅蓝色的海军走向深蓝色的海军,这个美国也是理解的。美国不理解并且一直对中国有抱怨的是,中国发展这么一支超强的海军,其战略用意、动机是什么？

中国领导人、中国人民对美国的抱怨是,我们这么大的国家,我们需要发展国防力量,以前没有发展是因为没有那么多的钱,要发展国内经济,要改善民生,现在有钱了,我们就应该发展国防力量来配合这样一个成长中的大国的实力,这是无可厚非的。中国一直强调自己和平崛起,永不称霸,但即使是这样的表态,中国的老百姓和领导人觉得在这种时候美国对中国的周边国防进行大规模的遏制,不管是重返亚太也好,还是亚洲力量的再平衡也好,就会觉得非常不安全,就会担心美国结束中东战争后就会计划在亚太地区发起新一轮的武装斗争。如同在冷战期间,美国和苏联各自制造了上万枚的核武器,不用放在其他国家,就是在自己国家爆炸也足以毁灭整个地球。现在有人担心在亚洲也会出现这样的情况。事实上,有些观察家认为现在亚洲已经出现这一情况了。比如日本,日本国内长期以来有一个呼声,就是要突破其和平宪法,增加国防开支；菲律宾、越南等国同样也在加大军事投入；朝鲜半岛的情况也是一样。这样的不信任就会派生出许多问题。

中美双方之间相对比较稳定,可以维系双方关系的就是经贸关系,但经贸关系也是非常不平衡的。中国向美国出口比较多,而美国向中国出口比较少,双方在经济方面的冲突还是比较多的。但好就好在,经贸关系是你中有我我中有你的,所以现在还不至于因为经贸关系产生特别大的冲突。但两国在意识形态方面毕竟不同,如果想让中美变成像美国和英国这样的盟友关系,那基本是不可能的,就像虽然冷战结束,但美国也不可能和俄罗斯成为真正意义上的盟友一样。

胡展奋： 在中美关系发展过程中,特别 1989 年—1992 年是最低潮的时期,幸亏当时老布什执政,维系了中美关系没有破裂。从 1992 年—2009 年,奥巴马上台之前,邓小平给中国制定的政策就是中国在美国制定的体系内崛起;然而 2009 年之后,中美力量对比发生了一些微妙的改变,反而使得中美之间的不信任更加深了。这是为什么?

张　军:美国这样一个强大的国家始终都是在寻找一个潜在的对手,以前在建国初可能是英国;"二战"期间可能是德国、日本、意大利……随着这些结束以后,美国还是有这样的思维定式,虽然是世界老大,还是要寻找地平线上的对手。预防总是胜于治疗,言外之意,是不能等到潜在对手做到像苏联一样强大,那对美国的战略利益将是相当大的威胁。从这一点来讲,对中国来说也许是不幸;从另一角度看,美国是把中国作为一个潜在的对手,从一个侧面证明了中国的崛起是现实存在的。美国由于长期以来的外交定式,仍然会寻找一个潜在对手。同时,随着改革开放,中国经济高速发展,从当年一个经济濒临崩溃边缘的国家到目前世界第二大经济体,经济高速发展了 30 年,而且经济很大一块是靠出口贸易实现的,出口贸易中更大的一块是向美国出口。在过去 30 年的改革开放中,中国确实拿到了实际的红利,在此过程中,中国这样一个巨人的崛起,不可避免地会让周边国家乃至美国这样的超级大国感到不安,再加上美国和一些国家认为中国外交政策的不够透明,这种冲突还不能仅仅解释为文明的冲突,这是一个比文明冲突要复杂的多元冲突。

我在其他媒体上也提到过,美国必须学着接受中国逐渐成为美国在地平线上的竞争对手这样一个现实,但是中国也确实需要学习如何成为一个大国强国,只是 GDP 达到一个高度,这不代表你明天就会成为一个世界强国,这只是意味着你可能是一个经济大国,要真正成为一个强国是有很多东西需要学习的,这个学习的过程没有办法省掉,我们应该勇敢面对,勇于承担历史赋予我们的挑战。

胡展奋:如何看待中美两国对彼此的战略,特别是长期战略目标的不确定性对两国关系的影响?

张　军:目前双方对彼此信任程度是比较低的,不信任的根本症结所在是两国意识形态的不同,还有就是美国想长期保持其世界霸主的地位,不论是在军事还是在经济层面。同时,中国也不会甘于永远保持改革开放前的状况,做"愤怒的孤立者"。中国要从黄土文明走向海洋文明,在此过程中,一方要遏制,一方要向外拓展,这样的冲突是不能避免的。双方领导人必须要意识到这一点。

双方冲突不能避免并不代表双方冲突一定要发展为战争冲突,冲突过程中可以是合作。即使是冷战过程中,美苏也在很大程度上进行着合作,事实上他们当时是维持了世界所谓的恐怖的平衡。当然中美关系和当时的美苏关系不太一样,冲突是无法避免的,我们要在双方冲突中找到共同利益的所在,在冲突中不断推进中美关系。

胡展奋: 看得见的是看不见的影子。很多学者认为,一个大国的兴起必然意味着另一个大国的没落,以此来框定中美关系,这样的说法合理吗?

张 军: 冷战结束以后,今天的世界基本上是维持了美国一家独大的局面。在可预见的将来,中国的领导人和中国人民没有意愿去挑战美国第一霸主的地位,更不要说中国还没有这样的实力。在过去很长的一段历史中,中国被列强欺凌的时候GDP也是世界数一数二的,那个时代大国是相互隔绝的,互相之间的商业信息往来非常少,而今天彼此的相互依存度非常高。两国人民需要思考,在21世纪要形成什么样的新型大国的关系,如何更好地发展大国关系,不一定非要走向战争的结局。我认为,21世纪中国的崛起和美国维持世界大国地位未必就是对世界和平不好的,我们要提升处理大国危机的能力。

胡展奋: 现在很多学者说中国要在亚洲搞中国版"门罗主义",要把美国踢出亚洲。你觉得有道理吗?

张 军: 他们的担心我觉得是可以理解的。如果站在世界的角度看,似乎有"门罗主义"的影子,但在可预见的相当长的时间内,亚洲版的"门罗主义"是难以实现的,原因就是亚洲国家和当年门罗所面对的美洲国家情况是不一样的。首先,中国和周边国家的关系是非常微妙

美国看法

共和党众院党鞭 Kevin McCathy(右一)

的,历史上很长一段时间里,中国是这些周边国家的宗主国。但是这样的宗主国和当年英国对美国的宗主关系不一样,尽管英国与美国发生了战争,但对于美英关系来说,不论是同文同种还是意识形态,他们在很高程度达成了军事和政治的结盟,与中国发生问题的周边国家恰恰是以前跟中国有宗主国关系的,甚至日本跟中国也颇有历史的渊源。为什么会发生这些问题?周边国家需要思考;对中国来讲,同样值得中国的老百姓和领导人去思考。

我认为30年的改革开放,中国经营的大国外交做得是相对成功的,不论是对美、对俄罗斯等,包括当时对日本的外交都是相对成功的。但正是因为这个大国外交的成功,凸显了中国对周边小国外交的不成功。目前,中国外交面临的困境可能很大程度上是由于我们把外交重点都放在了大国上。当然对这一说法有人不同意,有人说中国在周边小国上花的时间、精力尤其是金钱是非常多的,但为什么会出现今天这一局面,我觉得这是需要中国政府和老百姓去思考的。可喜的是,中国已经意识到了这一问题,我觉得如果我们能够更早一点关注周边外交,就不至于发生今天这样的困惑。

胡展奋:你觉得美国重返亚洲的真正用意是什么?

张　军:站在美国领导人的角度看,重返亚洲这个决定不应该算是一个错误的决定,难道美国从中东战争的泥潭中脱离出来后要重返非洲吗?还是要重返中南美洲?毫无疑问,美国现在的经济在走下坡路,中东两场战争把美国带入了更加沉重的泥潭,长久不能脱身。脱身之后,美国很自然地要把目光转向亚太这个经济成长最活跃的地方。美国领导人作出这一决定,在亚太这么一个经济活跃的地方证明自己的存在,这个决策没有错。中国领导人也多次强调,中国欢迎美国在亚太地区发挥更大更积极的作用,关键是这个积极作用要怎么发挥,美国不要一直把中国当作地平线上一个潜在的假想敌,反过来中国也不要对美国重返亚洲举动反应太敏感,双方应该好好沟通,如何管理好两者在亚太地区的关系,同时要发挥各自的影响力,管理好亚太成员国的关系,这个才是重要的,而不是说一味怀疑对方。建立新的亚太地区的游戏规则,我认为今天讨论这个命题是不晚的,再过十年可能就比较晚了,这的确是两国领导人展现政治智慧和政治远见的地方。

胡展奋: 以中国为主导的 10+1、10+3、10+6,这样的自由贸易区可以预见未来是会成型的。现在美国另起炉灶,搞一个 TPP。美国的目的是什么?

张 军: 关于 TPP,美国曾说是为了给亚太地区增加一个很好的合作平台,绝对不排斥中国参加,但在去年 11 月份,奥巴马的选情吃紧时,第三次辩论外交政策时有人提出来这个问题。奥巴马回答,TPP 是为了平衡中国在亚洲的力量,就是亚洲再平衡。我认为他的确有用这个机制来平衡的目的,但这个目的能否实现,就要看两国的角力,包括周边国家和地区的角力因素。比如,韩国、日本加入泛亚太经合组织,它们的自身利益是否得到考量?比如,日本农民问题、韩国农产品问题,包括台湾的稻米等。我很难想象,美国的这个 TPP 要是没有中国这样一个世界第二大经济体的参与,将有什么实际意义。这里我作一个大胆的预测,这个组织的推出更多考量是给中国更多的掣肘,而不是真正意义上要推动什么。

以中国现在的实力,我觉得中国跟周边国家和地区应该能达成很多多边或者双边的协议,在这个框架里面逐渐发展起来;而不是美国为主导,直接扔给对方一个体制,让大家来参加。也许大家会出于政治目的选择参加,但毕竟像日、韩、东南亚这些国家,他们的领导人最后是要向老百姓负责的。既然参加这个组织不能从真正意义上带来福祉,我觉得它就不太容易长命。

胡展奋: 有人说美国的 TPP 举动是与中国争夺在亚洲的主导权。你同意这一观点吗?

张 军: 中国的领导人要为自己利益的最大化服务,美国同样也是。我认为,这不应该成为双方不可避免的冲突。如果美国在寻求亚洲力量的再平衡时说,这是为了中国人民谋福祉,我肯定不会相信;反过来,如果中国领导人这样做,中国人民也是会反对的。能不能找到一个双方都能考虑对方利益的机制,各自体谅对方的担心,能够认识到意识形态和各个方面的不同。就经济利益而言,我觉得不一定要发展一个零和的局面。

胡展奋: 就目前来看,奥巴马是胜利连任了,重新回到了白宫,你觉得奥巴马在连任之后采取的对华政策会不会有根本的变化?

张 军: 可能会有一些变化。从现在奥巴马的外交班底的任命就能看出,上一任的外交重点是放在中东。结束中东战争,这个牵扯了美国很多的精力,要说服党内同志和美国人民从伊拉克撤军,今天奥巴马还在和阿富汗总统卡尔扎伊会谈,看怎么能够有秩序并且体面地离开阿富汗。历史上,美国从占领一个国家到撤出一个国家能达到平稳过渡的例子并不多,如果在未来几年中能够实现平稳过渡,在阿富汗或者伊拉克肯定会占用很多的外交资源和时间。假设这些局面相对比较平稳,那么亚太地区一定是奥巴马接下来四年的外交重点。他会找到对中国、日本等很有了解的人为其出谋划策,帮他实现亚洲力量再平衡或者叫做重返亚洲。实际上美国从来没有离开过亚洲,只不过现在他讲话的分贝提高了不少。

世界局势随时都在发生着变化,但我认为未来的外交重点,假设中东没有事,那么他考虑的重点一定是放在亚太地区。反观中国,中国领导人习近平会秉持他前任外交政策的连续性,大国外交从来都是重要的,大国外交中的中美关系又是外交中的重中之重,这个不会有太大的变化。现任中国外交部副部长很有可能成为新一任的驻美大使,这个人对中美关系是比较了解的,其他班底可能要到3月以后才能看到结果。周边外交问题,我认为这么多年中国实在是欠债太多,由此带来了后遗症,尤其中日关系现在变得非常焦灼。如果中日关系处理不好,会对亚太地区的和平产生非常深远的影响,这和中国同越南、菲律宾的关系不一样,不管怎样,中日关系肯定是中国在亚洲地区外交关系的主轴,这个问题如果不解决好,一定会影响中国在整个亚洲的外交政策的推展。我认为习近平会延续中美关系作为外交政策的重中之重的原则。

胡展奋: 奥巴马刚上台时提出一个G2,而中方婉言拒绝了;中方又提出一个C2,就是以合作为主。双方都想表达一个什么样的目的?

张　军: 不管两个名字是什么,世界都希望美国与中国能够在世界事务上发挥更大的作用,承担更大的国际责任,这个呼声是存在的。有人说中国现在还没有实力同美国讲G2或者C2,这点我是持保留意见的。也许经济实力等方面中国与美国相比是有距离,但中国要勇于从一个大国变成世界的强国,这个过程说起来很简单,但具体实施起来做出一些决策的时候是需要一些勇气的。要么结束美国制定的"二战"后的世界经济政治秩序,如果要改变,在有些时候我们就要勇于出头。如果始终不勇于出头,又不愿接受现有的规则,那未来发展的方向是什么?我们需要进一步探讨一下。

胡展奋: 奥巴马对中国的政策是遏制?交往?还是双管齐下?

张　军: 尼克松访华开启了中美交往之路,到1979年中美正式建交,在过去40年的中美关系的风风雨雨中,美国两党已有共识,就是不

美国看法

能对中国采取遏制手段，要跟中国进行交往，交往的程度和交往的方式，不同党派入驻白宫可能会有不同的决策，某一历史阶段的侧重面可能会有不同。再看中国，虽然在很多问题上与美国有非常大的分歧，但基本上秉持了邓小平的韬光养晦政策，不挑战美国在世界的霸主地位，尽可能在美国制定的秩序里面最大化地为自己谋利益。随着历史不断推进和中国实力的不断增长，有的时候可能不是以中国人民或中国领导人的意志为转移的，不管中国愿意还是不愿意，世界已经把中国推到了世界强国的地位或者世界 G2 的位置上，与其扭扭捏捏被迫接受，不如勇敢大胆地接受与美国共同分治世界的现实。

胡展奋：一个大国快速崛起时很有可能打破原有的国际秩序，这是一般的政治规律。美国对此有所担心有道理吗？

张 军：这是可以理解的。纵观历史，一个大国的崛起确实会伴随着这样的现象。中国外交部长前段时间讲到，不要整天讲中国的崛起，崛起的感觉是带有侵略性的，中国的发展、中国的成长，可以用得中立一点，英文叫做 Rise of China。不管怎样，中国向上发展是历史的必然。美国已经观察中国 30 年了，中国今天的改革开放也跟美国有很大的关系，中美建交使得中国走向世界，有了一个平台和跳板。

事实上，中国真要走到像美国这样的世界超强的国家还有相当长的历史阶段，美国领导人不必太担心这个问题；当然，中国的领导人也应该让世界知道，中国的崛起并不会建立在伤害其他国家、促使其他国家没落的基础上的。

墨菲定律说：凡你担心的，一定会发生。

墨菲反律说：凡你担心的，未必会发生。

美国总统是怎样坐上宝座的？

2012年4月26日，张军律师应邀在中国政法大学作了热情洋溢的演讲

为什么美国没有"上访"？

为什么联邦最高法院改变了美国历史的进程？

什么叫《排华法案》？

为什么美国要有《破产法》？

为什么美国的政治永远都是地方政治？

为什么习近平去爱荷华呢？

一连串的问题，一堂课的讲解，长时间的交流，疑问得到了解析，师生将掌声送给了张军大律师。

美国的宪政体制像钟摆

美国的宪政体制跟中国很不一样。2013年，美国刚刚过237年的生日。看看美国237年的历史，就会发现美国宪政的历史的发展轨迹。

美国政治体制的发展，基本上就是以总统为代表的行政当局不断地希望扩大自己的行政权力，而其他的宪法的两极——国会和最高的法院不断地要限制这个行政权力的过程。

237年就是不断地处在这样一个博弈的互动，一个演变的过程。为什么呢？最近有一个很好的例子，就是斯诺登这个事件。你们知道斯诺登是谁？斯诺登的事件基本上就是体现了我刚才讲的美国这个政治体制237年的典型的一个演变。这个典型的演变就是什么？——就是

美国看法

我在凤凰卫视王鲁湘主持的《世纪大讲堂》谈过一次美国的宪政体制——如果你们有兴趣你们可以 google 一下。

美国宪政体制基本上就像一个钟摆一样——每当国家发生一个特别大的政治事件，或者是特别大的公共安全事件的时候，这个政治的钟摆就会强烈地摆向右边，也就是趋于保守。那比如说我们发生"9·11"这个事件的时候，我们发生波士顿爆炸案的时候，你就会发现这个政府的、行政当局的权力很快地就会膨胀。你比如说"9·11"事件以后，美国通过了一个历史上非常严格的，限制和蚕食老百姓 civil rights，就是老百姓的这个个人权利的一个法律，叫做"爱国者法案"（PATRIOT Act）。然后在波士顿爆炸案以后，你们又会发现说，美国国内的这个保守主义思潮再掀高潮，希望这个行政当局的权力能够扩得更大。但同时也有另外一个思潮，另外一个思潮就是质疑政府权力是不是太大，这个思潮很多的时候是从民间开始的，比如说像我们斯诺登先生。他就认为政府的权力太大，要制约。

所以它始终是处在这样一个钟摆状态。这个钟摆发生大的事件以后，它摆到右边去了。但是经过一段时间，经过一段时间美国社会的调整，你比如说"9·11"事件发生以后，经过一段时间调整以后，那么到了奥巴马第一次竞选总统的时候，你们会注意到他其中一个最重要的竞选政纲就是：我要帮美国人 restore 他们的 civil rights，就是美国人的 civil rights 被蚕食掉太多了。

比如说奥巴马提出来 closed 那个 Guantanamo bay。就是在古巴的关塔那摩基地关闭的那些，要把那个基地关掉，等等等等。虽然他后来都没有实现，但至少他当时的竞选政纲是这样。由于有这样的选举，所以呢，他又把这个钟摆从这个右边又摆到、又拉回到左边了。

当然，事实上大部分时候美国宪政这个钟摆会停在中间。所以就是，我讲的就是行政当局想扩权，然后另外两个，另外两个 branch 想制约这个权力，要 contain 另外两个这个权力，英语叫 checks and balance。checks 就是制衡，balance 就是平衡。

在制衡的过程当中,它其实还有一个平衡,这个平衡就是我讲的 compromise。这个 compromise 就是政府需要,确实政府有的时候需要多一点的权力。比如说现在美国面临的反恐的压力这么大,反恐的压力这么大你说如果我们不给政府多一点的权力去 monitor 这些网上的 activities,去 monitor 一些国际间的通话,没有特殊手段那这个政府怎么反恐? 你来试试?

但是如果政府的权力达到一定的程度的时候,老百姓就觉得说,哇,这个国家是我们要的国家么,这个国家慢慢变成一个警察国家了。所以说它可能在这个当中要找到 balance,就是我讲的 compromise。

所以你看美国它这个制度,美国的联邦制度,会觉得中央政权的这个制度的设计,它基本上就是这样的一个制衡法。

在联邦的层级,在中央的层级,行政权力是非常有限的。

总统其实是少数人选举的结果

美国的总统行走到世界各地,你们总觉得这个总统很牛。当他回到美国以后,总统的权力是受到很大限制的。事实上,美国总统受到种种限制的例子太多太多。比如说在去年的时候,你们还记得这个总统曾呼吁"我要提高债务的上限"吧?

这个措施,在历史上,总统是经常地,几乎是自动地知会国会就可以做的。但是,这一次国会说,对不起,我要限制一下你的权力,所以我就折辱你一下,让总统很长时间不能达成这个债务上限,从而导致美国的债务的评级明显下降。为什么? 因为它要限制他的权力,所以在国内,他其实是一个权力非常有限的这样的一个总统。

更何况,美国是一个联邦制的国家,所以它中央的政府,也就是联邦政府对地方政府的控制是非常有限的,几乎没有很大的影响力。那就是说,美国这 50 个州它想做的事情,中央政府并不能左右各个州政府。他唯一的一个杠杆就是说我有拨款,我可以利用拨款来调整对州

美国看法

政府的一些事情的看法,但仅此而已,它不能说我因为不喜欢这州长,我把州长解职了。我不信任这市长,我把市长解职了,那不行。

看到了吧,它是这么样的一个制衡体制。

它除了这个体制的表面现象,我刚才讲的,如果往深层里探讨,会发现它还有很多宪法的机制,这个 constitutional 的这个机制去 guarantee 我刚才讲的这样一个 checks and balance 的 system。

你比如说这个总统的选举,美国的总统的选举,美国是世界上号称世界第一大的民主国家,对吧。但是,我想你们可能不知道,美国的总统,他其实不是美国人民一票一票地、实打实地选出来的,这个你们有听说么?没有听说过吧。我可以告诉你的,就是同样是美国选民,比如加利福尼亚州美国选民的一票比爱荷华州美国选民的一票的分量要轻得多!

选票的"面值"居然不一样!

原因是美国它就是要通过宪法的机制,再进一步地压缩联邦政府、中央政府和总统的权力。也就是它,就是研究出来美国的这些 founding fathers,杰弗逊 Jefferson、Madison、这个 Washington,他们弄出来这个制度说什么东西最能约束总统的权力或者中央政府的权力呢,那就是要这个选举制度。

这个选举制度到了一定程度以后,那这个总统选出来以后,他知道我的权力的来源是通过这样一个机制来的,那我当然要尽可能呵护这样一个机制。我呵护了这样一个的机制,那以后我可能还可以选得上。就算我不选了,像奥巴马,我现在两任了,那我选不上了,我不想选了,但是我的同党同志还要选,所以说他要保护好这个机制。

这个机制就是什么,就是美国人讲的这个"选举人团"制,叫"Electoral College"。这个选举人团制并不代表美国人一人一票的意思。什么意思呢。就是每一个州它的初选,选举人团的人数是不等的,那比如说像我们加州,每一个州的选举人团的人数它等于什么呢,就等于这个州的参议员加众议员的总数,每个州都有两名参议员是一样的。

两名参议员加上这个州的众议员人数,你比如说我们加州有33名众议员加两名参议员就变成35人,那么这个选举人团就是我们加州的选举人团的人数。但是我们在Arkansas,在Iowa,在这些地方,我们不一定有这么多的选举人团。所以,他是采取了一个什么方法呢,就是叫做所谓"赢者通吃的"州选举法。

举例来说,加州上一次的选举,有1 000万人投票,普选时有1 000万人投票,那也许奥巴马只赢了这个,1 000万人里面他得了五百万零一张的票——你们目前暂且跟着我的思路走哦——就是他普选,有1 000万人投票,他拿了五百万零一张,也就是比罗姆尼多了1张的普选票,因为他赢了这1张的普选票,从而他就赢得了加州选举人团的35票的所有的票。这个你们听明白吗?就是"赢者通吃"。我的普选只要赢一票,我就等于把这个州里面所有的选举人团票都归了我,而且这个35个人历史上,美国的历史,他是个橡皮图章,也就是说加州人民投票说"我们要选奥巴马",这35个人必须最后要投奥巴马。别的州也基本上差不太多,至少历史上是没有发生过选举人团说哎,加州人民选了奥巴马,然后我们去真正投票的时候我们选罗姆尼,没有这样的情况。所以就会导致这么一个情况,就是第一,选举人团,为什么我刚才说通过选举人团可以压缩中央政府的权力和总统的权力呢,你们先想一想,加州是什么概念,加州是富可敌国的州,虽然我们州的财政有问题,但是加利福尼亚州的GDP在历史上有相当长的一段时间是比全中国的GDP还要高很多的。只不过这些年中华人民共和国的GDP赶上来了。

但即使是这样,如果它作为一个独立国家,加州依然是世界排在前十位的一个经济体,非常大的经济体。我们有三千万人,那你说我们跟这个前女副总统的候选人Sarah Palin,就是佩林是个什么关联?她原来在选副总统之前,是阿拉斯加州的州长。阿拉斯加州是一个经济体,是一个美国可以忽略不计的经济体。就是它没有什么可观的GDP,除非你去把它石油开发出来,但是现在美国并不允许他们去开发石油。

所以它人口也只有65万。65万你说经济上毫无影响力,它想在美国政治当中扮演比较重要的角色,你想65万人,如果65万人投票,跟加州三千万人投票,你觉得哪一个州的选民对美国的政治影响力比较大?如果我们采取普选的话,那毫无疑问是加州的影响力是最大的。如果我是候选人,我可以完全不要再去阿拉斯加州。65万人,我这个Long Beach的65万人都可以解决了,我干吗还要去那儿。所以他要通过选举人团制来提升它的政治地位,以后就变成阿拉斯加州必须要有两名参议员,它还必须要有一名的众议员,所以它那个地方至少有三票以上的选举人团票。那么当然三票以上的选举人团票对三十五票还是我们的影响力大,这毫无疑问。但毕竟65万人跟三千万人民,那它的影响力,那你说作为州和作为population的影响力,是不是,就至少是compromise和balance了很多。这是一个方式去限制中央政府的、联邦政府的权力。这是一个方式。还有一个方式就是它的宪法呢,宪法要求这个选举不能由中央政府一家来主导,就是每次的这个总统的选举,它选举的方式,它的procedure,它的什么时候选举的日期,这个是要由州里面有很大的发言权。那很多的小州(比如阿拉斯加)为了进一步提升自己这个州在联邦体系当中的作用,他们要把自己州里面的选举的时间要尽可能地提前。

　　请不要低估,这个选举的时间提前,会对美国的政治产生非常大的影响。举例来说,你们可能看到的,去年2月份的时候我主持了习近平(当时是副主席)访问美国的一场,唯一一场的侨宴。

　　你们可能注意到,洛杉矶是他访问美国的第三站。第一站当然毫无疑问要去美国的首都华盛顿,第二站他去了一个名不见经传的地方,这个地方叫爱荷华。为什么?首先一个原因是让他从核心入手,了解美国的大选,原因就是美国的Iowa这个州,它在美国的政治当中扮演一个极其重要的角色。也就是说它,我刚才讲了他们的每人的一票比我们的每人一票不一样。爱荷华州的人太少,两百万人不到,很小,那个地方也没有多大的GDP,也是个农业州,基本上是种粮食,种这些东西的。但是他们州里面，他们州的 founding fathers 很聪明，说联邦的宪法这个 federal constitution 不是允许我们自己调整，自行调整自己州里面的选举，这个初选的时间么，那我们就把它调到美利坚合众国五十个州的第一个州。就是每次总统初选的时候，我们加州要到 6 月份才开始决定是罗姆尼还是奥巴马，爱荷华州 2 月份已经定下来了。也就是说这些总统的候选人就因为这个，《孙子兵法》讲过就是首战要必胜。那你首战不胜，美国的选举那你玩不转。为什么玩不转？第一美国选举要"两票"，要么是钞票，要么是选票。你第一站都没拿下来，你马上就会影响到你的募款，其他 49 个州你怎么推进。就是募款人的心态会受到巨大的影响。所以选举的前哨战是非常重要的。很遗憾的就是当这个初选蔓延到美国其他的州，比如说到纽约州、加州的时候，已经到 6 月份了，选举的大局已定，尘埃已经落定。所以我们这些州，我们这个加州和纽约州的这些选民，不会再有人关注我们的事情。举一个简单的，就是一般的统计，在两年的总统选举的一个体系当中，两年的体系当中，这些总统的候选人要去 200 万农业人口为主的爱荷华州，你们知道要去多少次？就是任何一个总统的候选人，大概去个三四十次左右。三四十次。两年当中到加州来，到纽约来，这两个 GDP 加起来超过中国的州来多少次呢？三到四次。

你说我们每个人一票的这个票数和爱荷华的票数能一样吗，这个分量肯定是不一样的，对不对？然后再给同学们一个数字，就是他们有统计，在爱荷华州如果你要获得共和党人的总统的候选人的提名权，你们知道他只需要拿多少票就可以获得提名权？他只要有五千个人左右投票，他就可以拿到提名权！

而在我们这儿你知道要拿多少，要拿到，我刚才说了如果有一千万人投，要五百万零一张你才有这个可能性。你说那个五千人跟我们加州的三千万人，谁的影响力大。而且你去看美国的 237 年的选举总统的历史，你就会发现，如果你首战没有赢得爱荷华州的胜利，那么此人几乎没有可能问鼎美国总统的宝座。

你们现在基本上了解这个里面的情况了吧？所以你为了获得五千个人左右给你的投票，那就得对这些选民献殷勤，这些candidates的概念是什么，那就是你要几十次去爱荷华，因为五千个人你必须——几乎向每个选民致意，一个一家地拜票，你才有可能争取到这些人的支持。因为别人可能已经在拜票了，别的候选人也在做这个事。

我们几千万人的大州，你当然不可能一家一家去拜票对不对，但是五千个人你一家一家去拜票应该是可以做得到的。那就变成，或者说形成一个美国两百多年选举史的一个奇观。这奇观就是什么呢？

就是"冲寒奇观"——因为爱荷华州非常冷，二月份的时候，它可能比中国的哈尔滨还要冷，冰天雪地的一个地方，零下三四十度是常事。总统的候选人绝大部分不是来自爱荷华州，都是像奥巴马的芝加哥，罗姆尼的麻州什么的。他对当地的气候也不是特别的适应。所以你这一个奇观是什么，就是"冲寒"，就是每个人拿着一大瓶的热气腾腾的咖啡，一家一家地去亲吻孩子、拥抱妇女、跟残疾人握手示好。为什么呢？你希望他投你一票。而我们这么大、富可敌国的加州，在两年当中不要说跟我们一个个握手，就算他到这个州来的次数都是屈指可数。所以我经常讲，如果我们中国的领导人到美国来参加美国总统的选举，他肯定都选不上。选不上不是说他缺乏政治智慧，或者是他没有政治远见，不是他没有vision，不是说他没有wisdom，最重要是他这个身体不行。因为美国的选举，它首先是一个体力活，是一个重体力活，如果你身体不行，那你根本就不会有选民，选民没有机会去听你讲的这些东西。你想想看这五千个人，你得一个手一个手握下来，而且还不一定保证他都投你的。这五千个人，你去握完了，别人也去握，也许别人握得比你更温情、更有力，对吧。你说在美国的政治中，这几千人的影响力是不是特别大。

这是不是一个公平的现象？这需要像同学们这样以后的政治学者们去研究的了，但至少美国今天的体系它是这样一个体系。所以就变成什么呢，就是这个两年，一两年的这个选举的circle下来以后，你就会发现,无论这个赢得爱荷华总统初选的人,还是输掉总统初选的人,无一例外,结束了"冲寒"以后,全部都得重感冒,因为那个地方实在是太冷了。所以现在你们应该了解我们尊敬的习副主席访问爱荷华的原因是什么了吧。那就是从核心部分入手,了解美国的选举。

但除了这个原因以外,那当然那个冰天雪地,你知道对习副主席的身体也是一个挑战。还好他是住在酒店里面,都有暖气都有什么的。更大的挑战是在酒店外面,这个挑灯夜战的,架起高音喇叭抗议示威的,藏独台独什么的,法轮功的那些人可苦了,那才是真正"冲寒"。因为那个"爱荷华之夜"真是非常非常非常非常地——冷!

你想你在里面都很冷,你在外头通宵达旦地挨冻。有的人说练功以后会不冷,我倒不知道是不是有这样的功夫(众笑)。

所以就是爱荷华州,美国的每次的选举有这样的几个州是有这个特殊情况的。比如说像阿拉斯加州,比如说像俄亥俄州,比如说像佛罗里达州,这些是叫作选举的胶着州,英文叫 swing state。什么叫 swing,就是它可以 swing 到支持这个民主党,它也可以 swing 支持共和党,看它 swing 到哪儿。因此,这些州就变成这些总统的候选人特别愿意去的地方。我们不是 swing state。我们所有的人都知道我去不去加州反正它都是投给民主党的,我去不去纽约它都投给民主党的,那我还去干什么呢。所以美国的政治逐渐就演变成这样的一个情况。最终这个总统,占据世界人民注意力一大半的总统,最后就变成可能是由……举例来说在上一次选举的时候,它可能是由佛罗里达州的 600 个人决定的。因为那次的布什跟高尔你们还知道,他们当时产生了个选举纠纷。因为在佛罗里达出现了 600 票的选票的纠纷。600 票的选票纠纷以后,最高法院,我们一会儿要讲的,最高法院决定说不要再重新选了,这个佛罗里达州就算小布什赢了。由于小布什赢得了 600 票的选票,我讲过"赢者通吃"的道理嘛,所以他就把 20 多票的选举人团票全赢了,那他就赢得了美国的总统。

那是不是某种意义上说,这 600 票决定了世界人民的选择?

"少数决定多数"——我觉得,即使这样说,也不是很牵强。

习近平为什么要去爱荷华州?

话说小布什那一轮的大选结束后,美国有些好事的政治学者们就把全体美国人在那次投票中所有的普选票把它加在一块儿,没想到是这样一个吊诡的结论。什么结论?哎,对。就是后来发现其实高尔是赢家,他赢得了全国人民更多,大概超过 50 万的选票,他赢了布什,但是布什最后还是获得了总统的宝座。

民主政治是你们这样理解的么?呵呵,就是少数人选出来的当上了总统。民选,按理原则上不应该这样的。但是,类似的吊诡在美国的历史上就是会发生,而且不止一次。

那就是全民总票数虽然少,但是一旦获得了更多的选举人团票的美国人,还是能当上美国的总统。为什么?为什么?难道今天美国号称、标榜自己是世界这个高科技什么这那的,技术上有问题?不!不要说美国,现在中国如果做到每个人发一条短信加密以后说来选中国的总统,都可以,技术上不是问题,对不对。技术上不是问题,为什么不做?美国为什么不做?不做的原因有很多,但最重要的原因我认为它要实现美国的 founding fathers。就是美国的宪政、宪法的这些缔造者当时想的,就是要通过种种的制度限制权力,第一要限制联邦和中央政府的权力。因为你想想看,如果这些总统他知道他选举的来源是我刚才讲的这些体系,那他以后,选上了以后会守护这个体系。但同时呢,它又有,founding fathers 也说了,他说我们要守护,想当初,你想美国刚刚打完独立战争的时候,它只有 13 个州嘛。13 个州,但是这些 founding fathers 说那我们美国要扩大,我们还要西部大开发,我们欢迎所有的州都参加,但是参加我们,要给别人平等的权利。

什么平等的权利呢,那就是我刚才讲的选举人团什么的啊,就是让每一个州加入到美国的体系来的时候,它觉得它是被尊重的,不是说因为我晚来了,或者我小,或者我弱,你就对我不照顾。恰恰相反,有些弱的州我们对你更加照顾,更加地呵护。所以,由于它的选举制度的特殊规定性,导致美国的总统选上以后,他会忌讳这样的一个体系,或者叫忌惮这样的一个体系,在他做出总统决定的时候,比如说他决定,说这个世界第二大经济体的一个未来的领导人要来到美国访问了,那我希望他能到爱荷华去看一看。为什么到爱荷华去看一看?刚才说过了,首要的原因是让中国未来的领导人了解美国大选,那第二个原因是什么呢?你们有没有想过?难道真的是像中国的主流媒体报道的说我们习近平副主席是一个念旧的人,因为他在30年前在当正定副县长的时候在那里访问过,因此他想来看看老朋友,真的是这个原因?如果是这个原因,天哪,他该有多少老朋友要看,每天光看老朋友都来不及,对不对?人的一生到了60岁有多少老朋友,更何况像他那样视野开阔、交游广阔的人。

  习近平为什么去爱荷华呢?第二个原因就是为了中美贸易的平衡。

  因为第一它那个选举的前哨战刚刚打完,总统还要有49个州要选,那这个现任的总统他当然有考虑说,如果来一个世界大国的人到爱荷华那样的大选重镇去,至少对总统的面子上是风光的。

  同时中美之间,同学们可能了解,中美之间贸易量每年达到5 000亿美元左右,世界最大的一对贸易伙伴。中美战略与经济对话刚刚完成,汪洋副总理带着队来这里。他说,中美之间经贸关系就像夫妻关系,但同时又是中美关系当中的一个重要的稳定剂和推进剂。

  大家知道,冷战结束以后,中美之间不再有共同的——像以前的苏联的这个 Eastern European block 的共同的敌人。

  那中美怎么样找共同点?政治、意识形态上找共同点特别难,因为这是不可调和的意识形态。那么在经贸关系上我们找到了很多的共同点,全世界都没想到中美经贸关系发展得这么快、这么大。

  他找到了所谓的稳定剂、推进剂,但是这个经贸关系,你们也知道,是有很多的纠结的。这个问题我今天当然主要不是谈经贸，但这问题也多了去了。首先，这个中美之间贸易的不平衡，至少美国人认为中国在中美贸易不平衡当中获利太大，至少美国有这样的想法，咱们同不同意是另外一回事儿。还有就是这个知识产权的问题，我们一会儿要谈到"337调查"、"301调查"的问题，太多了，三一重工、什么中兴电子、华为，这个多了去了。但毕竟它使得——就像你们讲的——它使得中美的关系变成了一个夫妻关系，就是你中有我，我中有你。所以不少时候，一有动作就要投鼠忌器，当我们考虑整体关系的时候，不能不互有让步。

但是中美经贸关系当中还有一个更重要的稳定剂就是中美之间的农业的经贸关系。我们是否可以简称为"农贸关系"。

中美的农贸关系它是这个中美经贸关系当中的一个亮点。这个亮点就是大部分的经贸关系使中国享受了出超。就是贸易中，美国人承受了赤字，也就是中国卖给美国的东西太多。但是在中美的农业关系方面，是美国绝对享受了多年的对中国的出超。也就是美国在农业的种子、产品、设备对中国的出口方面，它觉得自己是占了大便宜，这至少是个亮点，双方领导人经常喜欢把它拿出来说事的。

那么，爱荷华州是一个重要的农业州，它以前对中国的农业的贸易是这个州里面维持它经济的很重要的一个经济的支柱。同时，美国当时的2月份的时候，这个美国的农业部长，就是奥巴马政府的农业部长、前爱荷华州的州长。所以去那里就变成不仅仅是去看老朋友了，看朋友变成是一个 side-show，而怎么样能够凸显中美经贸关系的重要，中美的政治关系的重要，中国领导人和美国领导人对爱荷华州这个选举的前哨战的重视就不言而喻了。所以它是通过这么多的体系和制度来体现州和地方政府在联邦，美国联邦，美利坚合众国当中的一个重要的因素，重要的杠杆。同时呢，也体现了美国的行政当局，美国的中央领导，美国的党和国家领导人在美国国内的政治和经济方面，他是受到了制约，处处受到掣肘。它不是一个什么都可以自己说了算的，这样一个政府。所以这也就牵涉到同学们将来要从事中美经贸关系的工作，那你们可能要了解，就像我经常讲的，因为美国的政治，美国所有的政治就是一个地方的政治。就是中美之间发生的中央政府之间的事情，在美国也全部体现为地方政府，地方的事情做好了，中央政府的事情是可以迎刃而解的。但是如果你地方没做好，你试图想自上而下地解决这个问题，通常效果是不好的。那我们再谈中央政府，联邦政府的宪法的第二条，就是这个国会，美国的议会制。美国的议会制也是很独特的一个制度。这个制度的独特性在于它跟英国的体系不一样，英国你知道是 parliamentary 的 system。基本上英国的国家象征是女王。但是英国政府的首脑，他不是总理，也不是总统，他叫首相。首相是什么，首相其实他就是一个 Minister，Minister 是什么，只不过首相叫 Prime Minister。他是什么，就是这个党在英国到处去选举，英国到处去选举选完了以后，如果我们这个党获得了议会的多数，那么我们由议会的多数的党选出来一个叫 Prime Minister。它跟美国的制度就有很大的不一样。美国在我看来它是一个 combination of parliamentary system。跟它一个，美国的自己的一个体系，这个体系是什么呢？就是第一，它要凸显地方政府和州政府在美国政治舞台的重要性。重要性在于什么，在于什么呢？就是每一个州是平等的，不论你是前面的 13 个州，还是后来的，你像夏威夷和阿拉斯加都是很晚才加入美利坚合众国的体系的。每一州在中央政府的代表都是 2 名 senator，表面上是公平的，其实是很不公平的。因为你想想我们加州富可敌国，我们长期的 GDP 超过中华人民共和国，多大的 GDP。我们凭什么我们在中央政府代表我们利益的只有两名参议员。那为什么阿拉斯加州那个鬼不生蛋的地方，65 万人，它也有两名参议员。为什么呢？那这个时候它说了，我们是一个 bicameral 的 system。就是我们既要有参议员代表每一个州的美利坚合众国里面共同的这个平等的地位，但是同时我们要照顾到人群，就是这个 population 的名义。这个 population 的名义怎么体现，就是用 House of Representatives 来体现，就是所谓的众议院来体现。众

美国看法

议院是怎么来的，435名这个数字是不会变的，435不会变，但每十年它搞一次所谓的人口普查，就是把人口普查的数字除以435，大概就是这些House of Representatives代表的一个人群的数字。你们有听明白这意思吗？也许美国人口现在是3亿，也许以后会变成4亿，但没关系，反正它越大，不论大与小，它的众议员的人数435是不变的。所以基本上，就这一部分的人群的利益它也在中央政府所谓的上下两院，亦即参议院和众议院里面得到了体现，明白了吧。那它呢又说了参议员和众议员的任期应该不一样。为什么要不一样？第一参议员的任期是六年，众议员的任期是两年，所以呢，因为他们的任期不一样，讲白了就是他们选举的周期不一样。所以呢，由于他选举周期不一样，那么我们在立法的时候，因为国会基本上是立法和制衡。所以我们在立法的时候，我们要把他的这个，根据他们的任期不同，我们让他去立不同的法。你想想看，如果我是众议员，两年选一次，那就永远存在着我明年要选举。因为两年选一次，他永远是明年要选举。明年要选举就意味着什么，那这个人，首先人都是自私的嘛，首先他要担心明年我这工作还有没有。由于我担心明年工作还有没有，所以我就必须要天天下基层，我天天要在社区里混。所以你在我们美国的各个社区里面天天看到的就是这些众议员们的身影，还是老一套，亲吻孩子，拥抱妇女，跟残疾人握手，就天天就搞这个，发奖什么，就是让社区天天看到他。这样他有一个好处，他的好处就是他接地气。因为他能立刻反映当下美国老百姓希望的事情。这个很好。但他其实也有不好的时候。他不好的地方在于他明年就要选举，所以他做出来的很多的事情是急功近利的，在重庆叫政绩工程。就是他很考虑这个政绩工程，因为他明年没政绩他选不上了。那么这个时候我们说一部分的事情是可以让他做，让众议员。让众议员做的是什么？比如说每年政府的预算，这个政府的预算马上就贴近老百姓，因为这个预算出来了以后，政府的福利、政府的开销等，这当然是接地气的，应该由众议员动议。比如我刚才提到的"债务上限"的部分，那当然应该由众议员来讨论，他天天接地气嘛。还有经济方面的这些法案。但是明天同学们关心的,就是如果我们最高法院九个大法官里面有一个人宣布退休了,大法官都是终身制的,我认识的那个 John Roberts,最高法院现在的主审法官。当时小布什任命他的时候才 50 岁,他如果是终身制,他要做到 90 岁,他可以 40 年主导美国的政治,对美国的政治而言,他显然非常重要。

那你说让一个明年就要选举的众议员去决定谁要在未来 40 年当我们的最高法院的大法官,你觉得他会不会做出一些急功近利的判断。因为明年要选举,所以我必须要么是坚决支持,要么是坚决地反对,没有其他的 compromise。那最高法院大法官的标准,我们应该要求的是什么,第一他的法学素养要很高,第二他可能还有很多的其他东西未必为我喜欢、但是我觉得对美国的国家的长治久安有好处,那么我可能会来牺牲一部分自己的价值观点来选这个人,而这项选举要由参议员去完成。事实上,参议员不像众议员,不用担心明年又要选举。他要六年以后才选举。而民意是如流水的。今天老百姓想的事绝对不是他们六年以后想的事。有鉴于此,参议员就不会有每年都要选举的压力,他就有机会去讨论类似于中国十二五规划、十三五规划这样的事情。你想如果我明年工作都不知道在哪里飞,我跟你讨论什么十三五规划,我先得把明年的工作保住,对吧。

参议员和众议员的任期,就是这样受制度调整的,这样呢使得有些人关心的是即刻的,当下的美国人关心的事,有的人要多考虑一些国家的长治久安方面的事。在凤凰台,我那一次也讲,美国的这个政治,如果你要用一句话,用中文来总结(英文你还不太好总结),我想到的一个比较确切的比方,就叫"以贪婪制约贪婪",类似于我们清朝政府当年的"以夷制夷",就是这样一个制度。

出于人性弱点,总统他当然是贪婪的,最好永远做总统,终身大总统,但是在美国他绝对不可能,所以被迫要跟中央政府的参议员、众议院以及最高法院去分享他的权力,他还要跟州的政府去分享他的权力,他还要跟地方政府去分享他的权力。参议员、众议员那更是这样。举

美国看法

例来说你们要去拉斯维加斯,去过了还是没去?拉斯维加斯它就是,当然它是罪恶之城,你们要小心。但它是美国的内华达州,是一个州,美国的五十个州之一,我们是加利福尼亚州,我们跟它有一个共同的边界,你们要去拉斯维加斯,欢迎你们进入内华达州州界什么的。我们两个州有一个共同的困难,这两个州的共同的困难就是我们都缺水。我们当然靠海很近,但是海水不能喝,我们都缺水。我们缺水怎么办?我们一部分是用地下水解决的,更多的我们是要跟另外一个州商量,名字叫科罗拉多州。和科罗拉多州商量,要从水量丰沛的科罗拉多河里面把水引到我们这两个州,我们要建饮水的工程,明渠、暗渠等这些东西,可能还需要联邦政府的协调。如果我是加州的两名参议员,那么我觉得那很容易理解嘛,我们就希望说,因为我是加州人们选举出来的,我不是内华达州人民选举出来的,那我的任务就是希望所有的水到引到加州来,然后最好一滴水也不要去内华达州。反过来他们也是一样。他们的参议员不也是一样吗?那我想你们都了解,这个 checks and balance,制衡和平衡就在这里工作了。这工作是什么?就是我们这两个目的都达不到,我们最贪婪的目的都达不到。那只有被迫坐下来,商量一个方程式。这个方程式就是,我当然不是饮水专家,但是这个方程式基本上我想就是人口啊,工业用水啊,农业用水啊,什么夯不啷当加起来怎么算,算出一个大家都可以接受的方程式,结果大家都得到一点,但可能都没有办法彻底满足。所以这就是"贪婪制约贪婪"的模式。

  当然,上面的说法只是我对这两个州的矛盾的简化表达,我们跟内华达州的矛盾还不仅仅是水的问题。我们跟其他州也不仅仅是水的问题。但它们的解决,基本上都是体现了我刚才讲的这样的一个特点。众议员他也是体现着"贪婪在制约贪婪"。比如说我们这个附近有一个加州很著名的县或者叫郡,叫 Orange County。Orange County 很富有,也挺有钱的。虽然我们加州是一个自由派,或者叫民主党掌控的州。但是,我们这个州里面也不是一成不变的。我们州里面有几个,一些 Parks of areas,就是有一些地方它是长期以来共和党人把控的,长期以来是共和党人。Orange County 就是一个。比如,我是 Orange County 选出来的众议员,我是一个保守派的人,我处在这样一个自由派泛滥的这样的一个州里面,那你想想看我每天担心的事自然很多,就是怕趁我睡觉不注意的时候,那自由派的人通过一些法案对我不利怎么办。举例来说,我如果是 Orange County 的众议员,我睡觉的时候如果 San Francisco,旧金山的这些众议员通过一个法案说现在男的跟男的可以结婚了怎么办。我是不是特别担心这个问题。那反过来如果我是旧金山的这些政客,congressman 或者什么的,那我也怕我睡觉的时候,Orange County 还有它联合全美国的这些保守势力,推动一个 constitutional amendment,就是希望把美国的宪法加一个修正案,修个宪法的修正案多难啊,我们一会儿谈宪法。太难了。那他要通过这样一个修正案,他说我们美国的 founding fathers 当年在制定这些美国的宪法和美国的这些法律的时候,肯定,他们肯定规范过美国人的这个婚姻法的部分。那就是这个婚姻就是一个人和一个人之间的家庭的契约关系,我笼统地讲。但他们漏掉太多字了。他没有具体讲是一个男人和一个女人之间的家庭契约关系。所以现在弄得全美国很多男的要跟男的结婚,女的要跟女的结婚。那他们旧金山的人说那我们一睡觉一不注意,这帮家伙联合全国的保守势力通过这一个法案,那不是完蛋了。那最后当然大家都不睡觉(众大笑),都达不成他们想得到的。所以就变成还是 compromise。就是可能给同性恋者有一些权利,但是这个权利一定是逐渐得到的。它不可能明天出现一个奇迹,让你尽情享受。

美国的政治永远都是地方政治

谈了不少参议员和众议员的性质,我们干脆再谈谈美国的这个国会,在美国的国会,不论是参议员还是众议员,你的地位,就是你的实力高低跟你的威信(我们习惯叫影响力)大小,跟你来的州的大小,跟你本人的资历,甚至跟你本人的能力几乎没有关系。

美国看法

你们又觉得奇怪,这就是美国,我看你们一脸的茫然。它是跟什么有关系?它要跟你在美国国会里面服务的"工龄"有关系。一定要注意,我这个词没有一个字讲错的。就是呆在国会里面的工龄长短。就是你比如说你在参议院里面的工龄多长,或者众议院里面的工龄多长,这样就有相应的话语权。比如说你这个专门的委员会,美国有很多专门委员会是非常强有力的。你要当专门委员会的主席,他要跟你的工龄有关系,工龄短就当不了。所以就导致我们曾经称呼希拉里·克林顿为前纽约州的"年轻的"女参议员,为什么她是"年轻的"? 那时候她不年轻了。她那个时候也 60 多嘛,但她就是个年轻的参议员。原因是什么呢,就是她的工龄不够。你想她选上纽约州参议员的时候,威信、智慧各方面那毫无疑问是不容置疑的。她是美国前总统的夫人,做了 8 年的美国第一夫人,做了很多年的州长夫人,自己有着耶鲁大学法学院毕业的背景。她的威信,她的资历,绝对不能说不重。但是她进入到 100 名参议员组成的参议院的时候,她始终有一个英文叫法,每次他们开会都很有意思,就是说 the junior senator from New York。她永远是一个 junior senator from New York。那她心想了,我这个 junior senator 100 名,我要排到第一名,那要排多少猴年马月啊!所以她想出来一个办法,说那干脆我就去当国务卿吧。做国务卿,美国的宪法规定他是宪法排名前五的,第五顺位的,当然前面四个人,你当上国务卿以后你基本上希望前面四个人天天出事,然后你就有机会可以继承他们的(众大笑),就跟副总统一样,就希望总统天天来点什么倒霉事,最好是莱温斯基式的丑闻(众再次大笑)。所以她要去选这个位置,就是跟资历有关系。那究竟这个体系好还是不好,可以留待你们未来的政治明星们去评价,但是它目前使用的是这样的一个资历法,中国叫做论资排辈,而且正是因为这样一个"论资排辈",它更进一步地平衡了州与州之间的关系,提升了很多小州在国家的重要的地位。我给你们再举一个简单的例子,就是你们可能听说过,中国大陆和台湾相当一段时间里交恶,媒体叫台海关系紧张,你们应该了解。这个应该知道的。台海关系紧张,最紧张的时候是台湾前领导人李登辉先生在位的时候,对吧。李登辉先生在位,陈水扁先生在位,他们要,当然是希望第一要推动在台湾岛内的这个,讲白了就是台独嘛。同时呢,他们希望在国际上得到很多国家的支持和同情。那么这个"国际社会",对台湾人来讲的"国际社会"就是美国,美国搞定了,国际社会不就算搞定了吗。历史上台湾的领导人为了达到在台湾岛内的政治对他的 advantage,他就经常要搞所谓的"过境外交"。有没有听说过叫"过境外交"的?因为台湾它跟美国没有外交关系,跟很多大国都没有外交关系,没有正式的外交关系。他们和中南美洲很小的国家,什么尼加拉瓜、哥斯达黎加都有"外交关系"。那么我是台湾领导人,总共就这么几个小国有"外交关系",那我当然还是要经常举行对这些国家的"国事访问",那么要提升台湾的"国际地位"。其实呢,是"醉翁之意不在酒","打兔得獐"另有图也!

台湾领导人一个不敢公开的想法,其实是拿这些国家的出访为由头,搞"过境外交",可以公开的理由是:要访问这些国家,台湾跟它们没有直接的航线,所以要在美国加油、加水、加料,辗转抵达。

无形中,这个"过境美国"就变成了中、美、台角力的一个非常重要的战场。所谓"过境外交"就变成一场"明修栈道,暗渡陈仓"的阴谋,真正访问的那个有"外交关系"国家其实不是很重要,更重要的是怎么"过境"。所以台湾历届领导人对"过境"是很在乎的。因此呢,中华人民共和国政府和美利坚合众国政府为此达成了默契。这个默契就是,第一呢如果他们是真的需要过境,我们是应该可以接受的,但是这个过境必须遵循这样几个原则:第一,过境是非政治性的,仅仅是一个过境;第二,这样的过境必须是稀少的,不能你一高兴,你每个月都在美国过境,那就是绑架了中美关系;第三这个过境应该是体面和舒适的,更重要的是这个过境不能去搞政治活动,更不能宣传台独这些东西。所以那一年,90年代初期,你们那时候我不知道出生了没,你们都是90后吧。那个时候,你们还没出生的时候,我们已经发生危机了,就是台海危机。台海危机就是什么,就是李登辉老先生说他要过境,那个时候我们美国

美国看法

有个总统，有一个愣头青总统，叫"小克"，克林顿，刚上来没多久，他觉得天下事他都能搞定。不就是过个境嘛，过境就过境吧。李老先生提出来在纽约过境，那可是天大的事。以前的过境怎么能在纽约，都是在阿拉斯加、夏威夷过境，怎么到纽约呢？纽约是富可敌国的州啊。纽约什么地方，纽约世界橱窗啊。他要去那儿过境。中国政府一再提醒小克说，你这个过境不行，你这个过境会引起麻烦。小克说，不会有麻烦滴，我们这几个原则是事先交代得清清楚楚滴。结果好了，"眼睛一眨，老母鸡变鸭"，你们都可以想象发生了什么事情。你们回去可以查。李老先生一下飞机以后，立马就有车子把他接走，立刻回到他原来在纽约的母校雪城大学，发表了一篇对台湾民主进程据说是很有"坐标性"意义的报告，叫《民主在台湾》，表达了他在台湾民主的诉求，更重要的就是他为什么要强调台湾要独立等这些事情。

就此引起了中华人民共和国和美利坚合众国外交关系的一个轩然大波，也导致了中国向台海试射导弹等大动作。那同时美国还派了两艘航空母舰战斗群到达中国的近海。奇怪的是，其中一个航母的名字就叫独立号。当时中国人非常反感这个问题。这个活动发生了以后，小克意识到说，哎，中美关系太重要了，我们不能老是让这种暧昧的"过境"来惹事，虽然单纯过境是可以的，因为美国与台湾有协议，叫作《与台湾关系法》，但是不能让这样的"过境"绑架与破坏中美两国的关系。所以他说，看着吧，我要惩罚一下李登辉先生的言而无信。

等到李登辉老先生明年再过境的时候，他说你过境还是可以过，但是你这次绝对不能到洛杉矶什么的，纽约过，你就到一个离美国还有五六个小时的夏威夷去过境去，就不能到本土过境。因为，你不就是过境么，你过境加油加水不就行了嘛，你也不要下飞机了。

他飞机停在机场上，李老先生就在飞机上过了一晚上。第二天台湾岛内所有报纸头条，都刊登了李登辉先生穿着睡衣，在飞机上接见了当地政要，以示对美国的抗议。所以这就是喧嚣一时的"过境外交"。

我刚才说的"过境外交"讲的意思究竟是什么呢？就是由于这些参

议员,小地方来的参议员,由于他是由公民来决定他的议会的地位,所以导致了很多的小州扮演了美国政治很重要的角色,同时影响了中美关系。那么我想讲的"过境外交"影响中美关系的就是,除了在夏威夷过境,以前经常过境的,你们来也可能路过的,我们从北极圈附近的阿拉斯加州兜一圈。阿拉斯加有个著名的城市叫安克雷奇,英文叫Anchorage。那个地方是台湾领导人经常过境的地方。原因就是那个地方有一名参议员叫穆考斯基,由于他只代表65万人,当上参议员以后他向美国政府要来一些经济资源,很容易就取悦了65万人。你想我要个300万美元,让65万人高兴已经够可以了,我要300万让3 000万加州人高兴那根本是杯水车薪。正是因为他有这样的能力,所以阿拉斯加人每6年就选他当一次参议员,他变成终身制的参议员。他当然在参议院里面的工龄就非常长。非常长以后他就可以担任各个参议院专门委员会,要么是排名很靠前的,可以主导议题的议员,要么是专门委员会的主席。所以为什么台湾领导人愿意去那儿。原因就是他到那儿过境了以后,我们这个穆考斯基,什么参议员的某某委员会的主席,就携当地的政要拜会前者,那当然对台湾领导人在岛内宣传他的外交有多大的开拓精神,是有非常大的帮助的。

小地方的参议员你可不要小看了,我刚才讲了美国的政治其实都是地方的政治。你想如果我们把穆考斯基这样的人搞定,那他在中央,在联邦的地方,如果不经常煽动台湾领导人在那里过境,是不是对中美关系就有好处呢?但是由于这个工龄的决定,所以也确实产生了一些问题。就产生的问题是什么呢?就是会浪费很多国家的资源。这个浪费国家的资源就是——还是讲穆考斯基吧。

前两年我们全家,到阿拉斯加去旅游,最后一站导游把我们带到了安科维奇,city tour,就是在这城市里面转一圈。最后说你们还想去哪儿?好像全车的人都说我们想去看看鬼不生蛋的桥在什么地方。什么叫鬼不生蛋的桥?就是这个穆考斯基参议员,因为他在参议院里面坐得太久了,所以他想得到的为州里面谋福利的事情他都能要得到,因此呢，他就向这个议会要拨款，向联邦政府要拨款说，我们需要几百万，我们要造的一座桥在安科维奇附近，因为对当地的人有好处嘛。修桥造路永远都是造福于地方的嘛。结果这桥建起来以后被好事的记者曝光，说我们去统计了一下，你这桥花几百万美元造了，但是每年大概只有10来个人过这桥。

鬼不生蛋的桥就是这么来的。但是自从这个曝光了以后，这个桥不再是鬼不生蛋了，过桥的人很多，主要是旅游者。所以这个小州的参议员，小兵可以立大功。他可以影响美国政治，他也可以影响世界的政治。举例来说，我们在这个纽约州，我刚才说了么，纽约州有一个"年轻的"参议员她叫希拉里·克林顿，那个年长的第二个参议员就叫舒默，Charles Schumer。这个舒默每年都要跟中国政府发难，说因为中国政府人为地操纵人民币的汇率，他要立法，要惩罚。这就是舒默先生。那我就不明白了，我们纽约的这些华人朋友们，每天都在干什么。我们经过二十年的努力，为什么还不能让舒默先生改变他对人民币问题的偏见？如果我们能在当地发挥影响力，那请问舒默先生是不是就可以停止每年向美国国会提案，说要惩罚中国政府操纵人民币汇率呢？

这个问题我不知道。我也跟中国的使馆、领馆的人都谈过。美国的政治永远都是地方政治，你地方搞定就行，你想到中央去搞定？搞不定的。你必须要让他感觉到，你如果再这样行事，你会影响到你下一次选举，也就是会影响到你下一份的工作，这样他就会考虑这个问题。如果你们将来，我不知道你们是不是要献身祖国的外交事业或者是经贸，这个可能算是我给你们各位先提一个醒。我们先休息一下好吧，先休息几分钟回来继续聊。

聊聊美国大法官

谢谢各位打起精神，继续听我演讲。由各位听讲的辛苦，我想到了美国大学的上课形式。

美国的法学院,我不知道跟中国法学院是否一样。我们是采取那个所谓的"苏格拉底教学法"。如果今天是我们在法学院上课,我们应该不是这样坐着的。我们都是对面坐。就是这边这边,然后教授在中间。我刚到美国上法学院的时候,那当然一转眼都要20年以前了,我是杨百翰大学法学院毕业的,就是跟罗姆尼是校友,他是我们的学长。第一堂课上法学院的时候,因为中美的法律体系太不一样了,觉得这个教授"太混"了。一上课,这教授来了第一句话,就是同学们好,OK,坐下吧。这教授,反正每个教授也很随便,一般都坐在讲台上,还有教授甚至站在讲台上。我碰到过一个教房地产的,我们在 moot court,就是那个模拟法庭里面上课,他竟然站到讲台上讲,像个街头鼓动者,挥着手,就是这样很随便。然后一堂课上来以后,基本上就是一开始他说我们谈这个 contract,我们谈合同法,然后他说你们每天都读了么,都读了那就开始这个问题。他提出来一个问题,什么叫 consideration,什么叫合约的约因这个问题。然后双方两边就开始讲,这一堂课全是学生和学生在讲。老师几乎都没有讲,是这样么? 他说这样你同意吗? 好嘛,这一堂课算讲完了。讲完以后我们还是不知道,我当时在想标准答案究竟是什么? 后来时间长了才知道,原来学法律根本没标准答案,哪有标准答案。就是看谁最后能把自己的这盘菜,用自己最佳的能力和最好的法学的素养,还有这些能找到支持自己的案例,把它呈现给陪审团,呈现给法官,你的任务就完成了,没有标准答案,哪里有标准答案。所以我当时就想美国这个法学教授也太容易做了。每天上来问三个问题,挑动学生斗学生,互殴,他就没事了(众大笑),然后一年拿个二三十万美金。你说这个法学教授是不是好当。所以我想讲什么,我欢迎同学们就是在我演讲的过程中如果你们有问题,你们随时打断,但是如果你们不习惯,我们就最后留一点时间,我们来讲也是可以的。

同　学: 我刚刚有一个问题。

张　军: 你尽管说。

同　学： 就是，这么说爱荷华州以农业为主，那么他们很多农场主的身份能不能就是保证他在驴象之争中偏向哪一方？

张　军： 呵呵，你们还没有放下爱荷华州啊，是不是因为习大大去过那里？好吧，我们再回到爱荷华的话题。那么这个爱荷华州呢，农场主是有比较大的势力。但是地主永远就是少数，长工是多数。

所以农场主，地主可以影响长工，但是长工反过来也可能会影响地主。爱荷华州因此被公认它是一个 swing state。就是比如说这段时间政府的政策可能让这些农场主比较高兴，那么他可能会多花钱，多花时间，多投入人力物力去影响，去帮助总统去介入当地的政治。

但爱荷华毕竟它这个州里面，由于美国前一段时间的经济大势不好，所以导致很多的人找不到工作。失业的人数一旦多了，除非农场主你把他们都雇上，否则失业的人肯定不会和农场主站在一起，对不对。所以这个就是每一次选举的胶着就在这儿。就是在那一次选举当中，这个州迫在眉睫的议题是什么。所以 2013 年我认为，因为现在美国经济逐渐地好转了，逐渐地好转了以后失业的人数在下降，人民的荷包里面逐渐有了一些钱了。有了一些钱了以后，他慢慢地，人民就想说，哎，我们希望少干预一些我们的生活了。或者政府希望怎么样怎么样了，那他可能这个选举的风向又会发生改变。所以我刚才讲的这个美国的这个 executive power, presidential power, 跟这个 legislate power, congregation power 讲过了。那么我当然现在就想讲跟同学关系最大的，学法律的人如果要了解美国的司法的情况，那么你不了解美国的 federal 的 supreme court, 这个最高法院，那你当然不能算了解了美国的司法。所以这个我需要说，我刚才给你们一点休息时间，这样你们回来，比较清醒的时候，我们谈谈美国的最高法院。美国的联邦的法院，跟美国的州的法院是不一样的，这个你们应该是了解的。虽然是大一，但是你们也知道美国是一个联邦制的国家，联邦法院不管州法院的事，州法院也管不了联邦法院的事。但是呢，美国有一个联邦的最高法院，它几乎是美国的这个"大哥大"，很多的事情都归它管。归它管呢，如果它听你的案子,那就是由它来决定,而不是你来决定的。比如说我在这个一审、二审上诉我败诉了,那么我希望最高法院帮我维持公道,那最高法院说那你可以把申请交上来,但是我不能保障我要听你的案子。所以每年大概也就是个1%左右。就是申请希望最高法院听他案子的人,大概只有1%左右能让最高法院听。最高法院呢,它要有这样几个标准才能听这个案子。第一,就是上诉来的案子它是不是跟美国的国计民生的事情比较重要。你比如说像我们佛罗里达的Trayvon Martin案。Trayvon Martin当然这个案子现在不会上诉了,因为我们美国有了Double Jeopardy的问题,就是一个刑事如果没有起诉成功,你不能成天没完没了地一直起诉一个人,直到把他起诉成功为止。因为我们有一个Double Jeopardy的法律的原则。但是,假设这个案子打到了最高法院,那最高法院可以决定不听,不听那这个案子也就变成上诉法院的事情,就结束了。那么联邦法院跟州法院管辖的事情又不一样。联邦法院管的东西基本上这样两大类,一类就是联邦的行政当局可以管的事情,我刚才说了美国的总统权力很有限,所以总统能管的无非就是这样几件事。一个是美国的外交;一个是美国的造币,就是制钱,你不能一高兴加州政府自己印钱,那不行,那必须是联邦的;知识产权法律里面的大部分的事情,patent跟trademark,copyrights这些东西。还有一个我认为这个可能是值得中国司法界朋友借鉴的,那就是美国是很好地解决了异地审判或者是地方保护主义这个问题。原因

张军律师与美国九大联邦最高法官终身大法官之一 Stephen Breyer 史蒂芬·布雷耶

就是——我想你们知道什么叫地方保护主义对吧。美国的联邦法院它要管理就是两个，比如说加州跟内华达的人打起来了，那么加州人当然觉得内华达人可能有这个所谓的地方保护主义，反过来他们也觉得我们地方保护。那怎么办？就由一个中央法院，或者叫联邦法院来听审。这个联邦法院呢，它人事权、财权一概跟当地，完全丝毫彻底地没有任何关系。所以我也觉得，由他们来做这个审判相对的就会比较公平。我其实也在中国司法界呼吁了很多年，我觉得中国实在是可以考虑这个问题的。

因为成立一个中央法院体系应该不是一个特别难的事情。尽管中国的司法改革，我认为任重而道远的，但是如果我们有一个中央的司法体系来听这些我刚才讲的，就是两地都不适合审判的地方，那这个也许是可以借鉴的这样一个方式。须知，绝大部分美国老百姓的国计民生的事情，杀人、放火、结婚、离婚、买房子、卖房子、合同等，都不是联邦法院处理的事。大部分可以在州的法院系统里面得到解决的。但是，我们了解这个联邦司法的体系，每一个州的司法体系跟联邦司法体系差不太多。

但，我想和你们一起寻找的，就是联邦跟州法院最大的一个不同。这里有一个很好的例子，你们一听就知道了。这个不同是什么呢？就是如果我们决定在夏威夷这个州杀人，那你杀夏威夷的什么人直接决定了你将会被判什么样的刑。

那就是，如果我们决定在夏威夷杀掉这个夏威夷州的州长，和我们决定在夏威夷杀夏威夷州的邮差，判决的结果，也就是说我是否会获得死刑，那是完全不一样的。因为夏威夷这个州，它是美国的不多的几个取消了死刑的州，所以你杀了这个州长，你最多只是判终身监禁。但是杀了那个邮差，你非常有可能被判死刑。原因邮差是联邦的员工，不按夏威夷州的法律来判。

一会儿我们要谈到的一些案例，比如说像 Asiana 的这个 air crash，那究竟适用什么样的法律，那直接关系到赔偿。那我们还是先讲这个最高法院。最高法院的九名大法官终身制。什么叫终身制？对，就是你理解的终身制。要么不当，当上了以后除了他自己死亡、退休、生病，没有任何人可以把他拿下来。总统虽然获得了对大法官的提名权，国会尤其是参议员却反对他担任大法官，但总统和国会对它的制约，仅仅停留于此。一旦他获得了最高法院的大法官的任命，从此他就跟这两个阵营毫无关系。所以在美国的历史上，很多的大法官当上大法官以后，他选择了与党保持一致，但是也有相当多的大法官当上了大法官以后的第二天就叛党了。他们跟党是不保持一致的，把这个总统，或者把那些让他进到最高法院的议员气疯了，但是你也拿他没辙，因为他是终身制。

所以这个终身制的法官就主导了美国这么多年。美国是案例法的国家，每一个大法官在写判词的时候，也就是对未来能够有指导意义的案例的时候，这些大法官更在乎，他绝不会在乎总统，或者绝不会在乎让他进到这个最高法院的人，他更在乎就是我这个判例，我们今天在美国，你们将来到美国来学法律，我们今天经常沿用的法律是五十年，八十年，一百多年以前的那些判例，他更在乎就是我这个判词写下去我是能名垂青史的，还是以后会遗臭万年的，所以他更在乎自己的清誉。他不会在乎谁，因为历史已经记住美国历史上那些著名的大法官了。

同　学： 比如马歇尔。

张　军： 你讲得很对。马歇尔等等这些。那我如果问你马歇尔那个时候是哪个总统让他进去的，你可能已经忘记了。在美国，总统才是流水的兵，但是大法官的判词将成为铁打的营盘。所以这些最高法院的大法官特别在乎自己未来他的 legacy，就是他留给后人的是什么。

举一个例子，你们立刻就清楚了。奥巴马上台，第一任上台，你们知道的，我想你们跟我一样受到了激励。这样怎么得了，美国这个国家建立两百多年，两百多年怎么选出一黑人总统，那多了不起的一个国

美国看法

家！黑人在短短的几十年之前还是不平等的，没有投票权等等，什么都没有对不对，怎么得了，激励了我，激励了很多很多美国的年轻人。我想很多像你们这样的年轻人可能也多少受到一些激励。就是美国这个国家它能让一个黑人当上总统，所以那一次的选举，那一次的选举它的确激励了很多美国的年轻人。就是因为他激励这些美国年轻人，原来的美国年轻人对政治是冷感的，他们不投票，但是这一次他们都觉得要去投票，所以奥巴马一家获得了很多的选票。他那一次战胜他的对手，第一次选举战胜对手是一千多万张普选票的优势。一千多万张普选票的优势而战胜的，不得了啊。在美国这样一个民主政治国家，通常都是51/49这样一个情况。正是因为他激励了很多人，那一次本来有很多的国会议员的选举的选区是不支持他的那个党，民主党，但是因为太多的年轻人进来了，太多的少数族裔进来投票，结果让他获得了民主党人长期希望获得而得不到的东西，甚至是在参议院和众议院都获得了他的多数。

多数意味着什么，就是他能够在参议院和众议院推动一些总统想推动的法案。所以他也就不失时机地推动了一个法案，这个法案就叫《全民健保法案》。自"二战"开始，罗斯福总统就想推动这个法案，但一直没成功。全民健保，全国人民都可以享受健康保险，多么伟大的一件事，至少当时大家是这么认为的。为什么全民健保啊？我都觉得美国在当时应该搞全民健保。为什么？美国这个国家得了么，人均GDP将近4万美金，3.8万，3.9万，人均GDP。这样的国家，世界第一大经济体，现在美国的GDP超过中国一倍以上，它只有3亿人，中国有14亿人。这样的国家说还有3千万人没有健康保险，就是没办法看病。我当时也觉得多么了不起的一个宏愿。你说美国这样的国家不能搞让每一个人可以看病，那请问为什么台湾、加拿大、英国、挪威这些国家可以搞？朝鲜、古巴那更不用讲了。那为什么？后来因为在美国，你想推动这么大的一个立法，那这个辩论的时间是非常长的，是一个冗长的过程，全民要辩论，国会要辩论。辩论完了以后，一年多的时候，连我都觉得这个《全民健保法案》有很多问题,太多问题了。第一,这个全民健保就意味着我立刻要吃亏,我本人,张律师本人要吃亏。原因是我也是小业主啊,那这个全民健保,政府没有钱,政府就命令我们这些小业主掏钱给员工买健康保险,那是不是立刻要影响到我啊。人都是自私的,我说了美国政治就是"贪婪在制约贪婪"。这是一个。还有,我现在这个健康保险对我已经非常好,我不是那3千万人,我是自私的。我自己已经有健康保险,那我已经有健康保险的情况下,这个体系里面突然又加进来3千万人,你告诉我,他会不影响到我自己享受健康保险的品质吗?这是第二。更重要,当然不是我,更重要的是反对他的保守派认为这个全民健保就意味着我们国家走向"社会主义化","社会主义化"就是政府把所有的事情都给你做了,健康的、退休的、养老的,那这是不是在养懒汉呢?还有美国不是标榜自己是市场经济么,市场经济那你要鼓励市场竞争啊,鼓励市场竞争那当然在市场竞争的过程当中要优胜劣汰,是有一部分保险企业做不好,就应该让它垮台,也有一部分人,就好像我们的市场经济应该接受有一部分失业者是一样的。如果这个经济里面没有失业者,那我们就失去了市场的竞争了,没有了市场的竞争,美国的经济将没有活力。同时,我们又增加了一个政府的官僚机构,就是来管理所谓的全民健保。我也是这样想的,任何时候要让政府来做事,通常都是没有效率的。我的钱自己管,自己去买什么样的保险不就完了,干吗我要交给某某人,让他去告诉我应该怎样去买保险。至少美国人这个individualism,是有这样的价值观的。所以经过这一年多的辩论以后,包括像我这样的人都开始怀疑,更何况美国的那些反对奥巴马的人。但是由于他选上的时候激励了这么多美国人,所以他在参众两院里面他有多数,他还是强力地将这个《全民健保案》给推动了,也不是叫推动了,就是通过了。但是这个通过了是什么呢,就是支持他,投他《全民健保案》的,在参议院和众议院没有一个反对党的人,全是他本党同志投他的票。所以这个在美国的立法中,如果你们以后去学习美国的立法史的话,好的一个立法通常需要两党共识。虽然反对党是监视的,但是需要有两党,为什么现在的全民,这个《综合移民改革法案》,我们成立的参议院,你们可能听说,我们成立了八人帮。八个人来做,四个民主党人,四个共和党人,体现我们的bipartisanship,就是我们两党要有共识,我们这个案子才能推动。你想如果说这八个人都是民主党人,你要还是不要,反正我们多数就是我们干,通常会有麻烦。那么奥巴马是拿到了《全民健保案》,为此,在他第一任任期失去了大量政治资本和政治资源。所以他在中期选举,就是他当上以后的两年(我不是说过众议院每两年选一次),那个时候他失去了众议院的多数。失去了众议院的多数使得他后来两年的历程非常困难,提高债务上限啦,向众议院要预算啦,接地气的预算啦,他都通过不了。你们能不能想象奥巴马当总统当到今天,没有一年国会是同意他这一年的预算的。他从来都是用临时预算在运作这样一个号称世界最大的经济体。这是不是一个很大的羞辱呢? 同时,他推动这个的过程当中,他让美国出现了一个风起云涌的运动,这个运动你们是知道的,叫做"茶党运动","Tea Party"。什么叫"茶党运动",跟以前的"茶党运动"有异曲同工之妙。以前的茶党你们小学里面应该学过,叫"波士顿倾茶事件"。"波士顿倾茶事件"是什么? 就是英国人要向这些茶叶的商人征收更多的税,当时美国是他们的殖民地,他们拒绝缴税,两院打起来了,说我们把茶要倒在波士顿河里,跟英国人决裂,从而独立战争等都来了。我们要兴起新的"茶党运动",新的"茶党运动"要反映什么,就是我们第一要反对大政府,反对政府太多地干预人民的事务,同时我们要鼓励市场竞争,你们《全民健保法案》就是。同时,那个时候因为美国的经济不好,奥巴马上台以后有个所谓"救市计划",市场的"市",拿了上万亿美元,这两天底特律破产了你们也知道,就是要去托这些濒临破产的。

为什么美国要有《破产法》? 同学们你们学过破产法。学《破产法》就是当你这个生意做不下去的时候,他要通过合法的程序申请破产。破产就像人自身的机能一样,就是要让你把一些不好的东西甩掉,从而让你健康地成长和恢复。茶党说,你现在弄得全国人民没有市场竞争了,好与坏你都政府去托它,明明这个企业经营得很糟糕,比如像我们的福特、克莱斯勒这些公司,当时非常糟糕。我告诉你怎么糟糕。加州的工人的最低工资是 8 块钱/小时,我们这个长滩港,long beach 这个港口,他们前几年因为他们都有工会,强有力的工会,接电话的这个小姐一个小时的工资要 40 到 50 美金,我们的最低工资是 8 块钱。那你说对那个人当然是好的,但这样的机制是否鼓励公平竞争呢?是否鼓励市场经济的发展呢?所以茶党就搞了这么一场运动,导致奥巴马失去了国会的众议院。同时,茶党运动的影响力非常大,到今天茶党支持的参议员和众议员依然发挥着重要作用。

当然与此对应,当时还有一个朱老师刚才讲到的,所谓"占领华尔街运动"。如果茶党是在最右边,那么"占领华尔街运动"就在最左边。但是,"占领华尔街运动"终究没有形成气候,就是它对美国政治的影响,比起现在茶党,那差了很多很多。

事实上,我想讲就是,这个《全民健保案》,我现在还在谈最高法院《全民健保案》,你们很快就会发现这三权怎么样在运作的。就是奥巴马把这个《全民健保案》"遍体鳞伤"地给通过了。通过了以后,一通过,选完中期选举,共和党就开始了一个运动,这个运动用我们"华人之光"赵小兰女士夫婿的话来说(赵小兰你们应该知道,华裔的美国人赵小兰你们竟然不知道?OK。知道她就好。这个赵小兰就是当过美国的劳工部长,非常优秀的这样一个女性,一个 Chinese-American,你们回去可以查查。她的夫婿叫 Mitch McConnell,是联邦参议院共和党的领袖。他有一次在共和党员开会时,私下里讲的话最后被曝光出来),就是:本届国会,各位党员,我们的首要任务就是要让奥巴马成为一届的总统,不能让他再当第二届。

当然现在情况跟他愿望相反。但他至少在当时号召说,我们要努力的所有的事情,就是让奥巴马背黑锅,反正就是让这个总统不顺、不爽、不利。

所以大家看到了,在美国,你想推动一个新的法案,或者推翻《全民健保案》都非常难,门槛很高。因为美国它这个体系不允许你今天提出一个法案,明天又推翻一个法案,那这个国家是不和谐的。

因此,聪明人,像你们这样学法律的人,他们想出来一个主意。虽然我们国会没办法修法了,但是我们可以通过诉讼的方式,我们可以告奥巴马政府的《全民健保案》违宪啊,违反宪法啊。这是可以告的啊。所以各地风起云涌的,各种各样的诉讼都在告奥巴马,说他违反美国的宪法。结果这个官司最后就一路打到了联邦的最高法院。联邦的最高法院它不是什么案子都听的,一百个能听一个就不错了。但是在去年的6月份,联邦最高法院说,我们决定了,我们应该听这个案子。那么一决定听这个案子,很多人就说奥巴马的连选的任务将不可能完成。原因是不言而喻的。因为现在最高法院的大法官的构成,九名大法官,五名思想保守,四名思想自由。你光是按这五个人的投票记录你就知道了,不会让奥巴马《全民健保案》过得了关的。

结果到了去年9月份的时候,最高法院的判决下来了。我刚才不是说了么,美国是案例法的国家,大法官们很在乎自己的判词,因为他们想名留青史啊。他在乎自己的判词,所以这个判词是由最高法院的最重要的大法官,就是主审大法官,叫John Roberts。就是我说了他是小布什任命的,小布什当然是保守派,这不用讲。小布什任命他的时候,他才50岁,这家伙有得活呢。他会很长时间施展他的影响,因为按规定,美国最高法院里,谁是主审法官,这个法院就以他的名字命名。比如说他叫John Roberts,我们就说叫Roberts法院,就是为了方便吧。这个Roberts法院,这么重要的法案,判词当然由Roberts本人写,他亲自要求写这个判词。这个判词一写不得了,写了两千多页,两千多页的判词,天呐!所以我们将来在法学院,你们到了法学院去学这个案子以后,那你光这个reading就不得了,你得把两千页读完。你不能像有些记者当天读了十分钟就向美国人民宣布说,今天最高法院做出了判决,John Roberts写这么多,说这个《全民健保案》违宪,奥巴马完了,不能再选了。当天的头条都是这个,包括CNN,FOX这些著名的媒体。但是再过几个小时,有一些非常严肃认真的、资深的媒体新闻人、记者,他们花了好几个小时时间读到了第两千多页后,结果发现,虽然前面两千多页都在批评奥巴马这个《全民健保案》,说它如何这不好,那不对,但最后却说:"但是我认为它不违宪!"

哈哈,弄出来这个新闻媒体大笑话。这也太扯了。你们为了追求新闻的快速,最后一页都不读。当然我们今天不是谈媒体法律。John Roberts 他是一个保守派的,小布什让他进去的,也是共和党人非常喜欢的一个保守派的法官。连我都觉得特别奇怪,他会站在了最自由派的奥巴马的《全民健保案》这方阵营。然而,这,就是美国最高法院它的精髓所在。就是他写的这么判,他说其实我最容易做的一个选择,就是跟所有支持我的保守派人士一样,说奥巴马的《全民健保案》是违宪的,我说它违宪,所有保守派人肯定认为我站在了他们的一边,因为本来讲白了就是他们让我进来的,奥巴马也根本不可能批评我,因为他从来也没指望过我这一票,他从来没有指望过我这一票,但是我现在这么一弄了以后,奥巴马倒是很高兴,但是我的那些同党同志恨死我了,说你看这是多么好的一次机会,如果我们判奥巴马的《全民健保案》是违宪的——请问同学们,老师们,奥巴马还有任何的政治资本去选第二次总统么?

是的。当然没有了,他上台那么多年就搞出了一个《全民健保案》,现在你说他违宪,他就啥也没干,四年啥没干,你说美国人民会选他么?但是 John Roberts 写的这个判词我觉得很好。他说,我也了解保守派的人希望我这样做,奥巴马也不指望我。但是,他说,我是最高法院的主审法官,我要对历史负责,这个《全民健保案》是当时奥巴马选上总统的时候,由一个全国人民选出来的总统推动的,同时由一个全国人民选出来的参议院和众议院通过的,如果由我这个最高法院大法官一票就否决了当时那么大的民意,他说这个我觉得不符合美国人的宪法精神,这是第一。也就是说我不能成为历史的罪人,我是站在了我的同党同志一边,但是历史以后不会记得我同党同志是谁,都会记得是我,讲白了。这是他的原话。而且《全民健保案》大部分的法案要到2013年,今年的年底,或者2014年才开始实行,那个时候老百姓不满意还可以继续告啊,但是现在还没实行,由我一个人一票推翻了这么大的民意,当下的全国美国人民的民意。他说我认为这样是对历史的不负责。他还被保守派骂得狗血淋头,而奥巴马则对他感激不尽。这就出现了一个历史奇景,就是自由派的人感谢一个保守派的法官,保守派的法官却被自己同志骂得狗血喷头。但是这个基本上我想讲的就是,第一,三个政府的 branch 是怎么样交织在一起工作的。同时,这个最高法院它由于终身制和其他等一些体制的保证,使得这些大法官他愿意做,或者敢做自己想做的事,而不会考虑其他人的看法。

这是对一个最高法院我最想说的话。

说说美国联邦最高法院

同时,关于最高法院我想跟同学们聊一下。就是这个 supreme court,它不是一个橡皮图章。什么叫橡皮图章,就是别人让你说什么,你盖章说这就可以了。它不是。恰恰相反,它是绝对有权威的一个机构。在历史上多次改变和推动了美国历史的进程,甚至推动了世界历史的进程。你们不要不相信我讲的话。美国的《独立宣言》怎么说的,美国《独立宣言》说,每个人生来都是平等的,你们应该听说过这句话吧。但这句话漏掉多少字你们知道吗?其实它应该说每个白人生来是平等的,对吧,因为当时还有黑奴。而且它其实是说每一个白种的男人生来是平等的。因为,就是距今几十年之前,美国妇女都还没有投票权呐!那么改变这一切的,就是联邦最高法院的很多判例。

我们都知道林肯总统的《解放黑奴宣言》等,这当然做得非常好,但是真正的让黑人的学生到白人的学校里面,大家一块融合上学的,那是最高法院的诸多判决。就像我们今天在这里,我们人家都觉得习以为常,可是距今几十年之前,我们在这里张扬是要被抓起来的。我指的是刑事犯罪。原因是如果这里都是白人的学校,而我们属于有色人种,那我们用的洗手间,我们用的教室,我们坐的巴士,都被标注为"有色人种专用"。有色人种的喝水喷泉(沙滤水),也是清清楚楚标注的,白人绝不会碰一下,仿佛那上面有麻风杆菌似的。

张律师在美国联邦最高法院前

短短几十年,正是因为联邦最高法院一系列的判决,扭转了这种种族歧视,其中一个著名的判决就是,在南方各州下了命令,把这些黑人的孩子用巴士,用校车(美国的校车发达就是从那时候开始的),运到白人集中的地方去,要派军人强迫他们,必须跟黑人融合在一起上学。你说它没改变美国历史?还有,短短的几十年之前,美国的妇女如果要去人工流产,堕胎,那是形同于刑事杀人的,跟杀人是一样。但正是因为最高法院的一个著名判决叫 Roe v. Wade,让美国妇女获得了自由,他们当时的词叫获得了"选择自己身体的权利",也就是获得了堕胎的权利。这个问题至少到今天还在美国激烈地辩论着。让美国的妇女获得了选举的权利。我是一个少数族裔,我也是一个中国人,Chinese-American。你们应该经常有机会在这段时间,去美国参观我们的 China Town,应该会有,我相信会有,又叫唐人街,或者叫中国城,我不知道你们看的唐人街和中国城的心情跟我看的心情是否是一样的。因为那个唐人街和中国城,不像拉斯维加斯的中国城是新的中国城,洛杉矶这个中国城就是传统的中国城,是记录着中国移民的屈辱和血泪史的地方,它不是一个正常的参观景点。我经常告诫我的岳父,我说,你天天闹着

美国看法

要去中国城参观，中国城那不是一个景点，我希望你能意识到那是我们 Chinese-American 的血泪史。原因就是在 1852 年的时候，有一个著名的法案叫做《排华法案》。什么叫《排华法案》？我们上法学院，今天上移民法的课，打开第一章就是《排华法案》。为什么第一章就是《排华法案》？因为之前美国没有移民法。因为我们那个时候西部大开发，淘金热，you name it 这些东西。我们广东的朋友来得比较多一点。当时我们在清朝啊，广东福建的朋友来，我想你们对广东的朋友应该是了解的，就是全中国也差不多。第一就是打着大辫子，男人扎着辫子，穿着马褂，穿着长衫，当时美国的当地这些人形容这些人，他们讲着奇怪的话，吃着奇怪的东西，打着大辫子，不知道他们在干什么。所以，我觉得美国人更深层的担忧是觉得这些人来了，抢占了我们的就业，抢占了我们致富的机会。所以他们游说他们的国会议员，推动了美国历史上第一部的《移民法》，或者叫《反移民法》，就是《排华法案》的出台。《排华法案》不是我今天讲的主题，但基本上法案的意思就是世界各国的人都很欢迎你们来，唯有中国人来，你不能再成为美国的公民，而且你们绝不能搬出现在的中国城的地方，你们只能在这个地方居住，你们更不可能到白人区去居住，跟白人通婚那想也不要想，你不但不能跟白人通婚，你自己的配偶都不能带来。所以就变成了那个时候的移民有很多中国来的夫妻是以兄妹相称的。

凑巧的是，那段时间旧金山发生了一次大火，这把大火把移民局的档案全都烧掉了，那一次算是给那些苦难的华工们有一个 break，原因就是记录没了，你可以随便说。所以夫妻"兄妹"也过来了，就产生了历史上很多的叫 paper boy，就是纸上的孩子，解救了一部分华人家庭。事实上，这个《排华法案》一步一步地被推翻，一步一步地被修改，是和联邦最高法院的努力分不开的。今天的你们再去看 China Town，中国城的时候，我希望你带着我今天讲的心情去看，而不仅仅是去买一些廉价的东西，去观光等。因为你们不同了，你们听过了我的课。

这是最高法院改变了美国历史的进程。那么对黑人的解放，让黑人的平权,也有美国最高法院的功劳,至少南非的黑人运动的领袖叫纳尔逊·曼德拉的,就多次讲过,他说,这个马丁·路德金啊,美国的黑人解放运动对他的影响特别大,因此,他在南非坐了三十多年的牢,最终导致了南非的种族平等,至少法律上是平等的。

你能说它(法院)没有改变世界历史的进程?而且想提醒各位未来的法学家们,当最高法院做出我刚才讲的那么多的判决的时候,有一点你们一定要注意,就是当他做出这个判决的时候,很多时候不是当时和当下的主流民意,事实上,绝大部分的美国人是反对最高法院让妇女获得堕胎的权利的,当时的民意也是反对把黑人的孩子送到白人区去的,但最高法院它有这个道德的勇气,做出并不是为当下的主流民意所接受的判决,这个我觉得更加是难能可贵的。因为很容易,老百姓希望我这么判我就这么判。当然我们今天不谈中国司法改革,中国司法改革难道没有遇到这样的问题么?所谓只要大家觉得对的,我们就做了。穆勒说的"多数人的暴力"不正是这样吗?!

我倒是宁愿看到大家都觉得对的,我们这些大法官们就觉得它不对的场面。如果多一些这样的大法官,坚持真理的大法官,因为真理很多时候是掌握在少数人手里的。当下的民意,当时不支持堕胎,当时不支持平权,今天反过来看看,如果大法官们没有这样的勇气,我们今天依然将会生活在黑暗之中。是不是这样?那么最高法院的大法官的产生,是一个非常繁琐、非常认真的一个过程。原因就是这些人真的会很大程度地干涉到我们的生活很多年,所以每当最高法院的大法官出现空缺的时候,那必然是一番争斗,一番恶斗,每一次都一样。那么大法官出现空缺了,都是由总统来提名,但总统仅仅只有提名权,提名以后要由参议院的司法委员会进行听证。这个听证的主要内容是看这个候选人的法学素养,他的一些经典判案,因为美国是案例法的国家,他以前判的一些案子是我喜欢的还是我不喜欢的,个人的道德操守等这些东西。然后司法委员会觉得说你行,那他们就要把你送到参议院100个参议员的全会再进行表决,然后你要获得多数的同意,你才能成为大法官。所以每次弄这个大法官,都是争得一塌糊涂,原因是不言而喻的。比如说奥巴马任命了一个空缺的大法官,那奥巴马任命的肯定是自由派的,那么这个自由派的人,by the way,你们知道美国自由派和保守派是怎样区分的? 太简单了,我就觉得有时候美国的政治特别悲哀,这么大的一个自由的民主政体,决定谁是保守派,谁是自由派,基本上问三到五个问题就已经决定了。你说这个国家是不是高度的 naif。

主持人: 这个词我们最近使用频率比较高。

张　军: 哦,是吗? 那我是歪打正着了。基本上如果我要问你是支持妇女有堕胎权利么? 你说是,自由派;不是,保守派。你支持同性恋婚姻么? 你说是,自由派;不是,保守派。你支持政府太多的干预么? 你说不支持,那是保守派;支持,是自由派。就是支持大政府的是自由派。比如说像奥巴马现在这么多的,帮你把"全民健保"什么都弄起来了,这是自由派。反对他的,茶党的人,是保守派。基本上这三五个问题一问,你已经知道是自由派还是保守派了。所以美国的政治到最后就高度简化到这样的几个问题上。你支持向人民征更多的税吗? 不支持,保守派;支持,自由派,原因他要,用奥巴马先生的话讲,叫做财富的重新分配。比如我把主持人兜里的钱拿过来,把它平均一下,再给大家分一分,这就叫财富的重新分配。

同　学: 那老师存不存在在一个问题上是保守派,在另一个问题上是自由派的现象?

张　军: 那当然有。我刚才讲的是一个高度简化的。如果是有,那比如说像我,我可能觉得保守派的人他少征税,鼓励政府少介入人民的经济生活,希望我们有更多的自决的权利,那我觉得当然这个部分我可能支持保守派。但是保守派我有很多地方不同意,他说妇女不能堕胎了。你比如说像得克萨斯州上个礼拜通过一个法律,说我们这个州只允许在三到五个堕胎诊所堕胎,全州几千万人,那事实上让妇女获得了无法堕胎的权利。那这个我觉得,虽然我不觉得堕胎是一个每天都应该发生的事,但这个毕竟是一个人的权利。那怎么办呢,那每一个总统,有的时候我只是支持他一部分政策,我选择他哪一部分更多的使我喜欢,那我也就妥协了,你不可能找到一个完美的总统,也只能是这样。

同　学: 那可不可以这样,就比如说得克萨斯州不允许堕胎,然后妇女就跑到加州过来堕胎。

张　军: 对啊,当然很多,还有很多就是说美国你要再通过更严格的堕胎的管制法案,那我们全体到墨西哥堕胎去了。

但事实上,那样的话反而会对美国妇女的健康造成更大的伤害,因为那些地方全是地下诊所,什么乱搞的什么的,那你怎么办。所以这个事情很复杂。你们这一打岔我刚才说哪儿我忘了。

同　学: 自由派。

主持人: 自由派保守派。

张　军: 自由派保守派,对。所以这个,每一次这个最高法院出现空缺的时候,大家都要争抢。比如说在奥巴马主政期间,现在最高法院有一个空缺,那毫无疑问大家希望说我们要增加一个自由派的,九票里面,现在是四票,我们如果变五票,我们自由派的人,以后几十年不就长治久安了吗?

同　学: 美国还有其他党派,比如说绿党。

张　军: 有,但是那个很难成气候,他基本上是个两党制的国家,你有一些小党,比如说我们中华人民共和国,我们有八个民主党派。这个情况你们应该了解。所以,这个我先把这个讲完吧,你一打岔我一会儿又忘了。比如说有的人,他当了一任总统当了两任总统,这个任期里面没有空缺,他没有人病死,没有人退休,那你没办法,但一旦出现空缺,你说今天有人退休了,明天街上找一个人就替补进去,这是不可能的,这个大法官的要求很高对吧。所以呢,总统他内部也有一个组织部,就是有一个班子,就是每天收集这些候选者的资讯(通常是这些人的来龙去脉,那至少是律师),而候选者大部分是美国的联邦上诉法院的法官,或者是各个州的最高法院的法官。因为他们既然到了这个层级,那他一定是有很好的法学素养,同时更重要的是,美国是案例法的国家,你的判词我都能看,我就知道你的思想倾向是什么,对吧。但很多的时候,总统们是一厢情愿的,有的时候我刚才讲了很多的法官当上了大法官以后,他是与党保持了坚定的一致,这个也是蛮多的。但是也有相当一部分他上台就开始叛党。比如,去年有一个最高法院的大法官叫苏特,这个大法官他退休了,他宣布退休,70岁,华盛顿,美国首都最大的一个金牌王老五,从来一生没结过婚,也不是同性恋,一生没结过婚,缅因州来的,缅因州人。他给奥巴马写信的时候他是说呢,他道理很简单他说我现在身体非常好,我也没结过婚,家里也无牵无挂,但是我在这个华盛顿已经混了很多年,他说该是轮到我回到缅因州的家乡去钓鱼的时候了,他就这么悄悄地来,轻轻地走。

  这个人从此就没消息了。这个苏特当时他当上大法官的时候是里根时期,这是美国最保守的一个总统,他物色大法官,找了半天,出现空缺的时候,找来了一个苏特,说我们研究了此人过去二十年的判词,二十年。因为他当了很长时间的上诉法院法官。我们研究了他二十年的判词,我们得出一个结论,这个家伙是一个坚定的共和党的战士。他所有的判词都是支持共和党和保守派的理念,小政府,低税收,反同性恋,反妇女堕胎等。说这个人我们信得过,是党的坚强的战士。结果弄了半天听证,当然民主党人,原来自由派的人也觉得他是一个坚强的共和党的战士,跟他打了半天,让他头破血流,最后还是让他获得了任命,进入到最高法院。但是,后来大家都觉得这仗是白打了,因为苏特一进最高法院,就开始叛党。他所有的判词都是自由派色彩的,等他到二十年以后,到他退休离开华盛顿的时候,已经变成一个坚定的自由派的战士。他完全彻底地叛党了。这使我想起来,你们了解这个中国内战的历史。就是国民党和共产党打了三年。打了三年以后,毛泽东发出了要向全中国进军的号令,要打过长江去,这你们多少应该了解一点。打过长江去,那蒋介石这个时候终于想起来说,我们是不是要跟共产党商量一下,要划江而治,就是说你们共产党占着北方,咱们占着南方。然后,毛泽东说,一定要将革命进行到底。然后国民党派出了最后的谈判代表,这个人叫张治中。姓张,名治中,字文白,张治中。张治中不是张自忠,张自忠是一个抗日英雄,治理的治,是一个谈判代表,是蒋介石特别信任的一个人。结果张治中将军跑到北京谈判弄完以后,他某一天宣布,他就像苏特这样,他就变成……反正他抛弃了国民党。

张治中的女儿还跟我关系挺好,叫张素久。然后他就在北京,他就直接投奔了光明。当时蒋中正听到这个消息,气疯了,我这么信任他,党国的身家性命都交给了他,他、他居然……

蒋介石当时的名言,我给大家模仿一下,张治中,表字文白。

蒋介石说,文白无能,丧权辱国!(宁波话)说他丧权辱国,你怎么能投降了?!然后解放军就百万雄师过了大江,从此,解放了全中国。苏特就类似于这么样一个形象。最后那共和党也拿他没辙啊,他二十多年的判例几乎没有几票是投在保守派这一边的,全部是投在自由派。到了最后已经变成了坚定的自由派。而且他选择退休的时间,就选择自由派总统在任的时候。你想他如果选在保守派在任,那保守派要补缺,提名就不会再提自由派了。所以你说这人变化是不是很大。这是立场变化的例子。当然也有一些坚定的党的好儿子,好女儿。对,他不叛变的。我现在就要讲这么一个人。就是在这个老布什期间,老布什总统你们应该知道,就是小布什他爸。在他的任期呢,也出现了一个空缺,因为老布什基本上,你知道老布什原来是里根的副总统,他也自由不到哪里去吧,他也是一个保守派。在他的期间呢也出现空缺,出现空缺以后,他的班子也要全国范围地给他找这个大法官的人选。在找的过程当中,发现一部分民意当时是这样的。就是说第一,好不容易在这个保守派总统当政的时候出现了空缺,我们要尽量找一个保守派,这样可以改变投票的过程。自由派的人当然特别担心,说你这家伙,你在改变它的构成,那我们就变成4票对5票了,4票对5票就是现在的现状

美国看法

啊。那自由派的人说了,虽然你是一个共和党的总统,但毕竟你当上总统了,你是全体美国人民的总统,你首先要考虑全体美国人民的想法,对不对。同时,你还要说,这个大法官的构成要能体现美国人民的构成。他们每次都有这样的,让你们这样从外国来的朋友没法理解,什么叫体现美国人民的构成,什么叫尊重妇女选择自己身体的权利,这一般的人不愿听的话,哪知道什么意思呢?美国人民的构成就是我们美国有将近三千万黑人,美国人民的构成就是10个人里面有1个黑人,那法院的构成,就是自由派希望有一个黑人法官。结果这老布什当时也是没办法,因为他确实,他还想连任呐,你如果仅仅考虑你自己本党同志,那你会选不上,两党有共识你才能选上。所以他的组织部一阵子忙活,紧锣密鼓地忙活,忙活出来以后,找出来一个人选让老布什觉得比较满意。第一,他说自由派的人你们应该满意了,你们不是希望有黑人么,我就给你找一个比黑人还要黑的人,你们知道美国的黑人跟非洲的黑人是不一样的,非洲的黑人太黑太黑了,美国的黑人都跟奥巴马这样子的,不是那么的黑。所以他的组织部竟然给他找了一个炭黑炭黑的人,你说在美国是不是特别难找,他的黑的程度,就跟这个(桌子),比这个(敲桌子),跟那个差不多黑,特别黑。这个人叫 Clarence Thomas,叫托马斯大法官。你们在网上看看,一会儿看看黑不黑,特别黑。就是你们要找黑人,我给你找了一个黑人。保守派的人应该更满意,因为这个人除了皮肤是黑的,其他的思想理念一概都是保守派的。所以他就皮肤黑一点,你们就忍了吧,但是他的所有的理念都跟我们一致。我刚才讲的那三五个问题一回答,他都是一致的。比如说什么叫一致,他喜欢打高尔夫球,太太是白人,所有的以前言论全部都是支持保守派的,所以保守派当然挺高兴,说皮肤黑点没事,只要你脑子跟我们一样白就行(众声大笑)。但是自由派的人当然不干了,说你们好家伙,我们要黑人不是说要一个皮肤黑的人,我们是要希望他的理念各方面能够支持自由派的种族平等,等等这些东西。弄这么一个人来,批评声不断。那么在他参议院听证的时候,那时候我刚来美国也不久,参议院司法委员听

78

证的时候,他的那场听证彻底坚定了我在美国学法律的决心。我后来确实是去学法律了。那这个听证一开会,自由派的人早就发出声音,老布什用这样的事情来糊弄我们,我们一定要在听证会上对老布什这样的任命发难。怎么发难?你知道中国跟美国有某个状态是一样的。你要把一个人搞倒,你最好是说他有生活作风问题,人格有问题。结果听证一开始,第一天就出现了一个漂亮的、年轻的、有智慧的黑人的女性。"哗",一宣誓,你们都知道,美国一听证就要先宣誓,必须讲真话什么的。然后司法委员会主席说,请问希尔博士——黑女人是一个法学的教授——希尔博士您今天来干嘛?她说,我今天来主要是揭发托马斯大法官候选人的作风问题。这一言既出立刻引起轩然大波,轩然大波。从此这个听证会给我的印象就不再是我们上课时常讲的什么法学素养,道德操守,什么什么都没了。那女人简直口无遮拦,她爆出来的东西口味之重,足够把人当场击倒、足够让舆论在未来的两三个月内,几乎天天都在议论我们的托马斯大法官候选人是怎么了,怎么了……今天你们都是成人了,即使这样的场合,都不适合我把他们当时的语言以及细节复述给各位同学听。那就是,他是怎么从技术细节上骚扰了这个希尔博士的。然后第二天大法官候选人又来说,我是不可能从那些技术细节去骚扰这个希尔女士的。这里需要说明一下,原来在美国有一个"平等工作委员会",叫EEOC,主旨是反对白人歧视黑人,托马斯和希尔曾在那里共事。那么托马斯大法官候选人原来是委员会的主席,那个希尔在那里当律师。他们两个共事了四五年。所以从此这长达两三个月的听证会,就没完没了地,天天讨论这事。同学们要明白,由于大法官对美国人的生活很重要,法律要求他们必须每天在新闻联播时间向全体美国人民播放。你们学过,美国是言论自由的国家,但它言论自由不能自由到让摧残儿童心理健康的色情故事随便在新闻联播时间播报吧!他们再自由也不能自由到这程度。但是他是大法官的候选人,所以他必须要在这个时间把这些我刚才讲的,这些生活作风问题,这些性骚扰细节,向全体美国人民当面解释。天天就看这个。我当

美国看法

时也觉得美国也太自由了,天天讨论研究重口味。而我那个时候还是一个留学生,刚去美国的时候,中国改革开放还不久。我们还是思想很单纯的。跟各位同学现在的心理不一样。naif,对,naif。所以天天被重口味包围,我就觉得太那个了。我就记得最后一次,他又来了,候选人托马斯大法官又宣誓讲了一套说,主席先生,趁您今天还没有问我这些技术细节之前,我先发表一个声明,我的声明就是如果今天,贵委员会不把我的提名表决拿到全会去投票的话,我今天晚上就要求老布什撤回对我的提名,我明天肯定不会再来了。他说,过去这两三个月对我的家庭,对美国的千家万户造成了太大的伤害。

结果,历经坎坷最后那他还是通过了提名,原因是那个时候的参议院是共和党人的多数,但是呢,他最后得票是获得了 52 票,参议员有 100 名。也就是,他是美国历史上得到参议院投票数最低的一个大法官,但他当上了。所以,如果你们今天去最高法院,他的名字还在墙上。而且如果你们去华盛顿,碰巧,拿到抽签,最高法院正在开庭,你们还可以去听听。它这个安排很有意思。就是你知道,最高法院当时是很庄重的地方,色调是深色调,坐在高台之上,一长溜的大桌子,深色的皮椅,每个人都穿着黑色的袍子,打着黑色的领带,后面的幕布也是黑色的。我们这个托马斯大法官,唯一的黑人。几乎看不见了(哄堂大笑)。他坐在这个冥冥夜色之中,他思想很右倾,冥冥之中他的座位又是在这个一溜长排的最右边,也就是说他一步就可以走到台下。所以这么黑,他皮肤更黑。而且大法官普遍很健谈,他又是一个不喜欢讲话的人,所以如果他不讲话,他白牙也不露出来。一听证坐个四五个小时,你都怀疑这老兄究竟有没有来(众善意地大笑)。因为他太黑了,真的黑到不行,所以,我讲的意思就是,虽然是戏剧化的,但很能体现这个大法官是怎么选出来的。同时我要表扬一下我们的老布什总统,就是他的确是一个有政治远见的人。就是他在那个时候提名他,可能已经预见到二十年以后他的儿子小布什会有可能要选美国总统,在选美国总统的时候有可能在他二儿子杰布·布什当过州长的佛罗里达州发生 600 票的

80

选票的纠纷。而这个纠纷的官司可能会一路打到联邦最高法院。最后联邦最高法院可能以 5 票对 4 票判他儿子获胜。

这个第五票就是黑人托马斯大法官(众大笑)。你说冥冥之中,宿命的轮回,是不是这个意思。这个时间不够了,要不你们来提问,我回答回答你们几个问题。

同　学：老师,那任何人都不能对大法官进行一个制约么?

张　军：是的。

同　学：那大法官是不受任何制约的吗?

主持人：有没有人对大法官制约?

张　军：这个问题问得非常好。大法官的制约体现在这样几个方面。一个就是他被提名的时候,我刚才讲的。虽然有叛党的,但绝大部分跟同党的立场是一致的,受他所在党派的制约,这是第一;第二,国会的参议院虽然不能对他制约,但是国会可以对他进行批评。有时候是非常严厉的批评;第三个更重要的,因为美国是案例法的国家,每一个大法官会很重视自己的历史遗产,所谓"珍惜羽毛",每个大法官都非常珍惜自己声誉,那么舆论就是对他的制约;第四个,这个大法官毕竟是1/9 票,而不是他一个人是 9 票,所以说他只能决定自己的一票,但是其他人怎么投,那是另外一回事儿。

最后,如果大法官杀人放火,那当然他必须接受刑事判决,他还是可以制约的。所谓的"不能制约",我指的就是大法官所做出的判决是不能制约的。除此以外,作为美国公民,他所有的行为都受美国法律的制约。

主持人：可以弹劾大法官么?

张　军：弹劾大法官历史上从来没有发生过。在我看来这个门槛是非常非常高的。

同　学：老师你觉得美国的成功是不是不可模仿的? 它的先进不可以复制吗?

张　军：前段时间我在微信上看到一个笑话,说美国总统说,有人

美国看法

跟美国总统报告，说中国又在 copy 我们美国这个，copy 美国那个了。总统说你以后不要再跟我说中国人模仿我们的东西，等到哪一天中国人开始模仿我们的宪法，开始实施的时候，你再回来跟我讲。

言外之意就是说——我想这当然是一个笑话——就是说你模仿这个，copy 我们这个技术，那个，根本没关系。因为他认为他自己的这部宪法奠定了美国人将永远拥有创新能力，永远有这些透明的、公平的制度保护这个创新的能力。所以有的时候我觉得中国漫长的历史是我们非常值得骄傲的一个历史，但是它成为我们非常沉重的包袱。有的时候没办法。可能每个国家还真是要结合每个国家的具体国情去做司法改革。

同　学：老师，这个国家领导，或者总统是应该高高在上，还是应该在平民的心目中，和他们完全一样？平民，是应该景仰这个领导人，还是对他保持适度的尊重？

张　军：我觉得美国是这样一个传统。就是第一呢，他要对美国总统的 office, presidential office 很尊重。但是美国人民对这个总统是经常性地提出各种各样的批评意见的。因为今天我没有时间去谈 Trayvon Martin 跟 Zimmerman 这个案子，在这个问题上其实总统扮演的角色十分有限，他充其量只能算一个啦啦队员，他绝对不能命令法院去做什么样的判决或者其他什么决定。他只是说：哎，希望这个事件美国人民能够了解，然后呢我们要正视这个种族之间的问题，仅此而已。他并没有其他很多的撬动事情解决的杠杆。也就是说我前一段时间接待国内学者，给山东高级人民法院的一些大法官上课，那么后来我讲完课以后，有一个女的高级法官就来问我说，张律师你能不能解释一下美国的法院是怎么样处理信访问题的？她说，我作为高级法官每天花 50% 的时间在处理上访。她说，我根本没时间去处理我的法律事务。什么事上访？我的理解是，上访其实就是老百姓对你公检法制度的不信任，他不服你的裁决才会另辟蹊径。

那为什么美国没有这个所谓的上访？原因是它（法律），我觉得就是法律对全体的美国人民，不论是政府官员还是平民的压倒性的权威，所有的社会纠纷，都到法院解决，所有的解决都被社会执行，法院的判决书一锤定音——不论这个法院判得对还是不对。

  做到这点，就是要求全体国民对法院的判决持有一个非常高的尊重。我刚才说了，历史上法院有很多裁决，大部分美国人认为是不对的，但是法院既然判了，美国人民并没有选择像埃及人民一样上街游行，而是选择了接受。比如说几年前的布什和高尔的选举，明明是更多的美国人选择了高尔，但是当最高法院判决布什是总统的时候，美国人民并没有上街游行，要推翻这个不名誉的总统，而是选择接受。他们说，我们既然不接受，那四年以后把他选掉不就完了。所以这个就像刚才那位博士生讲的，这种先进的体制的确立和运行，仅仅靠法院努力还不行，它需要有一个很大的系统工程。而我觉得在中国做这个系统工程，难就难在我们有太长的历史，而这个五千年的历史，其中至少有4 999年是人治的，或者是封建的制度，或者是传统的力量，如果我们空降一个美国的制度给它，我想，一定会"消化不良"而捅出更大的漏子。

  中国的事，一定得由中国人自己来解决。我们的事业在地上，在地上奋斗！

  谢谢各位！

说明：本次演讲由尤白璐、周尽欢诸同学誊录整理，胡展奋校勘统稿，编辑分节，最后经演讲者本人审定。

解码奥巴马的"主义"

奥巴马是值得关注的。执政初期,他所提出"明智外交"、"对话外交",主要还是针对他的前任小布什坚持的单边主义先发制人策略;之后,我们都注意到奥巴马全力开创了全球范围打击恐怖主义的"奥式途径"——这其中包括放弃使用"全球反恐战争"这个词汇。

他所践行的主张被称为"奥巴马主义"。有人说,"奥巴马主义"摒弃了"布什主义"的基本做法,从反恐第一走向经济优先,从单边主义走向多边合作,从滥用武力走向对话磋商。这一新"主义"有着典型的风格,即以谋求多边合作为诉求,以运用"巧实力"为基础,以柔性与务实手段为基本特色。

类似的说法是否被国际社会认可呢?新民周刊高级记者胡展奋就此与国际问题专家张军进行了探讨。

胡展奋:最近我们想请张律师解释一下美国外交政策的制定。由于国情、体制、政党运作方式不同,特别是国家意识形态不同,各国外交政策的制定和运作也大有不同。有人说,其实美国总统的行政权还是蛮大的,从某种程度上来讲,总统权力虽然被关在"笼子"里,但在"笼子"里面有些权力也非常大,比如外交权。特别是反恐之后,总统依然拥有对外战争权。那么,美国的外交政策是由谁来制定,或者说有没有法律基础上的渊源?

张　军:我同意你的看法。美国总统代表行政当局,在制定外交政策方面,确实可以享受比较大的权力。美国总统在美国宪法下是受到很多限制的,尤其是内政方面,甚至政府关门都很难影响到各个州的城镇运作。宪法赋予总统的权力比较有限。

你刚刚提到的外交权力、对外宣战权力,虽然总统在很多方面要和国会分享,但毕竟代表美国国家对外发声。总统外交政策从制定到权力使用,至少要分以下几个层面:就行政当局而言,总统永远是外交政策最重要的制定者和践行者。

总统日理万机,随着美国两百多年的历史演变,宪法规定国务卿为事实意义的外交部长,而且比其他很多国家的外交部长享受更高地位,如开会时国务卿始终是坐在总统一侧,另一侧是副总统。

总统外交团队包括总统、国务卿、国防部长、中央情报局长、国土安全部和联邦调查局等。还有一位虽没有被写进宪法但依然对总统外交事务决策发挥重要作用的,是国家安全事务顾问。历史上中国很多翻译将之翻译为国家安全事务助理。现在的美国,是由赖斯担任这一职务。但此赖斯非彼赖斯。在利比亚美国大使被杀事件中,赖斯代表美国政府发声遭到共和党批评,有意无意误导了美国民众。奥巴马本来属意让赖斯做国务卿,但在参院获得这样的任命非常困难,奥巴马就退而求其次,让她担任美国国家安全事务助理。赖斯实际担任了美国外交团队中的总协调人,她每天要向总统提供一天的外交简报,可能还要和国务卿、国防部长联系等。

在历史上,国家安全事务助理和国务卿始终会有一些摩擦。当国务卿势力比较强大时,总统可能仰仗国务卿多一点;反之亦然。比如小布什当局期间,基辛格等都出现过此类问题。这个问题近些年处理得相对好一点,坦率地讲就是保存国务卿的尊严,总统没有过多想把国务卿的权力拿来分配给国家安全事务助理。

在我看来,国家安全事务助理实际上是在美国外交政策中扮演着最内圈、最核心的人。参议院、众议院都有外交委员会。外交委员会在制约总统外交政策上起着很重要的作用,比如现在的国务卿克里,之前就是外交委员会主席。在参议院、众议院还有很多和外交事务重叠的委员会,比如武装力量委员会、情报委员会、国土安全委员会。另外,还有一群人,就是美国智库美国学者们。

虽然经常更换总统,但美国在重大问题上的对外政策的连续性,不会因为党派改变或白宫主人的改变而发生特别重大的变化,维持着比较好的长期性和连续性。国家每年拨款给很多包括民间的一些智库,研究有助于美国长治久安的外交政策。

当然还有更"外圈"的,包括美国前总统、前外交人员等,对中国外交政策都有很大的发言权。比如,前些天克林顿还去北京给太太希拉里"拉了一票"。

还有美国各个大学、研究中心的教授,所有这些人加起来,构成了外交政策一个大的生态体系。

胡展奋：总统既是外交政策最后的决定者,也是执行者。每位总统都有个人的理念,会在具体政策上做出不同的反应,比如同为布什家族,老布什打第一次海湾战争,小布什打第二次海湾战争,两次外交理念就完全不同。在美国总统中经常听到这样一个说法,美国的外交政策不需要民意的支持,准确吗?

张　军：当然是不准确的。美国的外交政策非常需要民意的支持,我以前多次提到过关于"钟摆"的理论。比如面对珍珠港事件、9·11事件,行政当局的权力会突然之间变得非常大。小布什在任职期间,由于他和高尔的选票纠纷,其总统合法性问题都受到挑战,但在9·11事件后,美国人民开始自发团结在小布什的周围。后来制定出的一系列政策,包括反恐政策也成为美国外交政策的主要部分,并受到美国主流民意的支持。小布什从开始总统合法性都受到质疑,到后来支持率达到百分之八十、九十。他跑到纽约的废墟上讲了一番挺激动人心的话,赢得了很多民意。

奥巴马在竞选时提出,美国在反恐过程中失去了过多人民的权利,如果他当选将还给人民以更大的权利。此外,奥巴马的外交政策是要结束在中东的战争,把美国的支点转移到东亚、亚太区,这些显然也得到了美国民众的大力支持。奥巴马上任后的国内施政理念好像乏善可陈,当总统发现在国内无大作为时,会把重点放在外交上。现在,我便逐渐看出来一些"奥巴马主义"的端倪。

胡展奋：张律师,记得您之前提到过"奥巴马主义",其实现在批评奥巴马的人还挺多。大家认为他该做的没做,该硬的时候没有硬起来,比如在埃及、叙利亚问题上。虽然奥巴马在伊朗核问题上有点"兴奋",但大家也不很赞同。原因在于大家认为,核问题解决了,但伊朗问题并没有解决。

"奥巴马主义"现在虽然没有明确定义,但大家看得出来,奥巴马是希望从小布什的"新保守主义"和"新干涉主义"之间找出一条中间道路。您认为到底有没有"奥巴马主义"？如果有,那核心内容是什么？"奥巴马主义"又想说明什么？

张　军：有是肯定有,但具体是什么,还要给些时间才能具体确认。前面也提到,当总统内政难推动时,尤其在总统第二任任期的第二年以后,很多人不太"甩"总统了,大家开始为了下届总统竞选展开手脚,总统的内政施政往往会变得非常困难。

在历史上,总统需要寻找外交突破,为自己的八年总统任期形成所谓的资产或者说遗产,比如小布什"单边主义"、"克林顿主义"、"里根主义"等。如果非要断言存在"奥巴马主义",那就是奥巴马不希望动辄发动战争,而是以先发制人的方式来实现美国利益。

像您刚刚提到的,奥巴马上任后去开罗大学演讲,对伊斯兰世界示好,而这在相当一段时期里面很多人表示不理解。原因很简单,埃及也不稳定,阿拉伯地区也没有带来美国人希望的东西,但可以看出来一些端倪。

在叙利亚问题上,尤其是当叙利亚政府对反对派使用化学武器后,可以说是全世界人民同仇敌忾,希望奥巴马不要再"拖"了,希望奥巴马发动有限战争,以武力解决。但奥巴马坚持给叙利亚特别高度的压力,最后迫使叙利亚的盟友俄国出来做"和事佬",要求叙利亚将全部化学武器登记在册,最后被国际社会公认销毁。

在伊朗问题方面也是一样,奥巴马上台后始终面临着非常大的压力,反对派认为和伊朗谈判简直是与虎谋皮,谈下去毫无意义。奥巴马坚持在经济制裁、武器禁运等高压手段下,始终不中断和伊朗接触的管道。前一段时间,就伊朗核问题核六国达成临时的六月协定,希望利用这六个月的缓冲期来解决伊朗问题。

叙利亚问题和伊朗问题到现在还没解决,如以色列人所说:"你不但没有解决伊朗问题,反而给伊朗人争取了更多'宝贵'时间,这可能加速他们研发核弹的进度。"我觉得这个说法有待观察。同样,奥巴马希望结束中东战争,用美国其他方面的势力维护美国在中东的影响力,而不是动辄发动战争。

如果能产生"奥巴马主义",那应该是从以上方面入手理解。

胡展奋:说起"奥巴马主义",有很重要的一点要说,有些人认为,"你们不要误解奥巴马,奥巴马是美国近年来一个自由派的总统。所谓自由派很大程度体现在外交政策上比较大的挥洒空间"。一个自由派的奥巴马,一个可能出现雏形的"奥巴马主义",也就是说,一个总统个人的理念会对美国外交政策形成根本影响吗?

张　军:我觉得很难。无论总统是保守派也好,自由派也好,他是生活在民意之中的。总统若想连任,一定会受到民意牵制。随后在第二任期中,同党成员也会给总统很大压力,更不要说反对派了。当然,我认同奥巴马自由派的倾向,随着他的施政不断推进,以及因为没有连任的压力而开始

张军律师与美国前驻华大使 Clark Randt 雷德

逐渐暴露的"自由倾向"。

但奥巴马个人在外交政策上挥洒的时间、精力是有限的。比如他上台时曾向美国人民承诺,要让美国人民的公民权利得到恢复,但是斯诺登事件暴露后,其实奥巴马的所作所为和小布什没有根本上的区别。有人还提出奥巴马曾希望通过改革将移民法案合法化,事实上,在奥巴马执政期间,被驱逐出境的人还是非常多的。所以说,有时总统想的事情,不一定能够达成,因为受到方方面面的压力。国际问题上也要面对国际现实问题的挑战。

胡展奋:起码,奥巴马可以选择自己的外交团队。奥巴马的外交团队相对比较稳定,不像他的经济团队那么换得频繁。外界对此也有诟病,由于希拉里太过于强势,在对总统第一任期内外交理念的贯彻和执行中,希拉里可能有更多的个人新政。一个强势的国务卿或者说副总统,对总统的外交理念是一种平衡还是制约,或者甚至是一种负面的影响?

张 军:我觉得三者皆有。

第一,作为总统,宪法赋予他神圣不可侵犯的权力,总统是美国外交政策上的最高领导者。希拉里比较特殊,原因就是希拉里的确是一个比较强势的国务卿。

第二,希拉里毕竟和奥巴马一起竞选过总统,两个人是有心结的。有人说,奥巴马愿意把国务卿的位置给希拉里也许是他们内部达成的某种谅解。在这个问题上,我觉得国务卿是可以反过来影响总统的。归根到底,总统肯定是主导外交政策的。当时奥巴马选择拜登做副总统,最重要的因为拜登的资历和他的国会经验。奥巴马自己是年轻参议员出身,他觉得外交上需要仰仗这些人,当然他也必须是一个外交政策上强有力的领导者。美国政治发展至今,能让内阁部长或者其他重要大臣左右总统外交政策的时代,恐怕已经一去不复返了。换句话说,我觉得上述势力即使有影响力,也很难代替总统做很多决定。

胡展奋：奥巴马总统也比较特别，他从政经历实在太短，从政道路上涉及的部门也太少。他仅仅是一个参议员，一个美国宪法的学者，这很容易让人联想到民主党的卡特先生。卡特先生也是一个不以国际事务见长的人，但他的国家安全顾问、国务卿就显得非常强势。我们现在要说一说一个比较热的外交事件——中国宣布东海防空识别圈，引发了周边国家十分强烈的反应。日本、韩国、菲律宾、澳大利亚等都表达了不同意见，在这些声音中，最引人注意的，虽然喊声不大，但还是美国。

美国这次对于东海防空识别圈的态度赋予了人们很多不同的解读。在中国宣布东海防空识别圈后的第 3 天，两架 B-52 飞机就飞到了中国的识别圈里边，用 1 个多小时走了一圈又回来。这里有三点值得注意的地方：第一，美国国务院和总统办公室都发言表示这是一个既定的行程。第二，飞机起飞并非来自美国在日本的军事基地，而是美国的本土关岛。第三，根据 CNN 划出的航行图，飞机只进去了一点，沿着边缘飞了一圈。请问，这样的动作代表着美国外交部门对中国东海防空识别圈的什么举措和反应？

张　军：我觉得这不仅仅是外交团队的反应和动作。在我看来，这还是美国外交团队和国安团队共同的一个反应和动作。首先，我认为这是以国防部为主导的策划，而且我也不相信这是一个突发事件。东海识别圈是前几天才设立的，但类似这样的预案美国智库早就在做了。历史上，这个识别圈不是中国的发明创造，冷战期间就有过了。

我觉得美国这次动作至少传递了这样几个信息：第一，他要向日本人和日本政府表达美国人一个坚定的信念，《日美安保条约》是有效的，美国对条约的支持是坚定的。第二，B-52 飞机虽然只在边缘做了短暂停留，但毕竟是一个庞然大物，是一架毫无隐身功能的战略轰炸机。这表明美国在非常高调地宣布要做这件事。第三，它是没有武装的。识别区和领空不一样，防空识别区还是在国际公共的区域，飞机进入领空太快而需要的一个缓冲。美国也是在告诉中国，美国不准备按照中国划的防空识别区进行备案,这也符合美国国务卿的一系列发言。另外,我觉得这个预案做得十分充足,对这样一个重大事件做出如此迅速的决定,作为世界老大的美国,自身拥有一整套成熟的、符合海外利益的推演和预案。

胡展奋: 我们仅仅站在美国角度来看,中国和日本的东海防空识别圈是互相重叠的,两方互不承认,但是两者起的作用是一致的,都是对可能有敌意的飞机进入自己领空之前的防御。日本曾经有一架飞机,进入苏联境内后被打下来了。日本北边的防空识别区离苏联只有三十几公里,俄国并不承认日本的防空识别圈,经常派遣飞机进入。而日本会频繁地起飞自己的飞机,去警告、驱离,这是所有设立防空识别区的国家都会做的。如果在同一个空域,日本也做,中国也做,中日如果擦枪走火,这符合美国外交在东亚或者亚洲的利益吗?

张　军: 我觉得不符合。坦率说,我觉得不仅不会符合美国利益,更不符合中国和日本的利益。中日也不希望发生武装冲突,美国除了表示自己是《日美安保条约》坚定捍卫者的同时,美国国防部也经常和在日本的同事通话,一边协调立场,更重要的是希望日本不要使事态升级。为了避免发生类似冷战期间日本和俄国之间的擦枪走火——俄国和美国也有过此类情况。既然识别区已经划出来了,而且又存在这么大的重叠,我认为所有的当事国应该坐下来讨论一下识别区里面的行事规程。

胡展奋: 我觉得不管怎么样,美国默许也好,承认也好,但还是会认同。

张　军: 我觉得美国对识别区的认同不是问题。从美国国务院的发言来看,美国民用航空机的安全永远是第一位的,不能拿人民的安全去挑战一些美国不认同的事情。我们划分识别区肯定不是针对民用的飞机,主要还是针对战斗机、侦察机等军用方面。在这一方面,有这么多重叠的部分,如果没有行事的规程,将来就会发生很多的问题。即使苏美在冷战期间也达成了危机的平衡。中国现在刚刚设立了这样一个识别区,未来怎么样形成一个规程是非常重要的。任何人进入到识别区,若不是进入领空,大家主要是以识别、防范为主。

胡展奋:美国的国务院在被问及 B-52 飞机进入中国防空识别区的时候,发言人说了一句很耐人寻味的话:我们还要进一步了解中国设立防空识别区的一个真实的目的。现在美国很多人认为,中国设立防空识别区是加剧了地区事态的紧张事态。这是出于一种外交考量还是现实的考量?

张 军:这确实加大了产生擦枪走火的可能。虽然是在国际的领空,但毕竟大家都携带武器巡航。我认为,在国际上并没有相关法律的约束,大家都可以设立识别区。既然有重叠,大家应该坐下来谈一个识别手册,这是比较现实层面的。

胡展奋:回到美国的外交,我看过一篇文章,认为中国提出了建立一个新型大国关系。这种提法意味深长。其实美国一直主张大国外交,记得当年小布什曾经直言不讳:"我已经厌烦和很多小国无休止地谈论一个问题,这样浪费了我们很多时间。"小布什主张大国合作来解决地方冲突问题,这是美国的大国外交。您觉得美国这个大国外交成功吗?

张 军:我觉得美国的大国外交还需要时间检验。美国大国外交是由几个理念支撑的:第一,是美国在"二战"后所确立的领导地位,美国外交利益不仅限于美国国土、领空、领海,相反,它在全球各地的军事行动都在帮它维护利益。第二,美国号称自己是民主的明灯,因此在美国外交政策中的一个重要组成部分,就是向世界各国输出民主制度。尽管有时这个民主是有效的,有时是无效的。美国宣扬的美国式的民主,是它不遗余力的外交的构成。第三,美国是世界上最大的经济体,并且维持了很多年。美国当然希望通过自己外交、国防的努力,保持美国在世界上霸主的地位。美国无论做任何事情,都要符合上述的 3 个目的。

胡展奋：其实，美国外交还是其内政的延续，美国的很多外交政策体现了它内政的特点，比如能源。在中东政策中，美国除了要确保以色列在中东的安全和生存外，更多体现了美国对能源的需求。那么，美国外交会不会被国内政治所左右？

张军律师与前劳工部长赵小兰在她在任期间探讨国会有关新法案的提案

张　军：我觉得美国的外交受国内政治的影响程度还是比较大。比如刚提到的能源外交，属于服务美国经济的一个部分。原因在于，70年代中东一些国家认为自己手中有能源，可以制衡和要挟美国，那次美国出现了油荒。石油向来是美国的生命线，而石油大部分是来自政治十分不稳定的中东。美国在中东执行的众多外交政策和军事政策，除了支持自己的盟国以色列，还为了保护自己石油的生命线。奥巴马政府上台后也做了大量的工作，并希望尽可能少依赖中东石油。现在美国对国内天然气、石油的开发力度很大，据说在可预见的未来，美国可以变成一个自给自足的石油国家。如果真能实现，这会影响到美国外交政策的制定。以色列是美国在中东的坚定盟友，这一点也不会变。

美国内政影响外交的事例有很多。克林顿、小布什、奥巴马都曾希望和古巴做出某种外交政策的改变，再有美国在越南的政策，当年越南南方沦陷，有不少难民流落到洛杉矶附近继续反对越共，当美国需要和越南改善关系时，很多人也表示反对。美国和越南未来出于战略考虑，会改善他们的外交关系；但由于意识形态的分歧，美越之间超过十年的战争，一时是非常难以弥合的。随着中国的移民在美国越来越多，中国的移民是否能在中美关系上发挥建设性作用,也特别令人期待。

胡展奋:美国外交,大家听到最多的是一手大棒,一手胡萝卜。"大棒——胡萝卜"政策是美国外交的一个重要形象。随着美国经济和军事在财政支持中的比例下降,美国"大棒——胡萝卜"的外交政策会不会有所影响?

张 军:我觉得会。任何国家的国防、经济很大程度决定了外交政策。现在美国经济不景气,军费开支等各方面捉襟见肘。奥巴马上台后,提出要结束在中东深陷泥潭的两场战争,腾出时间和精力将美国战略支点转向亚太。尽管奥巴马一直有这个意图,但经常出现各种问题,使这项政策无法顺利推展。如果要输出民主理念,美国是要为盟国承担很多责任的。美国的理念文化是有一定影响力的,归根到底,钱是万万不能缺少的。前一段时间在东南亚,美国和日本在中国周边小国做了大量的工作,掀起的"美国旋风",很多东南亚国家还在观望之中。因为有些问题是非常现实的,比如菲律宾遭遇风灾了,需要大量资金支援;比如近年来泰国政权也需要美国的经济援助;缅甸也是如此。而在"大棒和胡萝卜"都在减少的情况下,奥巴马提出要利用美国的巧实力,同样也在和美国的潜在的竞争对手中国、俄国、印度交往中使用自己的实力。这样,还是有一个此消彼长的关系。

胡展奋:确实,常年来尤其是"二战"以后,美国强势的外交政策,可能会随着美国国力的逐渐削弱,特别是财政的捉襟见肘以及军费的裁减而受到影响。

目前来看,美国人的外交理念、民主思维和美国对全世界的"秩序干预"不会改变;长远地看,只是重点有所不同。

"关门不打烊"之奇观

怪事年年有,今年特奇葩。一国政府,居然因"没钱"而关门打烊,你以为是在非洲啊?告诉你,是世界老大美国!

在我们的观念里,政府毕竟不是"老虎灶",连暂时"歇业"也是不可想象的,更别说"打烊"。但事实上,查资料获知,从1977年到1996年19年间,联邦政府曾关门17次,几乎平均每年关门一次,最短1天,最长21天。其中1995年至1996年,克林顿政府执政时期,曾两次关门,导致数十万政府雇员被遣散回家"待业"。

这,究竟是怎么回事呢?新民周刊高级记者胡展奋再次和张军律师面对面——

胡展奋:张律师,此刻,恐怕没有比美国政府关门更让美国人闹心的了。也许我们杂志有关"打烊"的报道刊出的时候,美国政府已经开门,因为门总归是要开的,但什么时候开?会以什么条件开?我们不知道。想问您的是,为什么这次国会这么不给美国总统面子?

张 军:我觉得这次国会让总统关门,具体讲是国会众议院——参议院是让总统开门的——再具体地讲,是众议院的共和党人,其中里面很小的一支。这群人认为,自己通过不懈的努力,比如到最高法院打官司、让罗姆尼选举等,把推翻奥巴马的全面健保作为任务之一。但到最后的10月1日,奥巴马全民健保案就要成行了。这时正好碰上要给美国政府拨款。共和党贝纳认为,历史上每一次政府关门,都让民众更不喜欢共和党人。于是他提出,可以反对奥巴马的全民健保,但不要和政府关门、拨款的事情联系起来,尤其不能跟10月17日提高债务上限

美国看法

的大限联系在一起。开始是如此,后来共和党党内也发生了变化,那些党内更偏右的众议员坚决反对他这样做,最好导致没有办法达成协议。最后关头政府只能关门。

　　现在政府已经关门好几天了,历史上最长的是21天。这让我们想起南宋诗人叶绍翁的七言绝句《游小园不值》:应怜屐齿印苍苔,小扣柴扉久不开。春色满园关不住,一枝红杏出墙来。

　　这几天,两党立场都非常坚定,虽然奥巴马把国会领袖们都召到白宫去谈,但显然各自都是表述立场,没有任何交流。未来将怎样发展,第一,取决于在两党之间会不会出现有识之士,让大家意识到每次政府关门最倒霉是政府雇员。第二,更重要的是,如果债务上限不能达成一致又变成一场恶斗,一是会对美国经济造成重大创伤;二是非常有可能把原本缓慢的世界经济复苏重新带回衰退,这绝不是危言耸听。两党应重新意识到,不能因一党之私,更重要是为了美国民众的利益。

　　胡展奋:确实,大家可能有明显的感觉——没听说过全世界哪个国家政府会关门。如果从宪政的角度看,美国政府为什么会关门呢?

　　张　军:当初,美国宪法的缔造者希望是以多数人的意志来管理共和国,少数服从多数。同时希望政府的三支——行政当局、立法当局、司法当局之间,不但有各自的权利,而且相互制衡。比如现在的美国总统是民主党人,参议院由民主党掌控,但美国民众选出了一个由共和党掌控的众议院。这样,即使在某次选举中出现少数党,也还有制衡多数党的工具和方法,比如讨论预算、讨论债务上限,比如来自得州的年轻参议员克鲁斯,一个人用冗长辩论的方式,就能中断和搅乱整个立法程序。美国宪法缔造者是有一定的道理的:虽然要少数服从多数,如果当这个"大多数"真有问题时,也有某种提供给"少数"来平衡和制衡"大多数"的方法。对此,未来历史会有判断,你我"只缘身在此山中"——毕竟奥巴马全民健保案才"上路"三五天,评判为时尚早。几十年后再回头看,也许会证明少数人对,他们成功阻止了一个非常浪费、给社会带来很大负担的全民健保案;也许会证明奥巴马是对的,总统就是要有决断力,不是天天跟535个议员去一味地"商量"。

胡展奋:也就是说,美国的立法机构通过审批政府预算,在某种程度上对政府进行制衡。每年10月1日预算要经过财政审批,如果财政拨不到款,财政年度就难以开张。我做了一个统计,历史上其实共和党、民主党都曾有过政府关门的纪录,大概18次。这一次关门,是来自众议院共和党中的一些保守主义者。《纽约时报》上一篇文章说,这是美国被极少数一些人"绑架"了,您同意这个观点吗?

张 军:就这个问题来说,"绑架"这个词不太好听,但你毕竟看到了宪政的运作过程。全民健保案是美国人选出来推动的,也是全体美国人选出来的参议院和众议院推动的,基本可以反映民意。但是茶叶党和共和党的人反过来告诉你,2012年11月,虽然全国人民选奥巴马总统,但也选出了一个共和党人掌控的众议院。政府的确要进行有效的领导和管理,如果缺少了制衡也不行,也就是说健保案未必是奥巴马愿意的,是一个折中版本,如果按照奥巴马的意愿来推广,那更是一个大政府、大社会、高税收的制度。

我还是倾向于说,少数人在美国的权利会得到保护的。这次由"少数人"做的事,对还是不对,应该交给历史去评判。而且历史上也有很多由少数人做的决定,比如高尔与小布什的选举,在佛罗里达明明出现了所谓的选票纠纷,导致小布什以选举人选票过半胜出高尔。但如果把全体美国人的票加起来,你就会发现更多美国人选择了高尔。而且最后在最高法院也是以五票对四票——就多出来一个法官。你会发现,宪政体制里各种各样的体制,大部分时候表现出来是少数服从多数,但也有相当多的时候,少数人在宪政里是有自己声音的。

胡展奋:也就是说,美国宪政设计也在逐年进步,所以美国有很多的法律修正案。美国先贤们为美国设计了一个比较稳定的一个宪政法案,但也确实存在一些问题。这一次美国总统关门,除了有责怪共和党的一些声音之外,我们还听到了一些责怪总统的声音,有声音说共和党给了总统三个选择：推迟一年，减少预算，完全不给预算。这种声音认为共和党表现出了极大诚意，总统一点没妥协。共和党认为债务上限还需要国会与之配合。如此一个有求于国会的总统，在这个问题上竟然毫不让步，使得共和党不得不行使权利让政府关门。这样的观点，您怎么看？

张　军： 我觉得在这个问题上，白宫和共和党都应该被批评。因为这次共和党是始作俑者——当然可以把全民健保案拿来讨论，推迟也好，修改也好，但不应该用关闭美国政府或者不还美国债务作为要挟。协商讨论问题要充分，同不同意是另外一回事。但如果我拿着枪对着你说，必须接受，否则我就开枪，这是完全没有诚意的讨价还价。

另一方面，总统虽然是民主党人，但要考虑的是美国人民的利益，其中最根本的是什么呢？就是美国宪法精神，第一需要领导，第二需要妥协。比如历史上里根是非常强悍的总统，在争议中结束了冷战、推倒了柏林墙，他执政期间也遭遇到6次美国政府关门。里根每天都在跟反对党沟通、交涉、平衡。对奥巴马来说，第一，厌倦了反对党的刁难、掣肘；第二，最近一段时间，明显支持奥巴马的民意远远高于支持共和党国会的民意。我从世俗角度想，总统会不会因为虽然关门对国家不利，但对"伤害"共和党人有利，至少今天，他是站在了一个制高点上。我认为，虽然总统可以在政治上得分，但受害是美国人民，所以要尽快想出一个方法，要反击。我们希望总统能坚持原则，但也存在让总统固执、冥顽不化的人。毕竟国家大局、国家稳定和世界经济形势的稳定，是真正需要考虑的，党争要放在其次。

胡展奋： 说到总统，其实在美国社会还有另外一种说法，认为奥巴马总统已经创造了历史，第一位非洲裔出任美国总统。应该说这是美国历史上永远浓墨重彩的一笔，但是回过头来看，这五年多真的成绩有限。很多观察家说，全民健保已经成了奥巴马总统历史定位的最后一根稻草。如果他再做不了这个，总统恐怕什么也做不了，枪支限制、移民改革，在他看来都觉得几乎已经没有可能了。您怎么看奥巴马对自己过去成绩历史定位的坚持？这一次不与共和党人妥协,有没有一定影响？

张　军：刚才你说的,基本就是很好的总结。奥巴马在任期当中唯一推动的、唯一有可能得到民众支持的法案,就是全民健保案。但现在很多人提出要把全民健保案推翻。如果真是如此,在我看来,奥巴马总统就完全成为一个没有任何政绩的总统,变成了美国全体人民最大的啦啦队长,今天说我要禁枪了、明天说我要推动移民改革了、后天说我要减税了,但都做不成。

我长期观察美国的民主政治,觉得三权分立在制衡权力方面的确有效,在防止官员大规模的腐败方面也的确有效。但很多时候,这个体制效度不够。当总统想推动一些施政理念,先不必争论说国会仅仅在众议院是共和党,试想下,如果参议院也变成共和党的,那总统就完全变成了一个跛脚总统。刚才提到的禁枪也好,限制枪支也好,全民健保也好,将会变得难上加难。如果说明年中期选举能拿到三分之二以上票数,那全民健保案甚至会被取消,所以奥巴马面临很大的压力,一是希望自己名垂青史,更重要的是,民主党明年要中期选举,2016年还要面临总统大位选举,当然渴望有利于民主党的议案、议题可以始终放在前端。现在奥巴马可以说是提前进入磨牙阶段。

胡展奋：现在有个说法,奥巴马在进行一场奥巴马保卫战。确实这一段时间看到,美国的很多公民,甚至副总统也披挂上阵,用中国话讲就是雷声大,雨点小,喊得很凶。张律师,大家对奥巴马的批评还有,认为奥巴马是美国政府历届总统中,跟国会沟通最不好的一位。有人说是因为他自己是国会议员,可能有一些其他问题；甚至有人说,奥巴马权威性不够。您怎么看,这对他的施政有什么影响？

张　军：根据美国宪法规定的三权分立,就算总统智商再高、再有鸿鹄之志,但还是被迫与政府的另一支工作。奥巴马作为芝加哥伊利诺伊的年轻议员,在国会名不见经传,是冲出来的一匹黑马,他跟拜登、科里是不一样的。拜登在国会30多年,在国会拥有非常好的人脉,也受到尊重。奥巴马只做了一届国会议员,跟拜登等人不可同日而语。

当然还有奥巴马本人性格的关系。民主政治有一个特点,就是分权与制衡。制衡时,美国总统要跟反对党沟通,第一是源于责任,第二是遵从宪法精神。无论反对党如何反对,总统也要硬着头皮去沟通。然而现在奥巴马跟自己的同事沟通很少。如果总统要通过一个共和法案,如果没有一个共和党人投票,即使通过也被看作党派之争。奥巴马曾想建立"八人党"——四个共和党、四个民主党,我觉得是好的,但也不能推进。比如贝尔开始是希望跟奥巴马配合的,但他自己国会的少数一支,后来显然占了上风。我在想,如果奥巴马多给贝尔一些鼓励、沟通一些使贝尔能给本党交代的条件,也许这个事情也是可以避免。奥巴马是一个极其聪明的人,智商非常高,但在国会沟通方面不能临时抱佛脚,从上任第一天起始终要跟赴会的领导人,尤其跟反对派领导人保持联系。也许理念不同,但你要保持良好的个人关系,包括一些茶党即使站在你的极端对立面,你也要试图跟他们接触。因为奥巴马已经不是来自伊利诺伊州的参议员,而是总统。角色变了,有时还真的要"低声下气"。

胡展奋: 总统的沟通能力就代表施政的能力。张律师,刚才我们谈到了奥巴马全民健保案,加州11月1日就开始全面上路了。我们隔洋联系了一些保险从业人员想打听一下情况,很不幸,第一天有十万人涌进网站,导致网络崩溃。大家认为说是准备不够充分。这个暂且不谈,因为比较复杂。我们把时间拉回到3年前的2009年,当时由两院共同通过的平民医疗法案,美国形式的全民健保,现在有很多人批评说,2009年、2010年时,民主党控制着众议院和参议院的绝大多数,加上有一个民主党的总统,完全是一党之利、一党之念,甚至说完全是一党之私,是一个未经美国人民达成共识的重大法案。对于这种批评,您怎么看?

张 军: 这就是我们今天一直讨论的,国会里面制衡总统的一支力量。奥巴马是一个激励了很多美国人的总统,很多年轻人出来投票,

奥巴马的上台使得美国国会出现了很长时间没有出现的情况——民主党把控了参议院和众议院，而且以非常高的多数，共和党制衡的声音就变得特别小。奥巴马得以强力推动全民健保

张军律师与加州最高法院大法官刘弘威

案。也正是如此，它是一个先天不足的法案——没有两党的共识。正是因为他推动了全民健保案，引起了很大反弹，如茶党运动等，变得风起云涌，最后导致奥巴马失去了众议院的多数人。这些人想卷土重来，想修改法案，比如这次政府关门，或让奥巴马法案延迟一年等。我觉得，这对奥巴马来说可能是个教训，也可能是个历史的机遇。因为毕竟才几天，网络出现问题也说明大家是有兴趣的。未来如何演变不好说。很多人都没有经历过奥巴马全民健保案，当年据说罗斯福的政策在通过时也是质疑一片，但现在好像连共和党人都不敢动。我们对奥巴马的法案有各自的看法，但它毕竟是一个法律，如果不喜欢法律的方法，应当通过法律的形式对它加以改变，而不是关闭政府，这可能是共和党需要加以讨论的。

胡展奋：确实，就像您讲的，我们并不是讨论这个法案好与不好，对与不对，主要是通过这个法案来看美国宪政的运作。其实张律师刚才特别讲到一点，2009年时，共和党失去了两院，当然更失去了总统的位置。根据当时的记录，这个法案在参议院民主党几乎是一致性通过，即使在众议院通过时有30多个民主党议员投了反对票，也并不能改变民主党在众议院的优势，依然通过。然而经过再次中期选举的那一年，民主党丢掉了在众议院的60个席位。在参议院的参议员们，一定有很多人赞同奥巴马的法案,可这些人在众议院就站起来说"不",请问参议院、众议院在考量中有什么不同?

张　军：美国宪法的先贤们在设计制度时有它的独到之处。参议员6年选一次,每两年选掉三分之一,众议员每两年要全部参加选举,从严格意义上讲,众议员们才是最接地气的人。像社区里的众议员,为什么我们更容易在社区各种活动中看到这些人?一是他们服务的热情,更重要的是,他们所有的众议员明年都要选举,永远是"明年"要选举,这个逼着他被迫要接地气。宪法缔造者很智慧,民意代表就要跟民众天天在一起,才能听到他们的疾苦。也有一点不好就是,迫使众议员们必须明年作出政绩,也就是要立刻反映选民的心声,而民意是如流水的,老百姓今天想的,肯定不是六年以后要想的事。因此,至少三分之二的参议员没有在明年选举的压力,他们在国家一些大的法案上,可能更从国家长治久安的、从自己的政治愿景等角度来决定。想想看,如果参议员们都是明年选举,那奥巴马早已失去参议院和众议院的大多数了。先贤们设计这样的制度,就是让参议员们有机会多想想国家未来的事情,众议员则立刻要反映老百姓的疾苦。

胡展奋：就像您所讲的,这是美国先贤们对美国宪政的一种设计。据说在美国,无论州的大小、人数多寡,每州只有两位参议员。这一次,我们发现,政党分歧非常分明,壁垒森严,共和党一票不少,民主党一票不少。难道没有是非了吗?

张　军：奥巴马推动全民健保案,有些民主党人并没有投赞成票,因为他们意识到投与不投,法案都能通过,只是自己的选民要求投反对票,所以投反对票保存了工作,也没有影响全民健保案的通过。党有党纪,比如、发言人等有一整套的管理制度。党的选举机器,对能不能当选下一任有很大作用。在国会有一个专门委员会的排名,如果党派领导对你不信任,就意味着很难获得一些机会,继而很难拿到联邦拨款资源回自己的选区。这一次之所以出现泾渭分明,至少对民主党和共和党来说都是大是大非,党纪、党鞭都要高高地举起。你会发现,很少出现有人"叛党"的。

胡展奋：在美国的政治中，除了表达个人的理念思想外，还是需要服从党的。特别作为国会议员，本身就有义务服从党的许多规定。如今，一个没有得到全民共识的重大法案，未来会怎么走？特别是明年中期选举之后，如果国会发生根本变化，如果民主党失去了参议院，同时又在众议院比例也少于三分之一的话，恐怕会出现很多问题。

最近舆论都将视野转向了萨克拉门托（加州州政府所在地）。据说人们在谈论三个法案，第一个法案叫《未成年人社交网站橡皮擦法》（以下简称《橡皮擦法》），您也在第一时间接受了中央电视台的专访。这是一个什么法案？

张　军：这个法案基本上应用在现在网络。我认为这是革命性的，互联网的高速发展给人类带来很多新的课题，《橡皮擦法》解决的问题就是，由于网络空间交流十分自由，很多年轻朋友有时会把一些年少轻狂的东西上传网络，在被大量转发后，已经不能删除。很多年轻朋友会觉得羞愧难当，甚至为此自杀。美国有50个州，加州的立法是走在前面的，第一经济实力较强，第二人口较多。通常加州立法会对别的州有一定指导意义。这一次是以法律形式限制网络交友的网站，要为未满十八岁的未成年人提供"一键式"的服务——可以随时把自己上传的东西删掉。

这至少是一个开端。随着加州政府应用网络的发展推出来的法律，我觉得用意是好的。究竟在运作过程当中，会在多大程度上限制年轻人和网络公司的言论自由还不得而知。但毕竟还是要起到制衡作用，一方面需要鼓励言论自由，但青少年在心智不健全时做出来的疯狂的举动，也要允许留有空间改掉。这就是闻名于世的《橡皮擦法》。

胡展奋：确实是这样，起码要给年轻人机会，毕竟年轻的时候，谁都会犯错误，谁都会轻狂，年轻人还是要自己慢慢成长。除了《橡皮擦法》是针对未成年人，据说现在加州议会里面，正在酝酿着另外一个法案,严格来讲加州议会已经通过了。由于加州承认同性恋,那以后小孩子在学校上厕所,如果看到男孩子进到女厕所,也不要太奇怪,要给他们一个空间。有很多做家长的朋友对此表示不理解,怀疑会不会造成很多的混乱。报载布朗州长现在还没有签字,只是加州议会已经通过。您怎么看?

张　军: 加州由于实力强、人口多,很多立法会走在其他州前面,但有的时候,会走过头。这是我个人的意见。我觉得在这个问题上,希望布朗州长审慎考虑。如果要把法律变成"年轻"的法律,让小朋友在未形成人生观和价值观时,被迫接受男生跑到女生洗手间,女生跑到男生洗手间,未免步子跨得太大。如果需要尝试,我认为至少不能在学校里尝试,可以考虑在一些其他地方尝试。州长到现在没有签,我觉得也许他在深思。民主政治就是如此,无论反对还是支持,在州长签字前,你都可以向民意代表等去反映。即使州长通过了,你若不满意,也还是可以去反映,甚至威胁要关闭加州州政府等。民主政治就是这样,包括同性恋法案在加州也是反复了很多次了,民众社会的好处就是你要发出自己的声音,声音越大,政客听到的机会就越多。

胡展奋: 不管这个法律对以后是什么影响,但就目前,当你不能接受时,就应该发出自己的声音。还有一个法案,不过这个法案要到2016年实行,现在已经引起加州特别是企业界,特别是中小企业界的广泛讨论。网上说州长刚刚签署了一个法案,从2016年开始,加州将是美国第一个每小时工资十块钱的州。赞成的人认为,这是保护了广大中低层收入群体的利益;不赞成的人认为,这将使得加州的经商环境进一步恶化,加州法律多官司也多,让老板财政负担继续增加,会不会承受不了? 您怎么看"十块钱一小时"?

张　军: 我不是经济学家,从经济角度没有太多发言权。我觉得,最低工资在历史上经历了很漫长的演变过程,有很多工人运动、工会运动等种种运动。发展到今天,联邦有联邦规定的最低工资。各个州在联邦规定最低工资之上,可以设立更高的最低工资,但不能低于联邦设定的最低工资。任何时候要提高最低工资,都会引起争议。

加州是一个比较自由民主的州,布朗州长能推动这样一个法案,第一,他是一个比较"自由"的州长;第二,加州议会是掌握在民主党人手里的,共和党人在加州拥有的机会是有限的。以前的阿诺州长,被认为是"披着羊皮"的民主党人;里根也来自加州。但这些年的"风向"还是发生很多变化。我认为,任何时候要提高最低工资,当然要考虑经济、消费水平、劳工家庭的种种不易、膨胀因素等。我们确实也要考虑,使这个社会向前发展、解决就业问题、推动经济向前发展的毕竟是美国的中小企业。坦率地讲,美国的中小企业,日子也不是特别好过,尤其是每当发生经济衰退、金融危机时,首当其冲的就是中小企业。中小企业有点像中年人,上有老、下有小,非常不容易,而且面临各种各样的税收、劳工保险、奥巴马健保、医疗保险、社保等税务。他们的负担不可谓不重,在考虑增加工资时,也要考虑到,使得社会经济能够向前发展的发动机是来自中小企业,如果他们负担过重,最终可能会产生一个连锁效应,不敢雇更多员工,使企业缩水,甚至搬去别的州等,如相邻的内华达州就提供更优惠的一些税收政策。这些问题需要考量。这应该是一个平衡和妥协的结果。

胡展奋:一直有舆论说加州是一个民主党的州,有些民生法案可能偏重于中下阶层,事实上,什么才是对加州最好,美国人心里都有一把尺子。我们也会继续观察。张律师,其实这次采访有很多考量,由美国政府"关门",我们可以延续性地谈很多其他问题,但现在我们打算从很多人不太注意的概念问题入手——美国宪政。想听听您的见解。

张 军:美国宪政,是美国立国的先贤们200多年前就已经制定的,到现在并没有发生根本性变化。

只是涉及20多条修改,而且14条都是关于人权方面的,美国人将这14条称为人权法。美国当初设计的法律体系至今依然发挥着重要作用。

过去200多年,美国作为世界上迅速崛起的唯一超级大国,宪法起着重要作用。美国联邦法院承担着宪法法院的角色,通过很多著名判例,使得这部200多年的宪法能与当下接轨。比如,去年联邦法院对奥巴马的全民健保案,它不需要大动干戈的方式,只需要以四分之三州宪法修订案的方式来解决,利用最高法院九名大法官的一些判决来解决这个问题。也就是说,如果没有新的判决来推翻,它就成为当下应该执行的法律。

胡展奋:美国政治是政党政治,美国的权力是三足鼎立,很多宪政研究者包括您也谈到过,现在,美国的三权之间不是单纯彼此之间的制衡,其实还有很多的配合,同时三权之间在权利行使上并不完全平等——不是完全的等边三角形。

三权分立是美国的宪政基本体制。了解联邦体制或者说中央体制,就会体会到三权貌似是松散的,但神不散。经过国家机器200多年的磨合,的确还是有它独到之处的,至少使美国这个看上去相对松散的联邦制国家,其中央政府、联邦政府的权力在国内受到巨大限制的同时,还是起了很大作用。三权分工是不一样的,比如行政当局,主要负责以总统为代表的、国家日常行政运作,很多时候在行政当局执政时,权力要与其他二权来分享,主要是与国会的参议院、众议院来分享。所谓分享,就是提供给参议院、众议院制衡行政的权力,成为中央政权的一个"笼子"。在过去200多年,行政当局希望不断扩权,参议院、众议院组成的立法当局则希望不断压缩限制它的权力。在这两个权力出现比较大的矛盾或不能调和的时候,第三权司法权力会出面,体现在联邦最高法院。

令公众记忆犹新的是,去年总统和共和党人所掌控的众议院在全民健保案问题上僵持不下。国会对健保案提出一系列意见;美国民众利用宪法第三权,通过在法院提告的方式,指责奥巴马政府强制人民购买健康保险违反宪法,一路通过司法途径直到联邦最高法院。联邦法院最后裁定不违宪,换句话说,如果当时最高法院裁定违宪,奥巴马的全民健保案就没法执行。所以说,三权之间既相互作用,又相互影响,同时成功维持了国家运作"形散神不散"。三权在组成方面有点不同,比如总统每4年竞选一次,可连任一次;参议院、众议院也是选举制度,一旦选上连任不受限制;大法官一旦选上就是终身制。为什么美国对三个相互制约的权力会有这样的政治设计?

张 军:限制行政权力非常困难,所以要想出各种办法制约和平衡,比如总统任期4年连任再加4年,行政权力会受到比较大的限制;参议院、众议院连任不受限制,可以提高国会在美国政治中的作用,比如重量级的参议员和众议员20多年做下来,会有非常大的权力。国会权力和总统权力相比,总统有时有一票否决权,但如果到一定程度,总统也不能否决,比如两院三分之二以上可以再否决掉总统的否决,这就无时无刻不体现着制约和平衡。

当两个权力发生不可调和的矛盾时,民众还可以通过联邦最高法院。大法官乃终身制,虽然是总统提名大法官,但其在最高法院的投票未必会是总统期待的,有相对独立性,从制度层面可以让法官能独立对事实和法律作出判断,总统、国会对他都没有节制。三权相互交织、相互影响、相互制衡,同时又相互平衡。确实,三权鼎立运作时涉及很多政治因素。

胡展奋:这段时间以来,美国人民对三权中最不满意的、声望最低的是国会。大家认为国会很乱,75%的民众认为共和党和民主党都应滚蛋,也有人认为今天的国会没有让美国人民满意。那么,国会组成之后应该如何完成人民的期待,或者说在政党政治中,该以政党优先还是民意优先?

张 军:这个问题问得很好,我有时候也在想,人民到底要什么?一方面人民说,这个国会不为我们工作,不为我们坚持,却又把国会的组成人员一而再、再而三地选进去。挺有意思的。

历史上,国会历来是三权中民意最低的,原因是它的声音太多,500多个人,很难做成一些事情,但有时民主政治需要保持各方面的声音,而且这两天美国对国会进行改革,对国会的议程除了给出少数服从多数的原则以外,在议事的规程上也给了比较大的少数人一些权力,让参议院、众议院始终处在一个制约和平衡的互动过程中。

胡展奋: 确实,参议院、众议院在组成过程中,其共同的主要作用是限制行政权力,但从主要功能上讲,众议院是管钱袋子的,参议院是管人事的,特别是众议院的任期比较短,比较接地气,而参议院的一个任期可以是 6 年。这种设计在美国宪政中,如这次政府关门事件,是否有必要检讨或改进?

张 军: 事实上,每次出现政府关门等大家都有这方面的考虑。宪法的改变门槛要求特别高,而且是否改过来就对未来宪法一定有好处呢?国会和白宫争斗出现这么多的乱象,总统很难推动自己的施政,但问题是当初制度这样设计可能考虑了多种因素:一是行政权力是需制衡的,有时候会表现为总统施政特别难。但是不是一出现困难就要改革国会?

行政当局的权力始终在螺旋式前进,就如"钟摆理论"。当国家发生重大事件后,行政当局的权力会在短期内迅速扩大;经过一段时间后,"钟摆"又恢复到原来的位置。摆动不会太大,始终在中间,除非特别重大事件。所以说,今天国会出现的乱象是否需要改变还需要时间。技术上的改进随时都在进行,比如说这次政府关门、提高政府债务上限的过程当中,共和党人的确面临压力,而且压力不一定完全来自总统,更多来自选举。共和党的有识之士必须意识到,制衡是必须的,不要搬起石头砸自己的脚。有时有各种平衡和改变的手段,但不一定非要改变目前的宪法体制。选举体制可以改变,就如经济运作过冷过热时会有政府介入,但介入太多不符合现实,应该交给市场,让市场来调节——自我调节是行为模式得到纠正的最好方式。

胡展奋: 我们谈到了美国国会、三权鼎立,还有一个政党问题,两党政治最明显的就是总统选举。无论是民主党人总统,还是共和党人总统,当然首先是美国人民的总统。政党政治反映最明显的应该是国会,国会中的政党要求比如在这次预算的投票率中,所有人非常惊讶地发现,共和党一票不保,该反对的全部反对;民主党一票不保,该赞成的全部赞成。政党政治、政党理念,议员政治理念、选民诉求,国家现状三者之间如何平衡?

张 军:对,美国的政党政治基本是第三种政治势力很难生存的国家。历史上有人试图改变这样一种平衡,比如说老布什曾经的第三党,应该是美国历史发展到最高峰的第三党,之后还是走下坡路了。现在看来,一时半会儿不会出现第三党的政治势力,所以说美国政党政治基本是两党政治,是为选举服务的。美国人民虽然对两党有意见,但也必须接受。

胡展奋:随着这次的关门事件,两党恶斗,民意越来越厌烦政党政治在恶斗当中影响美国利益,越来越多人提出来,有没有可能在两党之外或者体制之外建立一个新体制,在两党左右的极端之间走出第三条路。有这种可能吗?

张 军:在可预见的未来还看不出这种可能性。尽管从任何意义上来说,一是没有出色的人物。目前美国体制非常排斥出现第三种势力,历史上有人尝试过,但还是没成功过的,尽管美国老百姓认为两党有不尽如人意的地方,但毕竟是经过200多年的运作,还是较成熟的,老百姓在情感上比较能接受的。

胡展奋:我们看报道知道在民调中,一个民主党的投票人表示,都不满意现在的国会议员,但对自己选区的议员还是满意的。也就是说,他对75%的议员不满意,但对自己选区议员不满意的只有40%,在美国这又反映了选民的一种什么心态?

张 军:这就要看美国另外一个政治制度了。美国在1964年以后有了平等选举法,应运而生许多选举法案,规定,议员选区不一定完全按照地理划分,或不一定完全按照当地人口划分,相反,有时划分形状是不规则的,因为对少数族裔、黑人照顾不够,要使尽可能多的黑人划分进去,让黑人能够胜出。一个选区始终支持一种理念的议员,相反,代表中间立场的选民就发现很难在这个地方生活了,那么他们反映的联邦政治一定是针锋相对的。这样,美国的中间立场选民会越来越少,直接关系到明年有没有工作等,所以更多议员在意自己选区的老百姓怎么看。议员有时需要投党性票,比如所在党的领袖表示需要投什么样票,大部分议员愿意配合,因为如果不配合,会在以后议事过程中失去为自己选区争取更多利益的机会;但这个服从也是有限度的,要看明年在国会有没有工作,这要高于党的利益。假设党的利益和保持自己的工作一致,议员就愿意服从;如果连议员的工作都没了,那就不一定会服从,除非行政当局另外允诺其他工作。这个问题看上去很散,但最后还是要落实到制约和平衡上。

胡展奋: 每次总统选举都面临低投票率。有人说,低投票率是政治成熟的表现;也有人说,低投票率是美国人民对政治信心的一种表现;还有人说,是美国人对政治漠然的表现。您怎么看?

张 军: 都可能存在,大家需要一种制衡,虽然我们要把行政权力关在"笼子"里,但这种平衡和制衡每天都会发生。

胡展奋: 美国政治的地方色彩非常突出,美国政治的地方化,是否是美国非常重要的特点?

张 军: 这个特点是非常鲜明突出的,跟美国作为联邦制的国家有非常大关系。也就是说,所有的需要在中央层级就是联邦政府层级解决的问题,很多时候不需要到华盛顿去解决,只需要在当地选区解决。

历史上有大量这样的例子,有的选区共和党人比较容易胜出,共和党议员会比较愿意推动共和党的一些事情。但每十年美国会有一个人口普查,选区需要重新划分,选民构成也会发生变化,因此代表当地的议员看法也会随着选区构成的变化而变化。所以很多时候要影响选区的议员的看法，比起去华盛顿游说，还是在选区对议员施加影响比较好，也会让他觉得这是选区选民需要的。因此也许国会议员在全国层级的支持率很低，但在选区要维持相当的支持率，这个支持率是影响议员最好的办法。

胡展奋：据说，每个议员在彰显自己的权力、在施展法律赋予的权力的时候，就必须要考虑自己选民的利益，也就是说，国会的议员眼睛得往下看，总统说的固然重要，但是谁给的这份工作更重要。这在美国的政治设计中是很成功的，但具体地说，在美国政治中体现出来的是什么呢？

张　军：体现出的是"权为民所用"。议员们在决定投票时很少有其他的、违宪的杂念，执政党的考量、在野党的考量、国会党团的考量等也许是因素之一，但他更要考虑，这一票投下去，选民明年还是否会选他。

胡展奋：每一个议员都背负着选民的期待，同时也受到了选民的很大限制。关于华人参政的问题方面，在地方政治中，华人只占全美1%的人口，甚至都达不到一次选举必须去争夺的人群的程度。可是在华人集中地选举时，华人选票依然有很大空间。随着选区的划分，华人如果相对集中可以影响到州、联邦议员。您觉得地方政治的地方化在华人参政议政中有什么意义？

张　军：华人参政目前显然不能跟通过大量选票要去影响的黑人相比。政治生态的现实就是这样，也许以后会成长很快，但华人选票毕竟在今天美国的投票人群里依旧算是忽略不计的。在特定选区就不一定了，像加州、纽约州，华人可以形成相对的选票优势、钞票优势，可以影响一些选区里重量级的议员，需要用巧实力。

总而言之，华人既然选择生活在美国，要以开明的态度，花时间去了解美国的政治运作规律，生活与学习才会更加方便，华人在美国生活，应以学习和适应美国的政治体系为开始。单打独斗确实很难，但

美国看法

"少数主义"联合起来,大家在政治理念上比较接近的话特别是华裔,在人数方面虽不占优势,但可以借助其他主义的优势共同宣导华人的理念,产生出符合华人理念的议员。毕竟议员们能够影响到美国的政治,这也是直接或间接地为自己的利益在争取,所以未必一定要亲自跳下来去选议员,但你的投票不仅仅为了自己,还为了后代以后的尊严和以后的生存。

司法公正与媒体自由

司法公正与媒体自由是民主社会最弥足珍贵的两大核心价值。

司法如何保证媒体的言论自由？媒体如何配合司法的公正？

在现实生活中，司法公正与媒体自由的冲突总是不可避免的。

在美国司法公正与媒体自由两者之间有过激烈而漫长的争论，经历过艰难的抉择。

美国政府诉尼克松案与辛普森案，为何成为美国的经典案例？

张军律师登上凤凰卫视《世纪大讲堂》，与主持人王鲁湘一起详细解读美国是如何协调和规范两者之间的关系。

王鲁湘：张律师您看，今天我们的背景墙上都贴了您的好几张照片。

张　军：是。

王鲁湘：我来问一下，那一张照片，您背后的那一个建筑物，那个白色的建筑物，是什么建筑？

张　军：那个就是我那次去联邦最高法院出庭，它有一个宣誓仪式。

王鲁湘：就是这个一百位的出庭律师。

张　军：对，宣誓完了以后，我们就在这个前面留了一张影，在里

美国看法

录制《世纪大讲堂》美国司法公正与媒体自由

面,九个大法官跟我们一块儿讲讲话,交流交流,帮我们做了一个宣誓仪式。

王鲁湘: 应该说,这个建筑就是美国司法公正的一个象征。

张　军: 对,不论你喜欢还是不喜欢,美国的三权分立,如果加上媒体就是四权,都是在这个里面,有很大的决定权了。

王鲁湘: 这里是您和一位美国的老者一起合影,这位老人是谁?

张　军: 他就是联邦最高法院里面最自由派的一个大法官,叫布雷耶(Brever),他做了很多年(的大法官),但是他这么多年始终坚定地站在自由派的这一边。也就是说如果要谈到言论自由,谈到媒体自由,那他是坚定地站在这一边。

王鲁湘: 这也是很奇怪的一个现象,他身为最高法院的大法官,却在这个位置上头坚定不移地为媒体自由进行辩护,是吧?

张　军：对，他确实还是起到非常关键的一票，因为最高法院现在基本上是五个保守派，四个自由派，自由派的这些朋友们如果不坚持的话，可能很多一些比较追求自由理念的这些法案就有可能被推翻。

王鲁湘：我们今天要讨论的问题就是美国的司法公正和媒体自由，刚才我们已经说到了，这是一个民主社会的两大核心价值，但是它们在实际的操作层面经常是有一些冲突的。在我们中国发生一些事情中间，我们也发现特别是最近一个时期以来，尤其有了自媒体，或者博客，有了这些东西以后，经常发现一些公共的一些刑事案件，比如说药家鑫案件，还有小悦悦事件，还有最近发生的虐童事件。确实如果没有媒体自由，可能很多的真相得不到揭露，但是我们也发现，这种媒体自由一旦掌控不好，或者被某些人滥用的话，它又会形成对司法公正的绑架。您是怎么来看待这几个公共事件？

张　军：我觉得现在的中国媒体，新媒体现在变得越来越自由，就发生了像您刚才讲的，好的时候它揭露了很多的社会弊端，不好的时候也有可能让很多无辜的人因为他们的误报或者报错了对他们也造成了很大的困扰。美国宪政的历史上以前也出现过这个问题，但是它后来基本上还是没有采取对媒体的进一步控制和禁锢，相反地是让媒体更加自由和开放。美国联邦最高法院的一个大法官就讲过，他认为媒体的这些对、不对，最终应该由市场来评说，也就是让它放在自由的市场经济里面去竞争，最后大家都会知道是《国家问询者》杂志更有权威呢，还是《纽约时报》更有权威，读者自然会做出这样一个决定。所以我觉得出现了这些问题其实不可怕，关键是我们用什么样的方法去应对出现的这些问题。

王鲁湘：也就是说实际上媒体的充分的自由，包括不同媒体之间，就同一个事件和同一个消息的不同层面，或者来回反复甚至是互相错位，甚至互相对立的报道，其实是对一个事件真相的充分的揭露。

张　军：对，观众也是要有一个被引导和被教育的过程，经过一段

张军，美国联邦最高法院出庭律师宣誓仪式中唯一的华裔面孔

时间以后，观众就会形成自己的判断，比如说我喜欢看福克斯新闻，还是你喜欢看CNN新闻，慢慢就会形成一个定式。最终，我认为媒体真实的报道，媒体自身的权威性、真实性可以胜出。

王鲁湘：您是如何界定司法公正和媒体自由这两个基本价值？

张　军：我觉得司法公正和媒体的监督就算在美国这种发育比较健全的西方宪政体制里面，其实它永远也是在寻找一个平衡点，也就是说你不可能永远找到"最"，一会儿在我演讲当中会提到，就是没有100％的司法公正，更没有100％的言论自由，两者之间不停地在磨合当中，找到一个平衡点。美国的社会在过去230多年的宪政历史当中，就是在不断地相互磨合、相互平衡宪法里的三权，再加上媒体第四权，就是这几个权利不断地螺旋式地平衡，斗争平衡，最后来推动社会前进。

王鲁湘：您说到媒体是第四种力量，那么前面的三种力量我们知道它们互相有一个制约、有一个平衡，现在媒体出来了以后，到底谁来监督媒体？

张　军：这个是一个最大的问题。我当然不希望政府来监督媒体，这个媒体最后要被监督的，就像我刚才讲的那个大法官讲的，就是由市场来监督媒体，媒体如果经常地报一些错误的东西，它最后没有办法生存，市场规律就会将它淘汰。

王鲁湘：它就关门了。

张　军：是，如果你是一个有公信力的媒体，那你自然就会有生命力了。

王鲁湘：对。您这些年来除了在美国做一些案件，您更多地出现在一些政治评论中间，而且您经常回国，呼吁中国的司法改革。您认为中国司法改革当下最要紧的问题是什么？

张　军：我觉得中国的司法改革千头万绪。中国改革开放三十年高速运转，不可避免地会产生很多的社会冲突和社会问题，司法是帮人民守住最后一道防线的一个坝或者一个防线。如果司法改革不能成功，其实最终这个社会是不能和谐的。司法改革走到今天，我觉得可能还是我们以前呼吁的，就是司法的独立、司法的透明是非常非常重要的。就是司法人的地位要比较（高），要有很大的提高，司法人自身的素质也非常需要提高。但是如果司法人不能得到独立的地位，那么很多的时候就会产生一些短视的行为，从长远来说，可能对整个司法体制的改革是不利的。

王鲁湘：下面我们以热烈的掌声欢迎张军律师给我们演讲，他今天演讲的主题是"美国的司法公正与媒体自由"，大家欢迎。

张　军：非常感谢同学们今天百忙之中来听我演讲，美国的司法公正在过去的230多年历史中，也是在不断磨合当中来推进的。美国的司法公正让我来总结，它基本上是有这样几个特点。第一个特点就

美国看法

是对行政权力的巨大的限制。我们知道,美国是一个松散的联邦制的这样一个体系,所谓松散的联邦制是什么呢?就是美国总统在海外是很牛的,但是他在自己的国内,他的权力是被巨大地压缩的,就是美国总统不仅要在联邦的层面跟国会来分享权力,跟司法的最高法院来分享权力,他在州的层面也受到很大的节制。所谓的美国的联邦制,就是它的宪政体制在很大程度上就是限制行政当局权力的这样一个情况。

这个联邦在中央的这个层级,行政权力受到很多的限制。比如说奥巴马上台以后,他实现了民主党人在过去几十年以来不能实现的一个事情,这就是要让美国的老百姓每一个人都有所谓的全民健保法案,通过了这样一个全民健保法案,实现了民主党人在"二战"以后几十年不能实现的理想。但是为此他也得罪了很多的保守派的人,尤其在跟罗姆尼的竞选过程中,罗姆尼就一再批评奥巴马在把美国带向所谓的社会主义道路。因此,有很多反对的力量。反对的力量在国会里面因为缺乏足够的三分之二的多数来把奥巴马通过的这个法案否决掉,所以他们利用政府规定的另外一级,也就是联邦的法院的系统,利用联邦最高法院的系统,一路从州的法院系统,一直告到联邦的最高法院。告到联邦最高法院是什么意思呢?就是他希望通过联邦最高法院,来判奥巴马通过的这个由行政当局来推动全民健保法案是违宪的。

大家知道在 1803 年,有一个马布里诉美国政府的,通过那样的一个法案,美国联邦最高法院那个时候就已经判定了一个先例。这个先例是什么呢,就是从此以后联邦的最高法院可以来判总统的行政命令,或者是联邦的国会通过的法律是否符合美国的宪法。所以有一帮人就说,我们虽然在国会里面通过不了推翻奥巴马全民健保的法案,但是我们可以通过法院系统来告。在今年(2012 年)的早些时候,当联邦最高法院决定要听这个案子的时候,大家知道联邦最高法院听的案子不是上诉人的权力,他们可以申请,但是联邦最高法院只挑其中 1% 左右的案子,关系到国计民生的一些大案来听。

当联邦最高法院决定要听这个案子的时候,很多人已经在判断奥巴马这次的选举可能是无可奈何花落去了,原因是现在的联邦最高法院的构成是九个大法官里面有五票对四票,五个是保守派的,四个是自由派的。奥巴马上任以后唯一的政治遗产,就是推动一个全民的健保法案,如果最高法院把这个法案给推翻了,那么奥巴马在两年以后拿什么东西来进行竞选?但是这个案子最后判了以后,情况发生了很大的戏剧性的变化。这个戏剧性的变化什么呢,就是最高法院的主审法官 John Roberts,约翰·罗伯茨大法官,他做出了一个决定。他是被小布什总统提名任命、经过参议院的认证,进入到最高法院当主审法官的,这个人是一个思想比较倾向于保守的,而且他以前在做上诉法院法官的时候,他的判例基本上倾于保守。但这个法官在最后的关头,竟然站在了奥巴马的全民健保案这一边。

当时这个判决书写出来,有很多页,很多媒体因为急着要报新闻,可能光看了第一页,第一页开始的很多页都是在批评奥巴马的全民健保法案,所以很多急着抢头条的媒体记者,就说奥巴马已经被宣布违宪了。但是还有一些比较负责任的记者读到最后一页的,才发现最后他们判奥巴马的全民健保法案大部分是不违宪的,也就是说在关键的时候拯救了奥巴马。这个就凸显了我刚才讲的,三权分立,法律的公正、司法程序的公正,在最高层级上对总统的限制。你想最高法院的主审法官约翰·罗伯茨,他如果要站在保守派的一边,宣布这个法案是违宪的,他是什么人都不会得罪的。第一他本来的思想理念就是站在右边,他是最容易做这样的一个决定。但是现在他站在奥巴马的全民健保案这一边,那么他其实得罪了保守派的这些朋友,大家都觉得怎么我们把你送进去,你关键的时候背叛了我们;奥巴马可能本来也没有指望他能把这一票投给自己。他的背后的原因是什么呢?就是我作为一个主审法官,我是要对未来的司法的案例负责任的,这个法案是一个全民选出来的总统来推动的,然后又是全民选出来的参议院和众议院推动的,如果今天由我一个人一票就否决了当时当地那么大的民意,而且这个法案有可能要在 2013 年和 2014 年才要宣布来推行,那么我今天把它否掉，我觉得我本人对历史不负责任。

但是他选择这个，我觉得就凸显了联邦的最高法院的这些大法官有非常高度的政治勇气，就是在关键的时候，他愿意背叛自己的同党同志，来做出一些他认为最符合自己的道德模式的判决。在这个最高的层级，其实它的几种关系是不停地在相互地制衡，在这个制衡的过程当中，行政的权力受到很大的限制。经过这么多年的磨合，美国的宪法本身并没有一个字的改变，230多年以来到今天，这个宪法是一个字和一个标点符号都没有改过的，真正改变宪法的修正案也不过才二十多条。要通过一个宪法修正案，这个门槛是非常非常高的。那么很多时候怎么样体现美国的法律与时俱进的一面？这个与时俱进的一面，就是通过联邦最高法院不停地有一些新的判例出来，通过这样的判例来推动社会的进步。

我刚才提到的二十多条宪法修正案里面，有一条，也就是宪法修正案的第一条，就是新闻媒体，或者叫言论自由的权利。正是因为有了这个权利，在过去的这么多年的历史当中，美国的媒体也扮演了非常重要的监督政府的角色。1964年，有一个《纽约时报》告苏利文的案子，在此之前，媒体如果要报道政府的施政或者政府的高官，就会被政府来告他们诽谤罪。那么媒体，尤其媒体很多南方的，后来就变得不太愿意去报道这些政府的弊端。终于有一天出现了这个《纽约时报》案。通过这个《纽约时报》案，美国的联邦最高法院最终做出了一个判例。

就是如果政府当局来告媒体诽谤的话，必须要在普通人的诽谤罪的上面再加一个非常高的门槛，这个门槛英文叫Actualmalice（真正的恶意），就是说你必须要证明这个媒体在报道你这件事情的时候有真正的恶意。自从1964年到现在，由于最高法院设定了这个非常非常高的门槛，导致政府更加害怕媒体，也没有办法再跟媒体打官司。这就是在中央的层级或者联邦的层级上这样的一个构造。谈到美国的司法公正，我们就不得不提美国的这几个宪法修正案。我们刚才提到了美国有二十来条的宪法修正案，其中十四条都是在保障个人的权利。

什么叫个人的权利？它跟司法公正是有非常非常密切的关系的，有几个最重要的修正案，比如说宪法的第四修正案，就是保护人民不受政府不合理的逮捕、搜查或者是没收财产，第五修正案就是人民有权不要做对自己不利的、有可能将来在刑事诉讼方面对自己不利的一些证词。什么叫第五修正案，比如当时在墨西哥有一个BP石油漏油事件，BP石油漏油事件发生后民怨沸腾，很多议员提出来要刑事起诉BP石油的高管。他们在美国国会进行听政的时候，宣誓说我要来讲真话；讲了一通以后，他第一讲的就是委员会主席先生，我要沿用宪法第五修正案的权利，那主席会说我为你刚才的决定感到羞愧，但是你可以走了，我不会强迫你去做一些证词，对你以后万一被刑事起诉，对你不利的证词。

我们80年代的时候，还看过一个著名的美国电视连续剧《神探亨特》，跟今天的警匪片差不多。就是一个帅哥警察，每天带着一个娇小玲珑的警花满街去巡逻，经常抓了人，抓了人以后都要念经一般的：你有权保持沉默，你有权找律师，否则的话，你讲的话将来都会成为呈堂供证的证据等。这些东西，当时我还觉得很奇怪，我以为是这个电视剧的作者要制造一些戏剧的冲突，但是事实上不是这样。美国最高法院的一个判例，叫做米兰达警告，就是说警察在逮捕人、搜查人的时候，必须要给这样的一番警告；如果没有这一番警告，那么你取得的证据将来就不能作为呈堂供证的证据，警察抓了这个人也是白抓。所以说第四修正案保护了老百姓的这样一个司法公正。

我可以举一个例子，就是这个第四修正案保护公民在自己的家里不受不合理的搜查和逮捕。在亚利桑那就有这样一个案例。有一天警察接到报案，说是有枪手，这个枪的一颗子弹从一个公寓里面打出来。因为法律规定在紧急情况、人命关天的时候，警察可以没有搜查令和逮捕令进入公民家里，所以他们进到这个公寓里面。进到公寓里面他就发现，这个公寓里面怎么会有这么高级的音响？两套高级的音响跟这个公寓格格不入，所以聪明的警察就赶快把这个音响挪过来，看了一看后面的编码,然后再打电话问总部,说附近有没有高级的音响店丢失过音响,那么后来查出来确实就是这个人偷的音响。

  这个枪击案还没有查出个结果,但是这个人却以偷盗罪被起诉。警察是在紧急的情况下冲进去以后发现音响的,这个案子一直打到了联邦最高法院。联邦最高法院判这个嫌疑人胜诉,也就是说警察在紧急的情况下进入到这个人家里面,本身是不违反宪法第四修正案的,但是你进去了以后你没有搜查令,在没有其他证据的情况下,你没有向法官去申请搜查令,你就把这个音响弄过来,把后面的编码也看了,你的程序有问题。虽然这个人是偷了东西,但是因为警察获得证据的手段是违法的,所以是不行的。

  张　军：媒体在这个过程当中,又是怎样来配合司法的公正呢?媒体也做了非常多的工作。比如有一个著名的案例,叫美国政府诉尼克松。大家知道尼克松在中国享有比较高的声誉,因为他开拓了中美关系,但是在美国,他是一个不名誉的总统,原因就是在他的执政后期,尤其是连选连任的中期,出现了所谓的"水门事件"。这个"水门"我要解释一下,它既跟水没关系,也跟门没关系,它是华盛顿的一个旅馆。虽然尼克松在连选连任的时候他的民意是如日中天的,但是他下面有一些画蛇添足的竞选志工,跑到民主党的竞选总部即水门酒店,盗窃了一些资料,从而引发了轩然大波,《华盛顿邮报》当时对此有非常大的报道,也造就了美国历史上一个非常重要的调查式的记者,叫鲍勃·伍德沃德(Bob Woodward)。这个人跟"深喉"两个人经过一年多的不懈努力,最后把这个事情从一个低级的志工联系到了尼克松政府里面的一个高级顾问,迫使尼克松在1974年非常不名誉地下台。政府在这个过程当中任命了一个特别检察官,这个特别检察官当时要求尼克松把所有的相关资料,提供给这个特别检察官做调查。在这个过程当中,尼克松援用了一个叫总统的豁免令,就是因为总统掌握了很多的国家机密,你不能跟我要这些东西。最后最高法院还是说你必须要把这些资料给特别检察官,原因就是这个特别检察官在调查过程当中,有权了解整个跟这个事情相关的尼克松跟他的幕僚沟通的这些事情。

另外还有一个案例,就是前一段时间在佛罗里达,有一个民兵或者叫治安人员,他自己平时带着枪,喜欢满街地去巡逻,在巡逻的过程当中,跟一个黑人男孩发生了打斗,在打斗的过程当中,他把这个黑人男孩给击毙了,这个叫 Trayvon Martin(特雷沃恩·马丁)案。他被法官当庭就放掉了,放掉的原因是因为他是正当防卫,因为当时这个黑人孩子要攻击他。但是这个事情出来以后媒体就不懈地连篇累牍地报道,媒体提出来种种疑问,到底是黑人跟他打斗还是没有跟他打斗,这个人只要觉得这个人看上去像是黑人,看上去不像是一个好孩子,然后就击毙了这个黑人,所以在整个过程当中,媒体最后改变了当时佛罗里达的司法气候。

佛罗里达州政府最后要任命一个特别的检察官,重新来调查这个案子,现在要指控这个民兵或者叫这个社区治安员是二级谋杀,看看明年(2013)这个案子如何来判。美国历史上媒体改变政府观点的是大有人在的,更不要说最近的著名的中央情报局局长比彼得雷乌斯将军的性丑闻案,还有以前的克林顿总统的性丑闻案等。在历史上媒体就不停地在公布或者叫媒体在不停地监督行政当局的很多权力。媒体在保护司法公正的方面,历史上还有一个著名的案例,就是十多年前的辛普森案。辛普森案是美国历史上真正意义上的第一次,就是美籍的日裔的法官伊藤,在他的法庭里面把整个的诉讼过程完全地实时地播放给美国的观众。

在这个过程当中,我觉得媒体在很大程度上的确起到了所谓的监督作用。这个黑人橄榄球明星就跟我们国内的这些大体育明星一样,在美国是家喻户晓的,但是某一天他被指控谋杀了他的白人前妻和他白人前妻的男友。在整个的诉讼过程当中,出现了很多戏剧化的东西。在这个过程当中,由于美国有宪法第五修正案的规定,所以辛普森组成的梦之队的辩护律师团并不需要证明辛普森没有杀人,相反是检察官有100%的责任需要证明辛普森杀人,所以这个举证的责任是完全不一

美国看法

样的。

这个梦之队在为辛普森进行辩护的时候,他们唯一要做的,就是要在陪审团团员面前不停地提出各种各样的合理的怀疑,如果陪审团的团员有任何的合理的怀疑,美国的宪法规定,如果你有任何的怀疑,你就不能为这个人定罪。最后这个基本上是由黑人组成的陪审团团员,每一个人都认为证据不足,而不是只有一个人。只有一个人怀疑,这个案子已经不能推进,更何况所有的人都认为这个案子(证据不足)。后来法学家对这个事情有很多的评论,有的人说检察官选择在这个地区组成陪审团对这个案子是不利的,尽管历史上数据并不支持这个,也就是黑人的陪审团经常地为黑人定罪,黑人有这个觉悟,并不是这样一个问题。

主要的症结在哪儿?就是认为警察在调查这个案子的过程当中,很多地方违反了宪法第四、五、六修正案赋予辛普森的权利,比如说他的梦之队不停地提出来,这个白人的侦探 Mark Fuhrman(马克·福尔曼),以前在历史上有很多对黑人不敬的言论,做出来很多对黑人不敬的事,因此今天这个血手套如果不在那儿在这儿,我们是否应该有这个合理的怀疑?因为他的梦之队的门槛低,他只需要问这个陪审团你们怀疑不怀疑这个东西,所以不停地做出这个事情以后,最后这个陪审团就肯定了事实摆在这里,就产生了这个合理的怀疑,那对不起,最后陪审团宣布自己的决定以后,伊藤法官就要当庭把辛普森放掉,这个事情也就结束了。

美国另外还有一个保障法律公正、司法公正的强有力的武器给这个嫌疑人,那就是一个同样的罪名不能再被起诉第二次,也就是你不能说今天这个陪审团没有定罪,明天我再花钱弄一个,直到把这个人定罪了为止,那这个美国的宪法说了,政府因为太有资源太有钱,如果一直让政府这样起诉的话,有一个当年起诉克林顿的特别检察官肯尼思·斯塔尔(Kenneth Starr),斯塔尔检察官就讲过这样一段话,他说如果你能给我足够的钱,我完全可以成功地起诉一个汉堡包。也就是政府的资源实在是太大了,所以不允许它做这方面的事情。我在中国很多的司法单位像大学里去做讲座,经常同学们要问到,这样我们放走了一个百分之七八十的人都认为是杀了他前妻和她男朋友的人,岂不是非常不公平?我个人觉得第一他到底有没有杀,因为我们现在缺乏跟上帝直接联系的方法,大家都没看见,我们只好相信我们制造出来的这样一个系统就是我们的陪审团,陪审团说他没杀,那我们可能从法律角度必须要接受这个,这是第一。

第二呢,放走了一个杀人犯也许是可怕的,也许是不好的,但是至少这一次我觉得它有一定的积极意义,这个积极意义就是再一次给全国执法单位的人上了普法教育课,或者再给他敲响一个警钟,就是如果以后你要再用不合法的手段获得对你有利的证据,哪怕是非常好的证据,那个证据由于你的手段的不合法,程序的不合法,即使你获得了证据,第一你不能为嫌疑人定罪,第二当时起诉辛普森的这些检察官,最后都被迫引咎辞职了,或者宣布退休了,因为他知道以后选不上了,你浪费了纳税人这么多钱来做这个事情,你肯定就不能再往下推进。也就是这些警察们觉得通过这样的手段,我根本得不到以后为自己升职、为自己实现理想抱负的这种好处,那我何必要去违反,那以后每一件事情我们就按规矩办好了,从而就让以后更多的美国老百姓不用担心在晚上的时候警察一高兴把你们家门踹开来,看见你跟你太太在家里吸毒,把你们俩抓起来,尽管你们吸毒是不对的,但是他没有搜查令和逮捕令踹开门,这个本身就已经违法了。所以如果一定要从这个案子找到积极的部分,我觉得这个是它的积极的一面。

最后我还想讲一讲,就是美国的司法从业人员,包括律师,包括检察官,包括法官,时间关系我不可能每个都讲,但基本上不论你是法官还是检察官,你首先自己必须是一个律师,也就是你自己要受律师法的节制。为什么我要讲这个?我觉得对实现司法的正义是非常重要的,就是这个检察官很多人有一个误会,认为检察官是受害人的律师。

其实检察官并不是受害人的律师,检察官是代表人民在起诉一个他认为犯了罪的嫌疑人,但是当他发现这个嫌疑人讲的东西,提出来的证据,在调查过程当中发现是有利于这个可能的加害人的时候,检察官有同样的责任要告诉这个加害人。比如说在东部有一个案子,有一个女士起诉大学的几名橄榄球明星对她进行了轮奸,当时有一个检察官就不分青红皂白把这五个人先抓起来,然后就要起诉他们。

尽管在起诉的过程当中各种DNA的证据,各种各样其他的证据,都表明这是一个自愿的行为,但是最后被媒体曝出来了。被媒体曝出来以后,这个检察官马上就要辞职,他如果不辞职的话,因为他首先是一个律师,律师工会就要取消他的律师资格,受害人还要对他进行所谓民事上的追诉。检察官有非常大的责任,当检察官起诉你的时候,他要一方面保护受害人;但是一旦发现受害人讲的话是不实的,是有利于嫌疑加害人的时候,他也要告诉嫌疑加害人。大家还记得国际货币基金组织的卡恩先生,在纽约他不也遇到一个类似的事情吗?整个过程当中,开始的时候都认为他强奸了那个酒店的服务员,但很快就发现酒店的服务员自己有太多太多的问题。那个时候检察官就吸收了东部橄榄球队的检察官的经验教训,他第一时间就通知了卡恩的律师,很快地对卡恩的所有指控就撤销了,尽管这个撤销来得太晚,卡恩既当不上国际货币基金的主席了,竞选法国总统的机会也没有了,但基本上这个人现在是一个自由的人。

我想说的就是美国的整个的司法体系里面,每一环都在一直不停地节制制衡另外一环,这四五环节在一块儿,包括联邦的和州的这些体系交织在一起,最后还有媒体从旁强有力地介入和监督,就形成了美国今天这样一个司法体系,它也许是不完美的,但是大部分人还是认为它是一个运作比较有效的司法体系。我想今天我就先说到这儿,谢谢大家。

王鲁湘:非常感谢张军先生精彩的演讲。下面我们进入现场提问的环节,对于美国的司法公正和新闻自由,有问题想和张军先生一起探讨的同学请举手。

同　学：我想问一下，现在媒体的力量在社会里面可以说是相当强大的。前一段时间也发生了虐童案件，相信您也有所了解。我想知道您对这个事件是如何看待的。是否是中国的司法受到舆论的影响；或者说事件中的这个女老师是无罪的；或者应该处以更加重一点的罪；或者说在立法层面上，中国是不是应该增设虐童罪这样一条罪名呢？谢谢。

张　军：包括像美国这些西方比较成熟的宪政体制里面，媒体影响政府尤其是检察官的决定的还是有的，我刚才讲的佛罗里达的这个案子叫 Trayvon Martin（特雷沃恩·马丁），就是原来警察和检察官决定对他不起诉，媒体把这个事情报出来以后，后来由更高一级的州政府任命了一个特别检察官，对这个案子进行特事特办。

所以这个是有可能的。但是我是希望说就算它特事特办，他起诉了这个人，但是真正给这个人定罪，他还是要经过我刚才讲的宪法的第四、五、六修正案里面规定的程序，也就是不能因为一个州的特别检察官来起诉你，因此你就好像有可能被先定了罪，还是要走完法院的程序，也就是说他也要有检察官的保护。

同时，要有法官确认整个程序的合法，当然辩护律师也有很多的作用，同时当地那些老百姓组成的陪审团也会公平地来判这个案子。我觉得媒体的影响肯定是存在的，但是关键就是如果影响了以后，是不是最后的定罪程序是一个公正、公平、透明的程序，这个还是提供他一个保障。

至于谈到这个虐童案，我也观察到，看到中国的学者说中国没有必要再单独地列一个关于虐童的法规，因为伤害罪本身已经是包括了。我个人不同意这个观点，我觉得任何的一个家就是这个孩子，尤其是少年儿童、未成年人是没有办法保护自己的，尤其是这么小的幼儿他完全没有办法，他是一个社会的弱势群体。同时他们又在任何的一个议会，在任何的一个立法机关里面都没有自己的代表，所以基本上现在西方比较先进的国家都有专门保护儿童权益的法案。我觉得既然发生了这个事,而且这个事好像不是第一起了,还有好多起。我们既然有保护妇女的一些特别的法案,为什么不能有保护未成年儿童的法案?我觉得这个应该是完全可以做得到的。

同　学: 对于美国的司法公正和媒体自由,它们之间如何形成合理良好的平衡互动?你怎么看?谢谢。

张　军: 我刚才还跟王老师在沟通这个问题,我觉得没有任何一个国家可以说自己已经做得非常好,就是像美国的宪政体制发展两百多年,它的媒体和司法的公正始终还是处在相互的制衡、相互的矛盾中。在这个过程当中不停地演变。我刚才跟你提到的《纽约时报》告这个苏利文这个案子。那是在 1964 年,在此之前,美国的很多的媒体就是不能,就是很不愿意去告这个政府,因为一旦告了政府,政府反过来说你是诽谤,你五件事说对了,说错了一件事,你就变成诽谤,媒体每年为此付出数亿计的赔偿金。

但是经过这个苏利文案以后,最高法院说你如果这样的话,那你就等于就是放了一个 Chilling Effects(寒蝉效果),就是让所有的媒体在公布曝光政府一些不好的政策时,有进入了寒蝉的作用,那么除非你能证明这个媒体在报这个的时候,有自身的蓄意的恶意,否则的话,你就不能再去告他们诽谤。自从这个案子以后,现在很少听到有政府或者政府高级官员去告媒体的,因为告到最后自己肯定碰一鼻子灰的,所以我觉得它始终有与时俱进的一个方面,我相信它还会不停地在相互磨合当中向前推进。

同　学: 张律师你好。我们知道,你之前也说过,陪审团的选拔是首先他是对这件事之前是没有看过任何的舆论报道,然后在审判过程当中,他要摒弃先前的经验,在美国一些法官在对这个案子做判决之时,他也不会去看相关的报道。在中国的话,比如药家鑫案的时候,很多人受舆论的一些错误的引导,导致案件的曲折离奇也好,怎么样也好,那您觉得在中国,司法人员是不是要摒弃这些东西,或者说加某一样程序,司法人员要抛开那些舆论的偏见指导之类。

张　军:对,我觉得那是司法的最理想的一个环境,就是司法人员能够完全独立地根据自己的司法的素养和事情的本来面目做出一个判断,哪怕这个判断在当时并不是主流的民意或者是主流的媒体所支持的。我刚才提到了美国历史上的一些著名的案例。比如说最近的一个案子,就是高尔跟小布什的选举案,小布什因为在佛罗里达的六百票争议票的问题导致他胜选,但是事实上,高尔获得了更多的普选人的票,超过了小布什将近五十多万票。

而且当时的法院宣布不能在佛罗里达进行更大规模的重新计票,这都是最高法院的决定。它决定了以后,你想想看,如果高尔有超过五十多万人的多于小布什的支持票,这个决定显然当时不是主流民意,但是大法官们能在那样的情况下,决定说我就要根据自己的独立判断。

我觉得这体现了这些法官在关键的时候展现的自己政治上的勇气和法学方面的素养。当然我觉得这个跟它的组织结构有关系,美国的联邦最高法院的大法官是终身制的,就是一旦任命了以后,他自己不犯杀人放火的罪,谁也把他拿不下来,他可以病死老死在自己的这个职位上。所以历史上有很多大法官,上台之前他跟任命他的总统的理念是一致的,上了台以后就一直不一致,到了最后他下台退休死了,他就变成坚定地站在原来任命他的那个总统完全的对立面了。所以我觉得有必要培育司法人完全独立的司法的人格,这是非常非常重要的。

王鲁湘:美国最高法院大法官布莱克曾经说"言论自由与公正审判是我们的文明中两种最为珍贵的东西,实在难以在二者之间进行取舍",张军律师今天的演讲详细阐述了司法公正与媒体自由这两大价值在美国社会的相互协调与相互制衡,一方面充分发挥大众传媒对司法的监督和促进作用;另一方面,避免大众传媒对司法独立可能造成的负面影响。张军律师的演讲促使我们去更理性地思考司法公正与媒体监督的关系问题,既要保护公民依法享有的言论自由和媒体享有的新闻自由,又要维护司法独立的原则和司法的权威。这是我们的法学界和新闻界需要共同探讨的重要课题。

言论自由源于宪政体制吗?

我们知道,宪法与宪政有着极为密切的关系,宪法与宪政互为基础和前提,是形式与内容的关系,两者是辩证统一的。在世界宪政历史发展过程中,最常见的现象是先有宪政实践,后有宪法文本的制定。

宪法是国家的根本大法,是法律体系的核心,宪政是宪法规范与宪法实施的政治实践相结合的产物;宪政指导宪法制定和修改,宪法是宪政理念的表现形式;宪政是宪法的生命,离开宪政的宪法就是一纸空文,宪法颁布实施之后,通过修改宪法文本适应宪政理论的新发展和新情况。

美国宪法是静态意义的法律文本,美国宪政是动态性质的实践过程。它们之间的关系究竟如何呢?新民周刊高级记者胡展奋就此问题请教了张军律师。

胡展奋: 张军先生,让我们直截了当:美国宪法和宪政之间到底有什么距离?它们之间有什么区别?

张　军: 美国宪法和宪政之间的距离是非常大的,如果我们非常狭隘地定义宪法,基本上,200多年前美国的那些先贤如杰弗逊、麦迪逊、华盛顿等人开会制定的那部法律就是宪法。虽然经历了200多年,这部宪法没有改变一个字、一个标点符号。我经常跟我的朋友解释,如果你到美国来找一部与时俱进的宪法,那在美国是找不到的。因为200多年过去了,这部宪法的修正案也才20多条。

但美国宪政赋予了宪法更多更深的含义,美国能够相对和谐稳定发展的这200多年,是跟建立在宪法基础上的宪政体系和宪政体制有

美国看法

在美联社

非常大的关系的。我们所了解的美国是一个三权分立的国家，有国会、行政当局、最高法院联邦法院，同时，美国又是一个中央集权受到严重削弱的联邦制国家。所以，总统或者中央政府联邦政府的很多权力是要跟州政府地方政府去分享的。

因此，我经常说，美国的总统在世界其他国家看上去很牛，到处颐指气使，但是在美国国内，他是一个权力受到很大制衡甚至是削弱的总统。这从很多地方都可以体现出来，例如总统马上面临的财政悬崖，会在多大程度上影响反对党控制的美国国会，尤其是美国的众议院。再如总统之前想提高载物上限时，受到了很大的掣肘。在整个体系中，很多人说美国媒体成为了美国宪政体制的第四权，也有人说第五权，像我们形成多年的官僚体制。所以说，整个系统就形成了美国今天的宪政体制。

美国的宪政体制是建立在美国的宪法基础之上的，在我看来，到今天还是在不断地发展。就这个宪政体制来说，我认为有相当的与时俱进的成分，尽管宪法本身的变化是很小的。

胡展奋：就美国来讲，美国的宪法和宪政之间的距离不是一天两天的，要形成一个体制，为什么很多国家学了美国的总统选举宪政体制，还是不能正常地实施？宪法到宪政还是有一段距离的，但不管怎么说，宪法是国家的根本大法，在大家谈论的很多问题上都会去引用宪法，其中引用最多的，就是美国宪法第一修正案。第一修正案中，有一点跟老百姓息息相关的,就是言论自由。很多朋友,包括我自己在内,初去美国的时候,总认为美国是一个自由国度,什么都可以说。但住过一段时间后发现,并不是什么都可以随便讲的。言论自由和我们实际上发表的言论,这之间是一个什么样的关系?

张 军: 二者之间是有差距的,我们所发表的言论,因为文化、社会、阶层、种族等因素都会受到各种各样的影响。我们今天探讨的言论自由主要是媒体的言论自由,也就是你我(张军与笔者)讲话的权利,如果我们深究美国的宪法,这个权利并不是写在美国 200 多年前宪法的原件中的,而是后来发现的。言论自由包括结社、游行示威等自由,这对美国人非常重要,因此会以宪法修正案的形式体现。美国宪法一共有二十几个修正案,其中前 14 个都是在谈人的自由、人的隐私等权利。第一条就提到了言论自由。

言论自由是一个与时俱进的自由,言外之意,美国在"9·11"之前讲的很多话也许在当时是言论自由,但经过"9·11"以后,政治生态、社会生态以及反恐压力大了,有些自由就会失去。例如在"9·11"之前,美国人送好友去机场,可以一路送到机舱边上,但"9·11"之后,他们丧失了很多这方面的自由。"9·11"之前美国人在图书馆看什么样的书是没有人干涉的,但之后布什通过了一些行政命令,现在在大学图书馆中看什么样的书都有可能受到监视,更不要说随时到银行去调阅个人财务文件。这个情况在我看来也是一种与时俱进。

美国的政治,包括言论自由的政治,是一个钟摆的政治。就是当国家发生重大紧急事情的时候,例如"9·11"事件、桑迪飓风等这样的事情以后,钟摆会强烈地摆向右边,也就是会比较支持政府扩大自己的权力。当事件过去以后,又会逐渐地摆向左边。"9·11"以后出现了很多诟病,很多人的人权失去了很多。因此奥巴马在竞选总统时说要恢复(restore),恢复自我权利(personal rights),于是他以超过对手一千多万张选票的优势胜出,当然有很多的原因,其中恢复人民的自我权利就是一个原因。

我刚刚讲的钟摆有时会摆在左边,但最终还是会停在中间。美国的言论自由也是这样,而且我觉得言论自由有一个特点,可能会由于社会、种族和经济发展的不同而赋予言论自由的定义不一样。例如在亚拉巴马州,也许妇女穿比基尼在大街上走路是不受到言论自由保护的,但如果我们在洛杉矶的海滩穿上遮盖多一点的比基尼,别人也许认为你很土。这是地域文化的不同。言论自由确实有其与时俱进的部分,但与时俱进不能始终与宪法修正案保持一致。通过宪法修正案是很困难的,所以只好通过最高法院的隔三差五的一些判例,让言论自由有些与时俱进的因素在里面。

胡展奋:媒体自由,特别是在美国的宪政范畴里面,起到一个什么样的作用?

张　军:媒体自由起到非常大的作用,很多法学家和政治观察家会告诉你,美国媒体的言论自由讲白了就是新闻自由,虽然这个没有写在美国宪法、宪法修正案中,但事实上已经成为了美国宪政体制的第四权。媒体对政府的监督在美国政治体系中扮演了非常重要的角色。

胡展奋:媒体自由看起来非常重要,但媒体要不要自律?

张　军:媒体自律这么多年来始终是一个争论不休的问题,但自律本身不是法律的要求,而是每一个媒体根据自身创办的一系列标准,逐渐约定俗成形成了一些媒体自律的标准。例如《纽约时报》,当他们要报道一则新闻时,他们至少要核实两个以上资料来源,以查实消息。前段时间,《纽约时报》一个非常著名的记者,是个黑人记者,因为杜撰了一些中东战争的事情,结果被解职了。

我觉得媒体从自身的商业利益和媒体道德标准出发,是不能容忍报道这种虚假新闻的。

但在美国,有的媒体是可以容忍的,例如《国家问询报》,民众对它的看法又是不一样的。如果读者想要看严肃的新闻,就会去找那些尊重新闻来源事实的媒体,当然有的可能会带上自由派的烙印,有的中间一点,有的可能是右派;如果你想看八卦,那你就可以看《国家问询报》。

这个自律虽然不是法律的要求,但经过长时间的演变,每个媒体对自己新闻报道的标准是不一样的。

胡展奋:我觉得美国媒体似乎也不能随便讲话,在法律上有没有什么法条可以限制媒体的某些职业行为?

张 军:美国宪政的发展是一个逐渐演进的过程,很多是通过最高法院的判例来形成的,但发展到今天,老百姓的言论自由和媒体的言论自由包括以下几个方面:首先,媒体和老百姓的政治言论自由是受到非常高的保护的,也就是你可以批评政府。其次,商业言论自由受到的保护次之;色情言论的自由更次之;儿童色情言论自由完全不受保护。1964年是一个分水岭,在1964年前,美国的新闻自由受到政府的很大束缚。原因就是1964年美国各种各样的媒体经常批评政府、政府首脑和政府官员,而批评的报道经常失实,有时候甚至是消息来源不明。每年媒体都会面临来自政府的很多控诉,主要是以诽谤罪来进行控诉。

1964年之后,有一起著名的案件"纽约时报案"改变了这些状态,那就是《纽约时报》"苏利文"案,这个案件最后告到联邦最高法院,这个判例称为纽约时报告苏利文案。从此以后,如果政府或政府官员要告媒体诽谤,在普通人诽谤罪之上还要加上一个"事实的恶意",意思是媒体对政府的报道也许是失实的,但如果在写这篇报道时,记者本人并没有真正的恶意,政府就不能以诽谤罪去告他。

从1964年到今天,美国的政府、官员告媒体的案件少之又少,与1964年之前非常多的诽谤案件形成鲜明对比。所谓的第四权主要是为了制衡三权的权力,第一权行政权,第二权立法权,第三权最高法院。媒体在很大程度上行使着政治言论自由的权利。

胡展奋:听说,美国有一部《媒体法律工作手册》,它不是由国会颁布的,而是由国务院发布的。这是什么样的手册?

张　军：美国这样三权分立、四权分立、五权分立的国家，基本上每一个权力内部都有很多自己的法规，您刚才提到的国务院颁布的是适用于国务院权限的法规，但这个法规不是美国的法律，对于媒体而言，美国法律与之相关的是刚才讲过的最高法院的最后一个判例，只要这个法律一天没有被挑战，就可以继续选择遵守媒体工作手册。

胡展奋：那也就是说，这个《媒体法律工作手册》并不是媒体必须要遵循的？

张　军：当然不是。除非你不去挑战它，选择遵从它。但事实上，很多媒体工作者是会去挑战各种各样的法律的，例如前段时间有人报道了媒体在关塔那摩的一些事情，后来被告上了法庭。法官逼着记者公布自己的消息来源，如果不公布就要让记者去坐牢，最后记者选择去坐牢。记者选择保护自己的消息来源，事实上就是在捍卫自己的言论自由。

胡展奋：除了法律、法规和自律的约束外，美国媒体从业人员有多大的自由度？

张　军：关于美国媒体从业人员的自由度，在我看来，是取决于个人所服务的媒体，每个媒体都有自己的编辑，如果编辑认为你所写的东西并不一定符合本媒体的精神，就有可能不会登出来。这并不是在限制你的言论自由，只是考虑到写的东西与本媒体办报精神不一致。这是一个商业决定。

我们所讲的言论自由，主要是政府在限制的言论自由，而不是媒体本身在限制，媒体没有公权力，这种限制是可以遵守也可以不遵守的。但如果政府不让你刊登，例如麦克尔·杰克逊的妹妹，在美国足球决赛中场休息的演出时，她的男舞伴有意无意把其右胸的衣服全部拉下来，结果美国联邦通讯委员会(FCC)要罚 ABC 电视台 50 万美元。后来电视台把美国联邦通讯委员会告上了法庭，最后联邦法院判 ABC 电视台有言论自由，原因是美国联邦通讯委员会用罚款 50 万美元的方式提醒其他媒体在表达自己言论自由时,让人感到噤若寒蝉。法院认为美国联邦通讯委员会可以有别的方法解决这个右胸裸露的问题,比如可以延迟播出时间,运用技术手段(打马赛克)等,而不是笼统地"只要露就罚"这样的方式,尽管只露了 16 分之 9 秒的时间。

我记得联邦最高法院以前有一个主审法官 Braner 说过,我们要真正意义上接受言论自由,就意味着我们经常会听到一些我们不喜欢的声音,正因为我们听到了不喜欢的声音,我们才能让社会的整体得到言论自由。

胡展奋:对政府、对个人,尤其是媒体对个人的攻击时,社会、法律对于这个度是如何掌握的?

张　军:对政府和对个人,标准是完全不一样的,对于政府官员报道的言论自由,媒体享受非常大的自由度。政治言论自由主要是针对媒体对政府和政府官员的报道言论。对于个人,举个例子,媒体对某一个州长发表了一些不实言论,同时对于我个人也发表了同样的不实言论,那我告媒体诽谤罪是可以赢的。因为我不需要去证明媒体"确实的恶意",但如果州长要告这个媒体,就需要证实媒体有"确实的恶意"。美国 200 多年的民主政治,是社会对政府权力进行不断地限制以及政府的反限制之间呈螺旋式前进的历史。政府要不断扩大自己的公权力,但社会又会不断限制政府扩大自己的公权力。从苏利文案,到后来的茶党运动,到今天的财政悬崖等都体现了美国宪政的一个特点:就是要限制行政当局的政治权力。

胡展奋:美国有宪法标准,有宪政体制,但美国在对待媒体方面有没有双重标准?维基揭秘事件,阿桑奇泄露的许多文件,这也算是媒体揭丑的一种方式,犯不犯法?

张　军:有一点我们清楚的是,把美军的信息泄露给阿桑奇的是一个叫做曼宁的士兵,这个士兵正在接受军事法庭的审判。如果阿桑奇所有文件的来源都来自曼宁,而曼宁又被美国军事法庭判定有罪,我们还是不清楚阿桑奇的这些资料是怎么获得的,也许是曼宁主动给他的。

虽然美国政府一直在谴责阿桑奇,但一直没有实质性的刑事指控,甚至连民事指控都没有。真正要定阿桑奇有罪不是美国副总统说了算,而是美国一个法院陪审团说了算。陪审团认为犯法才是犯法。目前,阿桑奇受到的唯一的刑事指控是瑞典的两名妇女指控他强奸。即便这样,也还是无法从法院方面获得证明他犯法还是没犯法。至于英国要把阿桑奇赶出去,我认为首先他不是英国人,其次瑞典方面要引渡这个嫌疑犯,英国这样做是应该的。在美国,关于阿桑奇和曼宁的交易,只能等到军事法庭的判决之后我们才会知道结果。

胡展奋：现在不管是英国要驱逐还是瑞典要引渡,都仅仅是因为阿桑奇的刑事原因,而不是因为他泄露了文件,也就是说这个言论自由部分大家是尊重的。

张　军：至少到现在,我们也没有消息证明他是因为获取这些资料而受到指控,但有很多阴谋论的相信者,认为连强奸罪的指控都是政府搞出来的对阿桑奇的迫害。现在阿桑奇不在英国政府手中,也不在瑞典政府手中,很多资讯我们也无法得到。可能随着他的被关押,很多资讯我们才能获知,阿桑奇获取的各个国家政府的资料是否是非法获取的,如果是非法手段获取,那么这个行为就是犯罪。

胡展奋：网络作为一种新型媒体,我们能从法律角度规范它吗？

张　军：在我看来,网络就是一个广义上的媒体,具备了媒体所有的特点,跟传统媒体最大的不同是,它的传播速度非常快。网络媒体大部分都是新的,它们能否像《纽约时报》、《华尔街日报》那样用自己的标准来做新闻报道、信息传播,是需要一定时间检验的。但网络所享有的言论自由,我认为是不违背目前美国最高法院对于言论自由的定义的。

胡展奋：职员在公司用互联网上网,公司是否有权查看你在网上看了些什么,做了什么？如果这样做,这算不算侵犯个人隐私？

张　军：美国的法院对此已有明确定义，个人上网是自己的言论自由，但如果个人在上班时间利用公司的电脑或者是相关途径上网，那公司的确是有权对你进行监控，这毕竟是公司的财产。这不仅跟隐私权有关，同时还跟职业场所的道德操守有关，这就像你可以使用公共场所的纸笔电脑，但你把它们拿回家就是违法一样的道理。

胡展奋：假如我在网上匿名发了关于张军的不实言论，诬陷了你，但你找不到发布者，这应该怎么办？

张　军：美国法院和司法体系都在寻找这个方法，原因就是你把不实言论发布到网上之后，最应该负责的是发布它的人。但由于网络技术的发展，有时你不一定能找到这个发布者，那这个时候，网络公司提供发布平台的公司就经常收到控诉。现在不少法律还处在灰色地带，有些人认为是这个平台公布了不实的东西，只要把平台取消，那平台就没有责任了；或者说平台一直有责任，虽然把它取消了，但其他平台也利用了这则不实消息使之更广泛地传播出去了。这样的话，第一个公布消息的平台是不是应该负有责任？对于此，我认为法律还有一个不断向前演进的过程，今天并没有一个明确的答案。

胡展奋：对于同一件事情，A 媒体说做得对，B 媒体说做得不对，两边都拿出了证据。这样的情况对于媒体自身来说，会不会有麻烦？

张　军：我认为不会。美国最高法院的一名已经故去的法官曾经讲过，解决言论自由问题，也就是让媒体尽可能地遵照媒体的精神去讲真话。注重消息来源的真实性最好的方法不是加强政府的监控，相反，而是要尽可能地开放市场，让媒体像产品一样，尽可能地在这个自由的市场上进行竞争，有一个优胜劣汰的过程。因为同一个事情，每个观众对于报道都会形成自己的判断，如果观众认为这则报道消息来源以及真实性等方面都是可信的，以后读者和观众就会多。否则，就会变成《国家问询报》这样的媒体，喜欢看八卦的人才会去看。喜欢看自由派的东西可能会选择看《纽约时报》，要是注重金融，也许就会看《华尔街日报》，这是媒体长期以来在自由市场上充分竞争的结果，而不是美国政府说哪家媒体好，大家才会去看。

胡展奋：现在很多人会喜欢引用大媒体也就是所谓权威媒体的言论，如果引用这些言论，会不会给引用者或者引用媒体惹来麻烦？

张　军：我认为不会，只要这个引用是正确的。例如，一家媒体说某人杀了一个人，而我引用过来变成他杀了无数人，那这个引用就有问题。如果你仅仅是引用了《纽约时报》，那我认为你是没有责任的，将来一旦发生问题，如果你有证据，并且表明引用出处，这样我认为是没有问题的。

胡展奋：媒体在政治监督中有没有倾向性？有了倾向性后媒体还公正不公正？言论自由是否等于言论不必公正？

张　军：言论自由和言论公正肯定是不同的。我认为言论的公正从来都不是美国宪政体制所要求的，但言论自由是美国法律所要求的。在美国社会的媒体生态中，你我会非常容易地发现，很多媒体在报道时标榜自己有绝对的公正，但几乎是没有的。就算美国前总统罗布尼上台以后宣称要干掉那个PBS，也没有绝对的公正。当然我讲的是国家公共电视台事务，按理说它有责任保持公正。

我个人认为，关于言论公正问题，并不是美国法律对媒体的要求，但媒体的言论自由是需要得到最大保证的，这个自由主要是指限制政府公权力方面的言论自由，所以美国媒体发展到今天，很多是有自己的政治倾向的。有人说美国的电视媒体比较自由派一点，美国的报纸杂志可能相对比较中间一点，但是广播则可能比较右派一点等等，这些都是长期以来形成的。但是，虽然言论自由得到了保护，这么多年来，从媒体的自律也好，从法律种种的判决也好，你会发现，其实社会最主要是要求媒体尊重消息来源的真实性，要有一个媒体人的道德操守。

记得罗布尼和奥巴马竞选总统时，在最后一场相对比较和缓的较量，一次天主教的筹款上，罗布尼上来就说，你们媒体对我太不公平了，奥巴马和我同样参加这个晚会,他来了,你们就说天主教欢迎奥巴马;我来了,你们就说有钱的天主教徒请我参加了一场筹款会。这就是我刚才讲的,言论公正不是当下美国社会的要求,但言论自由是当下美国社会的要求。

胡展奋:媒体需不需要重视它的受众对其言论公正与否的看法?

张 军:我当然希望媒体能给到我们公正的信息,因为媒体有责任为公众提供公正的消息来源,但在今天美国的媒体没有做到这一点,基本上,不同的媒体服务不同的人群。从这次奥巴马的选举中就可以看出来,奥巴马战胜了罗布尼,虽然选票赢得很漂亮,但事实上,支持奥巴马的不过两百多万人而已。美国选举人群的市场造就了媒体立场不同的产品。

胡展奋:聊美国的媒体,不能不聊华莱士,请问你最敬佩华莱士的是什么?

张 军:我最尊敬他的是他扮演了老百姓喉舌的角色,或者用俗话讲就是老百姓的看门狗,帮助老百姓看护老百姓利益的看门狗,英文叫 watch dog。我认为华莱士最传奇的是他开辟了调查式新闻报道的开始,他绝对是走在最前面的人。在他开始做调查新闻时,是没有人看得起这种形式的,以前的媒体跟今天的媒体是完全不一样的。但自从调查式新闻被开启,华莱士逐渐成为了一个标志性人物,变成了一个美国政客们非常惧怕的人物,华莱士到哪去了和其他媒体到哪去了,意义是不一样的。很多政客需要媒体去传达他们政治上的理念和政治上的声音,但听到华莱士一般都闻风丧胆,原因就是华莱士来一定不是赞美的,一定是发现了政客的问题,可能会对其不利的。从这一点上,他扮演一个老百姓的喉舌和看门狗的角色,这是非常令人钦佩的。

胡展奋:华莱士对于其他媒体,也就是对其同行来说,起到哪些榜样的作用或者引领的作用?

张 军:当然有非常了不起的作用。我们再看看今天美国的许多媒体,如果仅仅是报道新闻,这个媒体是不能吸引观众的,言外之意是你在市场竞争中一定会被淘汰的。新闻媒体之所以成功通常都是来自它的独家调查报道,不论是CNN也好还是其他独立媒体。形成这样的局面,我认为在很大程度上要归功于华莱士。同时,华莱士的报道在世界范围内都形成了很大的影响,这种调查报道越来越受到老百姓的关注。因为仅仅一则新闻在互联网很容易获得,但关于这则新闻背后的深度调查并不容易看到,至少对我来说,我是很希望看到的。

胡展奋: 美国新闻界对华莱士有这样的评价:"他就像一只斯特拉堡的鹅,拥有一肚子文件、事实、问题和旁证材料,每次采访他至少要做50个小时的功课。"经常看华莱士节目的人应该知道,他那强势、犀利的提问仿佛突然蹦出来一样,令对方措手不及,但这些问题却没有半点轻率,显然都经过深思熟虑。不过,也有权威人士对他评价是"无惧、无耻,但极棒",似乎也有微词,请问你对华莱士的整体评价是什么?

张　军: 美国人认为他是一个捍卫言论自由的斗士。因为他毕竟不是一个政府,我们不能用对于一个政府的标准来要求华莱士。如果你是一个法官要起诉一个人,你的责任就是要让陪审团完全相信你所提出的证据,但华莱士没有这个责任,他要做的是这个新闻事件一出来,他就从限制政府的公权力这个角度出发,来调查是否存在政府贪污、发动战争等等这些事实。所以在这个问题上,由于华莱士的自身道德勇气以及对专业精神的尊敬,使得他得到保护。但如果要求他的每一则报道都要像美国的检察官起诉一个犯人一样具备准确性,我觉得这个要求对他是过分的。但同时,像他那样的新闻记者,本身自己就有比较高的道德操守,他在做这些报道时他知道自己应该负什么样的责任,报道政府官员应该负什么责任,报道普通民众又会负什么责任,在这一点上我觉得他是明确的。

胡展奋: 我们也看到一些新闻媒体为取得新闻报道而采取一些不道德的方式,你对此怎么看?

在美联社录制节目

张　军：这个所谓的不道德方式应该要区分一下，一种是彻底的违法的方式，比如贿赂一个政府官员来拿到他本来不应该得到的政府资料，这是不允许的，尽管在美国，有一个自由信息法案，任何一个民众想要调取一份文件，政府有责任对文件进行检索；另外一种就是道德层面的，例如最近英国发生的澳大利亚记者打电话冒充女王导致一个护士自杀的事件。这件事情从道德层面是必须要谴责的，但她无需对护士的自杀负责任，也许她要承担一些道德责任，但我们不能说她要对护士之死承担杀人的罪名。

总之，关于言论自由问题，并不是美国法律对媒体有所要求，而是社会与民众对媒体的要求，这个"自由"主要是指通过媒体舆论而限制政府公权力方面的"言论自由"，而不是人与人之间、机构与机构之间相互毁损、诽谤、攻讦或揭露个人隐私的"自由"。但是，虽然言论自由得到了保护,这么多年来,从媒体的自律也好,从法律种种的判决也好,你会发现,其实社会最主要还是要求媒体尊重消息来源的真实性,要有一个媒体人的道德操守——

  即使你面对的是又一个公然贿选的总统或议员。

种族梦魇何日消？

50年前的8月28日，美国著名黑人民权领袖马丁·路德·金在华盛顿的林肯纪念堂前发表了《我有一个梦》的著名演讲。

50年后的8月28日，美国首位黑人总统奥巴马在同样的地方发表演讲。他在向先辈致敬的同时，也表明美国要实现这个梦想还有长路要走，特别是要实现少数族裔和白人之间经济上的平等。

天下着小雨，奥巴马的演讲是整个纪念活动的高潮，他在演讲中称，金的演说激发了美国人的良心，现在人们正是站在金的肩膀上前进。"因为大家的抗争，美国改变了；因为大家的游行抗争，民权法案通过了。

很多曾经参加过1963年游行的人当天也特意来到华盛顿聆听奥巴马的演讲。不少人认为，奥巴马能够当选总统说明50年来的确有所改变；更多的人觉得，50年来，金的梦想并没有实现。

是耶？非耶？

2014年8月28日，加州环球东方卫视的"环球聚焦"专栏采访了张军律师。

主持人：今天我们讨论的话题与宪法、宪政有关，与你我也分不开，那就是少数族裔经常要面对的种族问题。张律师，前一段时间，佛罗里达州一名17岁的非洲裔年轻人的被杀案一直闹得沸沸扬扬。不少民众呼吁，要求联邦政府介入、司法部介入，甚至要求进行全国性的抗争。到目前为止,这起案件的进展似乎还算顺当。但是,很多的媒体都在谈论的一个问题是,美国的种族问题并没有因为奥巴马当选总统而出现明显的转机。那么,我们从这起案件开始聊。就您的观察来看,客观地讲,这起案件本身有没有种族因素的涉入?

张　军:我觉得(种族因素的涉入)肯定是有的。

主持人:主要表现在哪些方面呢?

张　军:我可以举一些实例,大家就会发现很多数据都是不争的事实。在此类案件中,人们都宣称自己是所谓的"正当防卫"(self-defense)。最后能够成功的和最后未能成功的"正当防卫案",这两者加以比较,大家就会发现,通常是白人、或者非黑人人群在说自己是"正当防卫"的时候,他们的正当防卫案子最后能够成功,也就是这类人得以无罪释放的概率远远高于黑人。

举例来说,有人提出,假设我们将 Trayvon Martin 案的场景换一换。也就是,这位黑人 Trayvon Martin 在同样的场景下追一个满头金发的漂亮女郎,然后发生了同样的事情,那么这个黑人孩子 Trayvon Martin 被定罪的可能性有多少。绝大部分人都会说,他会被定罪,而且事实上相关的数据也支持这个观点。我并不觉得这些数据分析就一定能够解释美国当今种族问题的现状,但这是一个不争的事实。就是有越来越多的黑人,在此类所谓的"正当防卫案"中,赢不了。但是如果他是"正当防卫案"中的对手一方的话,譬如之前提到的 Trayvon Martin。当然,Trayvon Martin 案的事实真相已经永远无从知晓了,因为案件中只有一方还在人世。我无意去判断这起案件的真实性如何,但是如果将这起案子放到美国全国的范围来看,这些冷酷的数据的确可以向我们揭示出当今美国的种族问题的现状,就像主持人在节目开场时提到的那样,不但没有因为奥巴马赢得总统大选而得到好转,在我看来,在某些方面,甚至是在每况愈下。

主持人:让我们再回到 Trayvon Martin 案。这起案件在最后判决的时候有一个受到大家争议的地方,也就是该案的六位陪审员全部都是女性,而且五位是白人,一位是南美裔的妇女。这个案子筛选陪审员的过程大家都很清楚,但是为什么作为起诉一方的州检察官会允许这样一个陪审团的存在?

张　军:这个问题问得非常好。我跟您阐述一下我的个人想法。

首先,我们要从美国的陪审团体系来分析这个问题。为什么在美国会有陪审团?我想您比我更清楚。就是因为在现在这个时代,人类缺乏跟上帝直接沟通的手段。如果我们能有上帝的手机号码,上帝愿意来回答我们的问题,那么事情就解决了。打一通电话给上帝先生,问问他这件事情谁干的就可以了。但是,我们生活在这样一个不完美的世界里面,这个不完美的世界又要求我们作出一个尽量完美的判断,那该怎么办?于是,美国的"国父们"(Founding Fathers)说,我们也没有很好的办法。既然我们大部分人都是从欧洲(从英国)来到这里的,那我们就借用英国的司法体系。也就是说,既然我们不能和上帝直接沟通,我们更不能相信高高在上的法官一个人的判断。因为很多法官虽然在这个地方上班,但他不一定住在这里,他可能住在更高尚的地方,他每天下班了之后就又回到他住的地方。他是不可能清楚地知道这个地方在下雨天路滑还是不滑,交通信号灯亮还是不亮,当地的警察对民众好还是不好,当地的警察到底是对白人好还是对黑人好……法官是无法知道这些非常生活化、非常细节的问题的。所以有人就会觉得与其相信法官,还不如相信我自己。所以,美国人建立陪审团是一个没有办法的办法。

主持人:让一群没有法律常识的人来判定一个法律案件?

张　军:对。就是说,既然这个案子发生在我们社区里面,我们就要随机找出案件当事人的邻居们(当然有犯罪前科的人肯定不能包括在内)来对这起案件的事实部分加以认定。事实部分指的是,究竟在Trayvon Martin案中,Zimmerman是不是"Self-Defense",请陪审团根据检辩双方给出的证据对这个事实作出判断。当然这是"beyond a reasonable doubt"（无可置疑原则；基于一个很高的标准），虽然你们不懂法律，这不要紧，但你们在听完双方的证据以后，在你的脑海里，你觉得检察官有没有通过他们提出来的证据，几乎是百分之百地说服了你。如果你心中有任何的疑问，那你应该宁愿选择让那个杀人犯伏法。早前的辛普森案也是这个道理。

陪审团制度是一个没有办法的办法。那你要是问我对于这种制度有没有批评，事实上我有很多的看法。首先，一起杀人案，在其他的州，通常都是9个、12个成员组成陪审团，但是佛罗里达州只用了6个人就组成了陪审团。而发生这起案件的社区又是一个以白人为主的社区，其中黑人只占了百分之十几。从这样的一个社区里随机抽出的陪审团成员中，白人的数量肯定要多于黑人，否则不符合常理。

此外，陪审团制度除了组成成员要随机地找之外，检辩双方各有三次机会，在没有任何理由的情况下淘汰掉陪审团中自己不喜欢的成员。不过，如果想要继续淘汰成员，那就必须要给出合理的理由。其中，以种族问题为理由是不成立的。所以，如果我们把话题讨论的时空转到他们的社区里面，也就是说在一个只有百分之十几黑人居住的社区里面（六个人里面有一个黑人），实际上还是反映了当地种族的构成。所以，最后的结果就变成了法律要求这六个人对案件事实作出认定，他们作出认定以后，我们也没有办法让上帝叫他们作出改变。那既然是你、我、他设计出来的这个陪审制度，就好比我们在打球之前约定好只打30分钟，球打完之后，一方赢了，另一方也不能无故提出我们再打30分钟。因为如果打完以后改变规则，就会变成没有规则。

主持人： 奥巴马总统也表示，我们尊重陪审团最后的判决。你可以不同意这个观点，但是你必须尊重这个判决。张律师，其实我特别关注这个案件，这起案件特意选择了周六（而非周五）宣布无罪判决之后，除了一些非洲裔的兄弟们上街游行之外，其实我更关注的是广大其他族裔的朋友对这个案件本身的看法。就当时的情况来看，似乎是同情者居多；而随着时间的推移，案件的关注度逐渐冷却，大家现在回头再来看这起案子,会有相当一部分的人认为它就是一起普通的刑事案件。您作为一名专业的律师,从法律角度来看,您同意"这就是一起单纯的刑事案件"的说法吗?

张　军: 在我们交谈的这个瞬间,在美国,可能又有好几个人被杀了。事实上,杀人事件每天都在美国发生。只不过其中的大部分,是帮派分子相互的残杀。我并不赞成这样的行为。但毕竟这部分案件中没有种族问题存在。就在今天上午,三位青年人(其中两位看起来像是非洲裔的)觉得今天特别的无聊,所以决定杀个人玩玩,于是,一位来自澳大利亚的篮球运动员就成了他们攻击的对象,当时那名运动员正在跑步。像这样的事情每天都在美国发生。而 Trayvon Marton 和 Zimmerman 的这起事件,如果他们两人都是同一种族的,我相信我们今天就没有机会坐在这里进行深层次的讨论。正是因为这两人的种族不同,这个事件出来以后,当地的警察局和当地正常程序的检察官在当时就都作出决定,认为这是一个符合佛罗里达州"坚守立场"(stand your ground)正当防卫的法律,因此当时就让 Zimmerman 回去了。

但是,Zimmerman 回去以后,这个事件引起了美国很多黑人民权领袖如 Ell Shopeten、Jessie Jackson 等的高度关注。因此这个地方上的事件很快变成了一个全国性的事件,总统也出来讲话,佛罗里达州政府面临了非常大的压力,并专门成立了州的特别检察官对这件事情进行特别起诉。而在起诉过程中,有人提出这是一个政治起诉,也就是从这个案件的结果上来看,这一起诉的标杆(二级谋杀)定得太高了,这一举动完全是迫于当时的政治压力,但是又拿不出充分的证据来证明,所以导致安检变成了今天这样的一个现状。反观黑人民权领袖,他们会问这样一个问题,就是如果一个黑人孩子尾随了一个金发女郎,那这起案件又该怎样判决?

我认为,目前这个案件已经没有更多的议论空间了,美国联邦司法部也不会进一步追诉,因为奥巴马也知道如果继续搞下去,可能不但对种族的融合没有益处,甚至会产生副作用。但无论如何,这件事情再一次地凸显了奥巴马在成功当选美国第一任黑人总统以后,美国的种族问题将会走向哪里?我觉得这个确实是值得像我们这样的电视节目,包括美国的电视节目来一次全国性的大辩论,好好讨论一下的问题,这非常重要。

主持人:张律师提到了很重要的一点,就是黑人的现状和美国的种族现状并没有因为奥巴马总统的上任而得到全面的改观。我手里的这份报告,是由三家不同的机构共同完成的,报告的名字叫做"The Moynihan Report Revisited"。Moynihan 是纽约州早期的一位参议员,他在做参议员之前,大约 1965 年的时候,曾经向美国国会提交过一份报告"Moynihan Report—A Case for National Action",就当时美国黑人的状况向国会做了一个比较详尽的报告。近 50 年过去了,现在这三家机构又重新对当年 Moynihan 的报告所采集到的数据做了进一步的重新核实。也就是说,重新分析 50 年以后,美国黑人的状况改善了没有。张律师,我相信您也看过这个报告了。这份报告最后的结论是,50 年过去了,我们黑人朋友的生存状况并没有发生根本的改变,报告中涉及的很多指标甚至越来越差。比如说,单亲家庭的数量在增加,辍学率、失业率依然居高不下。当然也有些指标得到了改善,但总的来说,让人们感觉非常的失望,似乎与黑人的地位并不相符。对此,您怎么看?

张 军:什么是公平?(What is fair?)应该说,美国的种族问题有其进步的一面。最为明显的进步就是奥巴马以黑人身份能够当选美国第一任黑人总统,这可以说是一个非常大的进步,不容抹杀。美国的黑人在政治权力方面(你是否实施你的政治权力是另外一回事),确实有很大的进步。譬如,黑人现在可以在大选时,按一人一票进行投票;越来越多的黑人出现在州议会、市议会,甚至现在联邦政府的参议员、众议员中也出现了很多黑人的身影。这无疑是一个非常可喜的变化。但像您刚才讲的,不论是 Trayvon Martin 案,还是每天在我们生活中发生的各种谋杀案、青少年的犯罪等等情况,最终要解决这一问题,关键还是"经济决定一切",也就是说,黑人们的经济地位必须要得到提高。而要提高黑人们的经济地位,教育势必会起到非常重要的作用。

教育怎么样能够体现像我们华人社区一样长期被称为所谓的"模范少数族裔"？我觉得最好的模式就是婚姻和家庭关系稳定。所以,无论是奥巴马还是第一夫人米歇尔·奥巴马,他们在各种各样不同的场合都呼吁,希望美国的父亲们要承担起父亲的责任。虽然我们要给予单亲家庭更多的关怀,不能歧视他们,但毕竟有完整双亲的家庭对青少年,尤其是黑人青少年是非常非常重要的。所以,我希望那些黑人的民权领袖们能够更多地去关注黑人今天的生存现状,以及我们如何改变由于大量的城市化造成的黑人们在城市的空洞化以及黑人族群的进一步边缘化、进一步贫困化。如果他们的经济状况改善了,如果他们受教育的程度改善了,如果他们都拥有强有力纽带的双亲家庭,在这样重视教育的前提下,那么这些黑人孩子的生活才会变得很好。我觉得这是解决族群之间不平等,或者说族群之间的差异和矛盾的根本之道。

主持人： 您刚刚特别提到了一个"经济地位"的问题。其实美国过去50年的经济,虽然有一个周期性,特别是经历了2008年的金融危机以后,很多人都觉得自己的荷包在缩水,但总的来讲,过去50年美国的经济是向上的。可是非洲裔的人们的经济状况并没有改变。但是很多的数据表明,特别是在1964年,美国通过了《平权法案》后,黑人的就业、上学是得到了法律和政治上的保护的。那为什么美国的黑人兄弟在过去的50年间的经济地位没有实质的改变？

张　军： 就像您刚才提到的,在《平权法案》通过以后,很多州的最高法院的判例一而再、再而三地确定了《平权法案》的有效性。《平权法案》主要是针对少数族裔,当然主要是针对黑人,包括他们的就业、上学等问题。因此我还是要强调,在很长的一段时间里,黑人由于受到《平权法案》的保护,黑人中间涌现出了一大批的社会精英人才。今天的美国社会能有一大批黑人精英的存在,当年《平权法案》的通过起了极大的作用。所以从根本上来说,还是要通过经济状况的改善以及黑人青少年受教育状况的改善。虽然我们确实是要花很多的精力去改善我之前提到的几个方面,但其实这个投入是值得的。因为如果我们能够改变一代黑人和少数族裔的 mentality(智力,意识),那以后他们的子女、他们的孙辈自然就会有一个很大的改变。到那个时候,我们再去谈种族的平等可能就会来得更加"治本",而不是像现在这样"治标"。"治标"就是现在说的给黑人们更多的优惠、更多的待遇等等。这种方法可能会在一段时间内取得效果,像中国的少数民族有一段时间享有的优惠待遇一样。一段时间的优惠待遇是必须的,是有必要的,但从长远来说,这种办法并不能解决根本问题。我们必须要"授人以渔",而不是仅仅做到"授人以鱼"。

主持人:也就是说,你要学会自己去创造经济财富,而不是等着坐领别人给你的财富。其实诸多数据表明,黑人兄弟们长期以来依靠政府在各个方面的帮助来维持自己的生活。我不是说政府不应该帮助黑人兄弟,而是说,诚如张律师刚才所言,如果我们能教会他去钓鱼,我们就不需要天天做好一盘鱼供他去吃。那要如何才能帮助他们学会这些东西呢?

张 军:当年中国的邓小平先生曾经针对足球运动讲过这样一句话,就是"要从娃娃抓起"。我觉得解决美国黑人或者少数族裔的不平等问题,尤其是解决他们的贫困和教育的缺失,就是"要从娃娃抓起"。现在美国政府已经花了相当大的时间和精力保证每一个学龄孩子都能够至少念完高中。但是事实上,在美国许多大城市,很多高度城市化的市中心,连这一目标都完成不了。有大量的黑人孩子和少数族裔的孩子们其实念不了几天书就面临辍学的窘境。所以如果我们能把时间、精力和金钱投入在对少年儿童的教育上,经过 10 年、20 年,情况自然而然会有改观,一定会有改观。

主持人:也就是说解决这个问题不仅仅是非洲裔本身所处的社区和社会的责任,其实也是我们全社会的责任。

张　军： 对。因为如果你不认为他们是我们社会的一个组成部分，你当然可以不去管他们，那到时候你也不要抱怨你所在的社区治安不好等等问题。这是牵一发而动全身的，也就是说别人的事其实也是我们的事，因为我们都生活在美国这个大熔炉当中。

主持人： 确实，在美国，其实种族问题每天都在发生，大家也无法回避。但是，我们少数族裔如何能在保护自己的同时也完善自身，这是值得我们少数族裔去认真思考的。只有自身的素质全面提高，我们所处的社区才能够变得更好。

主持人： 张律师，在这次非洲裔少年被杀案判决之后，很多非洲裔的朋友上街了，包括洛杉矶在内，甚至10号公路都一度中断。在各个城市，这些非洲裔的朋友都打出了一个共同的口号，"NO JUSTICE! NO PEACE!"不仅仅是这一次，回顾1992年，甚至是更多次的非洲裔朋友上街抗争。非洲裔的朋友早在20世纪60年代就开始争取自己的民权，最高峰就是马丁·路德·金发表的著名讲话《我有一个梦》。非洲裔的朋友们通过一次次的抗争、上街，甚至采用了一些极端的手段，得到了很多的政治利益，包括我们今天的奥巴马总统能够入主白宫，应该说这和过去几十年黑人朋友们街头的运动是分不开的。可是，街头运动为黑人朋友们争取到一定的利益、权力福利的同时，使得其他少数族裔也成为了间接的受益者。但是，非洲朋友们的上街有时会演变成一场暴力。虽然他们争取到了一些权力，但是并没有能从根本上改变他们的生存环境。张律师，您对于非洲裔朋友依然采用这样激烈的抗争办法怎么看？这是一个解决种族问题的可行之路吗？

张　军： 我也注意到我国非洲裔民权领袖、包括奥巴马本人也说非洲裔的朋友们既要保护自己的权利，也要尊重法律、尊重法律的程序，要理性、和平地进行抗争。不过，美国的种族问题在历史上很多的时候是表现为大规模的群体性抗争事件，像刚才您提到的马丁·路德·金博士，历史上的"3K党"（仇视少数族裔的组织，尤其仇视黑人）

等;而黑人也应运而生了一个党,叫作"黑豹党"。那段时间"黑"和"白"之间的斗争表现得非常暴力。但是经过很长一段时间的演变以后,现在美国"3K党"和"黑豹党"的势力均已逐渐式微。现在更多的是一种和平和理性的抗争。但是历史上黑人大规模的群体性抗争、有的时候甚至是暴力的抗争的确为黑人,包括我们这样的少数族裔争取到了很多权益,像1964年的《平权法案》在内的很多法案,包括当年罗德尼金的案件在洛杉矶引起的骚乱等等,一而再再而三地把种族问题放到一个非常重要的位置,也就是要让美国人民了解到这个问题是一个你不想解决也必须要解决的问题,是一个你不想讨论也必须要讨论的问题。

但是,历史发展到今天,我感觉美国至少在法律的层面、在各种体系的层面、在意识形态的层面,还是表现出来族裔之间需要平等这样一个立场,可究竟有没有达到真正意义上的平等?我想这个答案是肯定的,那就是并没有。但是,纵观美国从60年代到现在的这样一段历史,基本上还是朝着向平权、朝着更多地给少数族裔平等权益的目标迈进,无论是给妇女的权益、给华人的权益、给同性恋者的权益等等基本上都是有一个大的进步趋势,宽容度在逐渐增加。

应该说,种族的问题远远没有解决。不管在任何时候,如果我们感到有种族问题方面的歧视,我们应该勇敢地发出自己的声音。但是,我们在发出自己声音的时候,还应做理性的抗争。因为任何暴力的抗争都有可能导致流血事件,我们可以联想一下当年的纳尔逊·曼德拉在南非的"反对种族隔离"到当下在埃及进行的"阿拉伯之春"。而社会的稳定是一切的根本,如果没有了社会的稳定,就不可能去谈种族的平等方面的问题。所以,我呼吁民权运动的领袖们应该要了解到这一点。因为我们很多黑人朋友们在受教育程度、家庭的环境等方面有很多的怨气,很多时候他们可能会被黑人民权运动领袖们的一些言语所鼓舞。所以在这个时候,民权运动领袖应该要扮演更为重要的角色,就是跨越暴力抗争,进一步地、从更宽广的角度来看美国种族之间未来如何能够融合。

上街游行、呼喊口号都是非常容易的一种方式,但最终我们是希望解决问题,而不是让这个问题演变成暴乱或者种族之间的暴力抗争。那是所有人都不希望看到的事情。

主持人:确实,暴力的抗争有很多负面的影响。我相信很多电视机前的观众朋友们都知道,1992年发生在洛杉矶的大暴乱,造成的不仅仅是财物损失,甚至还有人员损伤。当然,这个案件不是我们今天谈论的重点。但是有一个案件近来常被一些社会学家们提到,就是这次底特律市的破产案。这起案件原本只是一桩城市市政的破产案,但是人们把这件事情和1965年发生在底特律的大暴乱联系在一起。底特律作为美国的汽车城,美国的第一条城际公路、第一盏信号灯、第一条柏油马路都是在这里建立的,底特律市是创造了美国很多个"第一"的地方,尤其是美国的汽车工业。可是,自1965年的那场大暴乱之后,整个城市都在走下坡路。所以很多社会学家在观察这个问题的时候就表示,种族问题不可操弄过头,不然的话,种族问题将不仅仅影响到你的生计,还影响到其他人的生计。您怎么看底特律的这次破产案和1965年的暴乱之间有没有必然的关联?

张　军:我觉得存在一定的关系。每一次的暴乱虽然都是在瞬间发生,但是都会对整个社会产生非常深远的影响,这也就是为什么我们时至今日还在谈"罗德尼金案"、谈马丁·路德·金的《我有一个梦》的原因。我相信这两者之间有一定的联系,但是究竟有着什么样的联系,我想还需要社会学家去做进一步的分析。底特律这个城市的演变基本上也反映出了美国历史的演变。美国的社会在转型期时剧烈动荡。曾几何时,底特律、匹兹堡都是世界工业革命的先驱,我们通过大量的电影(包括卓别林的电影)场景都可以看到它们曾经的辉煌。那些在生产流水线上快乐工作的工人们很多都是黑人,他们穿着背带裤,努力工作,心情愉快。但是随着历史的向前推进,如果我们自身不随着历史向前推进,就有可能被历史淘汰。也就是说,在60年代,随着工业、制造业的发达,能吸引工人目光的很多时候是工会,因为工会在历史上扮演着非常重要的、不可替代的角色,他们为工人争取平权、同工同酬等等。但是工会在到了一定程度以后,它的负面效果就显现出来了。负面效果就是参与了工会的人,就有机会更多地得到老板的福利、公司的福利,但是不参与工会的人可能就没有了这样的机会。就这样,工会慢慢地变成了一个对生意特别不友好的组织。历史上,底特律的人口一度达到180万,而今天这座城市的人口只有十几万,这不得不说是一个非常可悲的现象。导致这样一个曾经如此辉煌的城市如今面临破产的局面,我觉得大暴乱是一个可能的因素,但更重要的是,它反映了美国历史从工业化逐渐转向信息化、服务业转向的这样一个历程。由于底特律是一个高度工业化的城市,所以它体现出的转变也有高度的、代表性的意义。

主持人: 也就是说,其实底特律从某种程度上也是美国产业转型阵痛期的一个缩影。

张 军: 我顺便插一句。从今天来看,底特律显然是在转型的过程中被历史所淘汰了,但匹兹堡与时俱进了。匹兹堡从曾经的"steel belt"(钢铁带)变为"rust belt"(生锈带),再到今天它获得重生,整个城市通过转型变为了一个非常环境友好型的城市,朝服务业、IT业等方向转型,并取得了成功。历史潮流浩浩荡荡,不进则退。

主持人: 刚刚张律师举了一个特别好的例子。确实,作为美国两大制造业的中心,随着美国工业化的转型,各制造业都经历了非常大的阵痛期。然而,匹兹堡通过了这场阵痛,顽强地站了起来;反观底特律却走向了破产的结局。虽然我们不能说种族因素在其中起了决定性的作用,但是这仍然值得社会学家们去作进一步的深入探讨。社会学家们可以深入分析底特律城市人口的逐年下降,纳税人越来越少,城市负担越来越重的问题,其中种族因素(问题)起了怎样的作用(扮演着什么样的角色)。

主持人: 张律师,美国创造了历史。在2008年,美国选出了第一位非洲裔的美国总统,不仅如此,现在大的媒体中,黑人在广告中出现的比例远远高出奥巴马总统当选之前。主要的媒体中,从播音员到评论员以及很多的主要出镜人员,都有很多非洲裔的朋友。让人感到这是一个欣欣向荣的、种族大和谐的社会。然而,我们还看到了另外一方面的数字。自奥巴马当选总统以后,黑人朋友的犯罪率不仅没有降低,反而还在升高。非洲裔黑人朋友中的精英们在往社会的上层走,而我们那些草根的非洲裔朋友们却又在走向另外一端。发生了什么?

张　军：很多非洲裔的朋友到今天,依然会告诉你,美国的第一位非洲裔或者说黑人总统不是奥巴马,而是克林顿。虽然克林顿是个白人,但是在克林顿时期,他当时推行的种种经济政策,对黑人、对少数族裔的照顾要超过今天的奥巴马。当然,因为历史时空不一样,这样简单的类比是没有意义的。毕竟奥巴马上台以后,他背负了沉重的历史十字架。这个历史的十字架是指,一方面,我们在欢呼黑人从曾经的奴隶到现在能够当选总统,这是一个伟大的事件。它不但激励了别人,也激励了我自己,我作为一个少数族裔,我觉得这是一件非常了不起的事情。奥巴马能做到的事情,意味着我们的后代也应该有机会去做这个事情,所以非常好。但另一方面,他作为第一任黑人总统,他和小布什、和其他的白人总统不一样,也就是说,他只能成功,不能失败。如果他成为了一个昙花一现的总统,那美国以后要想再出现少数族裔的总统,就会变得更加困难。历史必须要经过几个轮回以后,大家才会对这样的事情感到习以为常。所以在奥巴马担任总统期间,尤其是他的第一任期期间,他对黑人在各个方面的照顾,不是心里面不想做,而是因为他毕竟是全美国的总统,所以他通过的种种政策,他当然要考虑其他人的立场。但不是说他的全民健保计划就不会惠及黑人,健保计划的目标对象当然是黑人,或者说是社会中下层的民众,但他在同性恋问题上,在黑人的医疗照顾问题上,在黑人退休照顾问题等方面是做得不够的。奥巴马有责任把种族问题提到一个非常高的层级上,进行非常有效率的和建设性的讨论。而不是针对譬如哈佛的教授在回家的时候被警察误当小偷而被请去喝一杯啤酒,或者是 Trayvon Martin 出来讲也许是我、也许是我的孩子等,这些问题也很值得讨论,但是更重要的是他应该做一些切实可行的全民的讨论。就是说种族问题发展到历史的今天,我们有什么事情可以继续做,做这些事情能得到全体美国人(包括黑人、白人和其他族裔)认可的一些方式,能够把种族的平等、歧视等问题推到一个更高的高度,能够高屋建瓴地再进行一些有建设性意见的讨论。我觉得这些问题,恐怕会由于 Trayvon Martin 的这起事件,使得奥巴马(不论他原本想做或是不想做)在未来两三年的任期中必须要面对和解决。

主持人:在某家媒体关于 Trayvon Martin 案件的讨论中,奥巴马在哈佛大学就读期间的一位教授(非洲裔)也参与了讨论。那天出席讨论会的教授和议员全部都是非洲裔的。那位教授坚持认为这件事情就是一起单纯的案件,我们不要过多渲染美国种族的问题。这位教授在接受另外一家媒体的采访时也反复强调了这一观点。为什么非洲裔的朋友(特别是作为一个非洲裔的精英,哈佛大学的教授,奥巴马的导师)却反而呼吁社会,特别是那些非洲裔的朋友不要在这起案件中过分地强调种族因素?他的用意何在?

张　军:那个时候,可以说是群情激奋,确实需要一些冷静的头脑来给大家泼一些冷水。我刚才也已经提到,社会的安全和稳定是解决种族问题的必由之路。我们绝对不欢迎像南非那样的("反对种族隔离"事件)一次革命来解决这个问题。当今的美国社会并不需要这样的革命性的事件。所以当很多的黑人民权领袖提出抗争的时候,有一些具有冷静头脑的黑人精英分子站出来说一些这样的话,我觉得在当时的历史和环境背景下,是有积极意义的。同时我也同意,今天的美国社会在种族问题上已经迈出了很大的几步,如果我们要把事件渲染开,我们要怎么定义这个词。如果我们渲染种族问题,是为了像我刚才说的那样能够高屋建瓴地在战略的层面就种族问题进行真正的、有建设性意义的讨论,我觉得这样的渲染永远都是不多的。但是如果我们仅仅是从一党、一己之私,尤其是出于政治和选举的考量,我们来炒作这样的种族事件,来达到自己的政治目的,这样的渲染,我当然是反对的。

主持人:由于时间关系,我们来讨论最后一个问题。当欧迪·森姆森案发生的时候,其实我并没有全程关注这个案件,我反而更加关注当时社会的评论。一位非洲裔精英在看到这个案件判决以后,他发出这样的一个感慨,他说:"这个社会毕竟是白人的社会,原本白人就对社会政治不是很关心,也就是说少数族裔在某一个特定的范围内是成为一个多数的,我们可以有效地表达自己的权益。如果我们少数族裔过度地炒作种族问题,特别是把种族问题加到很多政治和法律案件当中去的时候,就会使得很多白人起来说这个社会毕竟是白人为主的社会,这样反而会使我们少数族裔发表权益的声音减弱。"对于这样的一个观点,你同意吗?

张　军:我觉得关键就是看这个运动的渲染和炒作是出于什么样的目的。我个人觉得,在美国主要的白人社区,至少没有一个白人会直接告诉你说"我就是恨黑人",但是我相信那种根深蒂固的观念还是存在着的,那么要怎么解决？历史上,在一些重要的历史关头,存在着通过一些暴力的方式起到作用的事件,但是这样的历史作用最终还是要通过种族的和解和融合。我们不要忘记,虽然在历史上是白人将黑人奴隶制带到了美国,但毕竟也是白人解放了黑奴,由主要由白人组成的国会迫于各种各样的压力解放了黑奴。当然,当时的黑人,像马丁·路德·金进行抗争运动时,黑人族群依然是美国的少数族群。因此,我对美国主流族群和主要的白人社区是有比较大的信心,比较乐观的。我相信,如果我们能进行比较有建设性的对话,会比为了抗争而抗争的一些暴力的事件或者是一些比较容易让人 turn off(关掉)的语言去刺激要好得多。不知道您还记不记得,前几年的时候,西语类的人士在美国"五一"劳动节的时候举行了全国范围动员的、大规模的所谓"要平权、要工作"的运动。但那次事件以后,的确让美国的主流社区觉得你们毕竟是非法入境的,你们还在美国举行这样的抗争活动,好像有些关掉的这样的一个影响。后来,西语类的人士改变了抗争和争取自己权力的一些方式,其中一个最重要的方式是鼓励自己的族群上街投票。由于他们的投票展现了自己的实力,所以,奥巴马在他的第二任任期里面主动提出要进行改革,而且共和党中极右的、希望以后参与竞选总统的人士也看到了他们投票的权利。所以在这个问题上,投票、选票可能比抗争来得更有效。

主持人: 张律师的这个观察非常精准。如何表达你的权利?最重要的不是你喊的声音有多大,而是你的声音别人是否能听得见而且能听得进去。最好的方式还是你手中的政治权利,也就是说是你的投票。

美国"舌尖"靠什么保安全?

"民以食为天",这句老话恐怕永远不会过时。

在食品的三要素(安全、营养、食欲)中,安全是消费者选择食品的首要标准。近几年来,在世界范围内不断出现了食品安全事件,如英国"疯牛病"和"口蹄疫"事件、比利时"二噁英"事件,国内的苏丹红、吊白块、毒米、毒油、孔雀石绿、瘦肉精、三聚氰胺等事件,使得我国乃至全球的食品安全问题形势十分严峻。日益加剧的环境污染和频繁发生的食品安全事件,对人们的健康和生命造成了巨大的威胁,食品安全问题已成为人们关注的热点问题。

作为世界第一超级大国的美国,食品安全的现状如何?他们的成功是否仅仅是体制的成功,抑或是某种"体系"的运作成功?新民周刊高级记者胡展奋与张军律师进行了一番深入的交谈。

胡展奋: 张军先生,因为您做过凤凰卫视"一虎一席谈"那一档著名的大陆食品安全现状分析的节目,您的出色辩论让很多中国人记住了你,今天我们很想听听您对美国食品安全现状的分析。

看美国的报纸,也会发现一些商家,比如汉堡包掺杂了一些有毒成分,我们很想知道,如果这些厂商的行为被FDA(美国食品药品监督管理局)或者各级政府发现了,会受到什么样的惩罚?

张 军: 我们认为,虽然市场经济在调节经济的时候起到的作用是非常大的,就如亚当·斯密讲的市场是"无形的手",但基本上市场经济还是以赚钱为最终目的,如果我们不加强监管的话,商人毕竟还是以

美国看法

盈利为目的,我们的法律法规必须要赋予"坚爪利牙",如果没有"坚爪利牙",是不可能实现的。

美国基本上有两套法律体系在规范食品安全,其中一套就是FDA,当然农业部、美国的海关、疾病流行预防中心等等他们是行政方面的,同时美国的司法体系是跟英国借来的,是英美的普通法系,关于食品方面沿用的是产品的绝对责任。举一个简单的例子,几年以前,一个美国妇女在一个寒冷的早上到麦当劳买了一杯滚烫的咖啡,她没有下车买咖啡,而是直接从窗口将咖啡接过来,她坐在车上,把咖啡夹在自己两腿中间,跟她副驾驶座的朋友聊天,结果咖啡洒出来了,把她的大腿烫伤了,医疗费等等大概花了一两万。经过鉴定大概是二度三度的烫伤,后来她的律师团队并没有用合同法去告麦当劳的全球总部,因为运用合同法去告,就是说如果我们两个有合同,你没有兑现合同,只要把我的位置恢复到假设你兑现合同差不多的程度即可,并不会因为你违反了合同,我突然就变成发财的一方了。

但如果用美国普通法系的侵权法,这个时候可以加入一个其他法系没有的惩罚性赔偿,这个惩罚性赔偿基本上是由厂商的经济能力所决定的。在一审时,陪审团判定麦当劳对这个妇女的烫伤是有责任的,因此加入惩罚性赔偿280多万美金,一个一两万的损失获得了280多万的赔偿。加入惩罚性赔偿的原因就是希望厂商因为这次的赔偿而感到疼,因为疼,以后再生产咖啡的时候,就要注意,第一温度有没有必要那么高,第二是否要在咖啡杯上加上此咖啡特别烫的标识等。试想一下,如果麦当劳这么大的一个国际企业只罚它500块,那可能就是一个成本费,但罚掉280多万,它就会觉得声誉受损了,面子里子都输掉了。

虽然现在有些人提出美国要改革这个制度,因为很多消费者过分地去告厂商,有点矫枉过正了。但美国之所以有这个制度,就是要让生产厂商知道你生产的产品如果不好,哪怕是无意的,也会带来不利影响,从而影响利润。在这个基础上有这样一个机制,同时联邦和州还有一个行政机制时刻监管着厂商,在我看来,这就形成了一个食品安全监管的网络,而这个网络是不可或缺的。

胡展奋:相形之下,类似的事件如果发生在中国,那厂商的赔偿一定会是"毛毛雨"的,因为"维稳"、因为"保护中小企业",因为……种种不可想象的理由,中国的消费者不能享受如此高额的赔付。那么,在美国,生产厂商的责任和他造成损失的程度是不是成正比?

张 军:有的时候会成正比。我再举一个例子,这次不是食品是产品,但食品和产品都是在美国一个司法体系内解决的。就是BP石油在墨西哥湾的漏油事件,漏油肯定不是故意的,而是长时间没有办法堵漏,企业也花了很大的时间精力,这个时候联邦政府面临非常大的压力,于是,政府不得不做出姿态来要对其进行起诉甚至是刑事起诉,但最后都没有实施,因为大家心里都知道,这个事件要让BP负刑事责任还是有点牵强的。BP的律师也告诉他们第一要及时堵漏,同时要对墨西哥湾附近受到伤害的人,比如说渔民、餐馆等,做出主动的赔偿表示,通常是几十亿上百亿的赔偿。直到现在,BP在美国主流媒体上还在做正面的形象广告,不然政府会施加很大的压力。

胡展奋:从法律层面,政府和消费者怎样做可以让食品安全和厂商消费者之间更和谐?

张 军:我们刚刚谈到了政府谈到了思考,还没有谈到生产厂商自身的建设、消费者维权意识的觉醒,同时还有怎样加强诚信等等。美国政府还是希望以预防为主,以此为目的建立各种法规制度。例如,我们去商店会看到产品上标注的成分,像含多少卡路里、多少化学成分等,其中一部分是政府强制规定的,但也有一部分是厂家为了增加竞争力而这样做的,例如,我们的染发剂里含不含苯,如果不含就要向公众告知,那势必要对含苯的厂商会产生压力,消费者也肯定会去买承诺不含苯的;一旦我们发现那是含苯的,这就会对公司声誉造成很大损失,接着将导致极其严厉的罚款。没有一家厂商愿意冒这样大的风险。

对政府来说就是希望就此形成一个良性循环。一般情况下,我们

美国看法

遇到的食品安全问题,例如加州的草莓、生菜被污染了之类的,经常是厂商会主动召回,厂家为什么会主动召回,我认为有一部分自我约束(self-impose)的觉醒,更重要的是政府监管方面非常严格,有一整套系统能够启动。另外,如果厂家发生问题而被告发就很可能被罚得倾家荡产,这些都是一环扣一环的。

胡展奋:听说,就目前来看,美国食品安全问题的案例多是私下和解?

张 军:对的,因为私下和解对厂商造成的负面影响比较小。

胡展奋:在食品安全中,最重要的两个角色是生产厂商和消费者,这两者如何参与食品安全的整个环节?

张 军:我们现在听到美国制造会感到比较放心,这不是一蹴而就的。一九零几年时,美国的食品生产状况是非常混乱的,经过这段时间后确实形成了一个良性循环,而且今天的良性循环得来不易。在美国,从政府到厂家到消费者都非常珍惜这个来之不易的美国制造这样一个食品安全品牌。

从厂家来讲,他们不希望自己的行业里出现害群之马,一个害群之马的出现有可能影响整个行业。在过去的这么多年里,市场逐渐形成了一个让生产厂家自律的氛围和文化,政府在法规方面当然也起到了一定的作用。现在的美国,各个行业都有协会,有时并不需要政府出面,例如奶制品协会、牛肉生产协会等,甚至我们平时使用的电插座、电器用品上都有 UL 认证。这些很多并不是政府在组织,都是这么多年行业形成的行业协会自律标准。食品行业发展这么多年已经有了比较高的行业标准,在这个问题上更愿意符合自己的行业协会,因为市场经济规定,如果产品不符合行业协会规定的标准,消费者就会怀疑产品的健康标准也不达标。同时,美国的消费者是一个非常觉醒的群体,起到了督促作用。

胡展奋:关于消费者,我要提一个问题,刚才您提到消费厂商的自律,自律可以是三个层次的标准,法律层面、市场调节层面、自我良心层面。但是,国家需要什么样的氛围能够使厂商形成这样一种自律呢?

张　军:我们律师是协助社会规范人与人之间的最低道德标准的一群人,如果要规范最高标准,那就不是律师而是牧师了。我们要保证的部分就是政府要做的。例如生产奶制品,我们去超市看到各种各样的果汁、牛奶都有一个保质期,这些东西很多时候是政府强制规定的,是最低标准;对于厂家是怎样生产产品的并没有统一的规定,例如我是生产鸡肉的,跟你生产的鸡肉又不一样,你的鸡是全关在笼子里,我的是自由放养的,但这个自由放养在欧洲比较先进,在美国并没有,对于这个的定义每个人是不一样的,所以经常会出现一些问题,因此也有一些"好事之徒"出来。我们自己的行业协会能不能讨论什么叫自由放养(free range)?我们可以形成每个鸡有多大的生存环境这样的人性化规定。

在健康食品方面、有机食物方面,美国政府并没有急于参与,政府需要观察,现在是市场的力量在调节,目前相对比较良性。当然也有欺骗行为,例如一些维他命类的产品,标准说法叫食品补充剂,对此类产品,FDA和药品的监管是有区别的,没有那么严。因此,很多人在开始阶段生产补充剂的时候,做了很多不着边际的承诺,如果厂商一开始就说所做的这些承诺并没有得到政府的验证,消费者就会持怀疑态度。

关于食品安全问题,我认为要形成这样一个氛围:市场是第一,政府是第二。生产厂商如果觉得欺骗会对其利润产生负面影响,就不会去做这个事情。美国在食品安全问题上在过去的100多年做得是相对成功的。

胡展奋:从生产商到消费者,当消费者碰到食品安全问题时,消费者应该做什么?

张　军:在过去100多年中,美国的消费者一直在觉醒,到现在,我觉得已经达到了觉醒的高峰。目前,美国是号称世界上食品最安全的国家,因此标准也是非常高的。

美国看法

举例来说,我有一个朋友,原来是在联邦商务部做高官,后来退休后不甘寂寞,去竞选一个美国声望很高的消费者游说团体,就是消费者协会。为什么消费者协会会和游说团体结合在一起?因为美国是一个言论自由的国家,不同的群体都有自己的协会,相关同性恋的、保护消费者利益、保护黑人男青年健康成长的等等都有,他们之间互通信息比较方便,他们聚集在一起的更主要的方面是为了各个政府层级行事方便。例如,消费者协会在华盛顿就有自己强有力的班子,每天要做的事情就是游说美国的国会和FDA还有行政当局,对当前发生的安全事件进行各种各样的调查。举一个例子,美国儿童的自闭症是一个非常严重的社会问题,长期以来政府主导的自闭症研究看不到尽头,也有一些科学家提出也许自闭症跟孩子们小时候接受的预防结核疫苗中含汞有关,但始终没有得到证实。但在美国有一个运动,是由觉醒了的妈妈们组成的游说团体,对政府的各个层级施加压力,希望政府各级机构,诸如FDA、CDC(疾病预防控制中心)等能做更多的这方面的研究,了解为什么美国儿童自闭症的发病率这么高,究竟跟什么有关。但现在CDC的立场还是坚持孩子接种疫苗的好处远大于其害处。

我举这个例子是想说,通过这样的消费者的觉醒,慢慢地就能推动问题的解决,也许过段时间相关数据就会出现,说明自闭症与接种疫苗无关而是基因问题等。前几年美国曾推广一个针对年轻女性的疫苗,可以终身保证其不会得子宫颈癌,但一些年轻女性打过疫苗后发现身体的其他机能方面受到了影响。

当然更大的群体还是美国消费者协会,管理各种消费者遇到的问题,例如婴儿车发生问题、牙膏出现问题等等,协会扮演着重要的角色,不仅在联邦层面,在州层面都扮演着非常重要的角色,还同时扮演着教育普通消费者的角色。你我平时都会收到此类团体的邮件短信,说要注意什么要怎样做,这个是民间自发的运动。

胡展奋:如此看来,民间的消费者协会起着很大的作用,其中一个很重要的作用就是要我们消费者受教育,只有消费者觉悟了,食品安全才会真正地普及到每一个人。但是,从法律层次和社会层次,美国社会是如何教育消费者?

张　军：这是需要全社会努力的,虽然有人说食品安全应该由政府负全责,但美国的宪政体制根本不允许政府来负全责,因为大家都讨厌政府到处干预我们的生活。

例如,虽然美国的禁烟运动搞了这么多年并卓有成就,但美国始终没有让政府来限制烟草,充其量政府是一个民意上的医务官,提醒大家抽烟的害处,并没有采取更严苛的措施,因为要尊重市场的自由发展和发育。但政府是有教育人民的责任的,例如美国卫生部(人类与社会安全部)还有 FDA、CDC 等都会做大量的调查。最近一段时间,美国出现了冠状病毒(在中国也已经发现两例),政府会在网站上及时向公众宣传要注意的事项以及如何预防。美国的民众长期生活在这样的生态里,一旦发生情况,通常不瞒报,自觉性非常高。

前几年有一个人从海外回来,飞机上有一个结核病人,但是病人找不到了,结果飞机上的乘客主动跟政府联系自己是坐过这班飞机的乘客,询问我需要做什么等。教育是双向的,政府要扮演这个角色,消费者协会扮演这个角色,国民的自觉也非常重要。

另外,还有媒体在这方面的监督,美国一旦发生了这种校园食物中毒或者传染性的病菌等事件,媒体都会连篇累牍地去报道,希望引起大家的关注,而且在食品销售链的最终端,例如餐馆、商店会主动把这类问题食品下架,而不是换种方式卖掉。

胡展奋：据说,美国社会的消费者经常接收到一些关于某某食品有问题这类信息,媒体面对这样的信息如何做出正确的判断?

张　军：中国有句老话叫"不听谣,不传谣",谣言止于智者。前段时间的丰田车事件,踩刹车车辆不但没有停,反而还冲出去把人撞伤了,这种时候关于丰田车召回的通知就有很多,我们建议大家看美国官方召回的通知,同时还需要知道第二意见,虽然第二意见并不是官方意见,但起码告知在这个问题上,大家的争议在哪里。比如你是一个负责任的妈妈,你在给孩子接种疫苗的时候肯定会关注接种给孩子带来什么好处,同时也要知道为什么有人会反对接种,然后才能针对你孩子自身的情况跟医生沟通,最后做决定。

现在网上有很多各式各样的产品,有号称包治百病的蔬菜水果,这些你可以作为一般资讯去参考,最终还是要以官方为主,以个人之力不足以有相关知识去消化那么多来自四面八方的信息。

胡展奋: 那么,美国的媒体一般在食品安全中扮演一个什么样的角色?

张 军: 我认为媒体扮演的是一个所谓"看门狗"的角色,就是watch dog,我们要帮助消费者守住食品安全最后的一道门,厂家离开了市场的监督、法院的监督、消费者的监督,就会更多地追求利润,媒体就要很好地扮演消费者的 watch dog 的角色。

胡展奋: 当消费者受到某种食品伤害的时候,应该做什么?

张 军: 如果生病了,不能自己去处理疾病,要及时就医,如果你的医生是有基本的职业道德的,会帮你启动相关的法律机制,比如你是拉肚子,就要检查是什么病毒细菌,他就会跟你说应该向什么样的部门去报告。

希望政府把我们每一个人的事情都管好那是完全不现实的,我们现在引以为傲的就是政府对我们的干预很少,因此不能完全指望政府。在食品安全方面,开端肯定是消费者个体,另一头就是厂商,这两头我们不能完全指望政府来监管。

胡展奋: 受了伤害,可不可以采取法律行动?

张 军: 如果你受了伤害,就应该有一个诉诸法律道德的程序,我们毕竟不是生活在真空社会中,我们都会感冒,也会因为吃了某种东西拉肚子,是不是每出状况都要打官司呢,我认为大家都有自己的一个判断。如果我们明显感觉到是因为吃了某样东西(比如色拉)而不舒服,同时我们上网了解到有同样的情况发生,这个时候就要有一个觉醒的过程,启动诉讼,才会得到赔偿。如果不去告,厂家不当回事,类似的事情还会发生,这样的现象在美国还是很少的。作为消费者,既然希望社会能提供健康的食品,我们每个人都要做一个负责任的消费者。

胡展奋:最后,是否请您就食品安全,给中美两国的消费者提一些中肯的建议。

张　军:第一,美国是一个对食品安全监管比较严格也比较成功的国家,我们首先要对这点有信心,在这个基础上,建议选择知名的品牌,通常发生问题,生产厂商愿意为你负责任的积极性会比较高,选择知名品牌除了有消费者监督、政府监督,同时还有股民的监督。第二,假如我们选择去夫妻老婆店这样的小店(当然他们绝大多数是生产健康食品),我们还是要多多留心,查看生产日期,留意一下这段时间关于此类产品的消息动态。

至于中国的食品安全问题,解决的对策我看应该有以下诸方面,所言或谬,仅供参考——

第一,加强食品安全法律建设和法制管理。积极开展对外交流与合作,加强国外食品安全法律标准的研究、消化,借鉴发达国家经验,建立中国食品安全法律、行政法规、行政规章、地方法规、行政规章、规范性文件等多层式法律体系,在法规上对违法者"零容忍"。

这方面尤其可以借鉴美国的经验,加强社会力量(比如人民团体、行业协会等)的监管。

第二,加快食品安全信用体系建设。建立起中国食品安全信用体系的基本框架和运行机制,使国家食品安全迈上一个新台阶。在制度规范上,建立起食品安全信用的监管体制、征信制度、评价制度、披露制度、服务制度、奖惩制度等,在执法体系上(最主要是法院的公正而严厉的裁决),对违法者"零容忍"。

第三,规范食品市场、经济秩序进一步深化。将整顿和规范食品市场经济秩序工作和食品药品放心工程实施工作有机地结合起来。各级卫生行政部门严格执法,对违反《食品卫生法》制售假冒伪劣食品、坑害消费者的不法生产经营者坚决查处,严惩制售假冒伪劣食品活动,对不法生产经营者"零容忍"。

第四,大大强化惩罚力度,依法加强权力监督。各级人大作为地方最具权威的监督机构,依法实施法律监督和经济工作监督,是宪法赋予的职权,应充分发挥其监督作用,果断启动监督程序,依法加强监督,及时发现、纠正和撤销违法的危害食品安全的行政行为。

目前中国,欲彻底解决食品卫生监督管理问题,非严刑峻法不能奏效。在食品安全问题上,中美两国人民的要求完全一致。

让我们对此寄予希望!

美国航空母舰来了

航空母舰问世尚不足百年,但在历次战争或武装冲突中使用频繁、战果显赫。然而,进入新世纪之后,关于航母的地位作用、发展趋势以及是否能在信息化战场上延续不败战绩或被其他武器取代等问题和疑惑,始终萦绕在许多人心间,并时常发生激烈的争论。

专家认为,现代航空母舰已不是传统意义上的机械化作战平台,而成为信息化作战体系中的关键节点,成为各种高技术武器装备和大量信息技术的"集大成者"。

在可预见的未来,各种武器装备均无法取代航空母舰的地位,而美国又是世界第一航母大国,在战略战术上,美国的航母究竟发展到何等水平?日前,新民周刊高级记者胡展奋对国际问题专家张军律师进行了访谈。

胡展奋:许多媒体喜欢引用这样一句话,世界发生任何问题,美国总统的第一反应是我们的航母在哪里?此说强调了美国航空母舰的重要性。请问,美国的航空母舰在美国全球战略上究竟占据什么地位?

张 军:毫无疑问,航空母舰在美国战略上占据一个相当重要的地位,正如您刚才讲的,在二战之后,美国参与的每一次大大小小、各种各样的战争,你都可以看到航空母舰和它率领的战斗群。远的不说,海湾战争就发生两次,老布什时候一次,小布什时候一次,都是有美国航空母舰参加的战争;越战时期,航空母舰也曾参与;90年代早期和中期,台海有一段时间发生台海导弹危机,当时美国的航空母舰也非常逼近台湾海峡,为此造成中美关系紧张。我觉得,航空母舰本身没有什么战斗力,但是一旦配备了战斗群,就具有非常大的战斗力。航空母舰战斗群在美国军事历史至少扮演了两类角色:一类是在战略上对抗敌人、维护国家利益,同时航空母舰本身就有非常强大的战略战术作用,尤其是对一些不是很强大但是比较难搞定的"流氓国家"有比较大的震慑力。

航母一旦出现,基本上这个国家也意识到了事情的严重性。一个航母战斗群一般是警戒;两个航母战斗群就提升了警戒水平,有可能是局部地区的冲突;三到五个去,那这个国家势必要挨打了。

可以设想一下,五艘航母或五支航母战斗群,基本就是五个浮动的军用飞机场,那还是满载世界上最好最先进的战斗机、轰炸机,一下子都开到了你的某个城市、你的家门口,还有各种最先进的大大小小的导弹,简直就是五个最先进的武器库突然到你窗下,你会怎么样?你又能怎么样?!

胡展奋:如今航母战斗群已经成为美国国家战略的标志。航母到达某一个水域,都是意味着一些非常的事情。我们是否可以这样理解,美国的航母战斗群具有指标性? 一般来讲,美国主要使用的是尼米兹级,请说说一般航空母舰战斗群是什么配备?

张 军:所谓战斗群没有特别的定义,美国的航空母舰和俄国、苏联的航空母舰有一个特大的不同,那就是自卫能力稍弱;而苏联的航空母舰战斗群的综合实力不行,但是本身的防空能力、防潜能力、自卫能力相对比较强。中国现在搞的"辽宁号",就航母对航母的"单兵对抗",它的实力可能是比较强的,但是航母如果结合了其他的作战单元之后,那美国的航母战斗群就变得非常强大,据说美国尼米兹级已经造了最后一艘了。

现在美国的航空母舰一般都会达到或超过十万吨,例如小鹰号,历史上,中国人民对它是又爱又恨的。爱的是它经常去香港度假,给香港带来很大好处,恨的是它作为舰队的主体部分,经常要干预台海。甚至有一次,两国发生了矛盾,小鹰号就放弃了从台湾的东部回自己母港的计划,直接从台湾海峡穿过去了,中国还派了军舰进行监视,形势剑拔弩张。刚才提到的尼米兹级美国航空母舰,其装甲和自身的防卫能力主要靠它的舰载机体现。每一艘航空母舰都可以载入二十到四十架左右的战斗机。加上其他的,例如预警机、电子对抗的、反潜的飞机,七七八八加起来可能要七八十架,水兵要达到几千人。同时,航母战斗群除非不出港,一出港就是非常大的阵仗,这个阵仗包括至少两艘重型巡洋舰。巡洋舰几乎提供了整个舰队的综合战斗能力,现在一般国家已经不造巡洋舰了,但美国还有,巡洋舰有良好的防空能力,还能扩展提供舰队的防空能力和反潜能力,有强化舰队远航的能力;通常还有两艘到三艘伯克级的驱逐舰,通常也上万吨,它协助巡洋舰来完成保护舰队的任务;同时还有多艘护卫舰,台湾叫巡防舰;此外还有综合的补给舰,提供整个舰队的军需补给。同时,伴随舰队的还要有多艘潜艇,一般是洛杉矶核动力的为主,因为美国现在不再造常规动力的潜艇,全部是核动力的。这种潜艇自身的战斗力首先非常强,第二是防自卫的能力也非常强,因此它的综合战斗力极强,核潜艇通常总要配备大量的巡航导弹,射程一般要超过一千到两千公里的射程。当时伊拉克被打,基本上是被战斧式巡航导弹所覆盖。

另外,航母战斗群还有很多战斗机,像大黄蜂啊、A10的攻击机等,自身也携带很多战斗武器,光自己的空中预警能力就可以覆盖四五百海里。整个舰队至少要有20分钟到30分钟的预警,也就是说敌方导弹打过来,它很早就知道了。目前俄罗斯和中国都在积极寻找对付航母的方式。

基本上航空母舰的配备是一个超豪华的配备,实话实说,现在世界上,没有第二个国家有能力具备这样的配备。以这样的配备,一支航母战斗群开到中小型国家,足以把这个国家全部摧毁。

胡展奋: 的确,我们印象很深的是利比亚,还不是美国的航空母舰战斗群,仅仅是法国的戴高乐号航母战斗群已使得利比亚没有还手之力,航空母舰不仅是大,同时也是一块流动的战争基地,游动的袭击单元。

我们今天谈谈美国的航母战斗群,不单单是告诉大家,美国的航母战斗群有多么大的威力,我们还想探讨的是,为什么美国需要航母战斗群?如果说,航母走到哪里,就代表了美国军事的延伸,那么,我们既然通过海湾战争、利比亚战争看到航母的威力,具体地说,它的战术是怎样构成的?

张　军：航母战略的唯一目的就是帮助美国保护自己国家的利益,美国的国家利益延伸到哪里,航母就可以行驶到哪里,这是美国长期以来的原则。而且美国认为自己能够在两次世界大战之后成为世界超强国家,很大程度取决于美国是一个海权的国家,可以一点不夸张地说,二战时期日本最引以为荣的庞大的海军就是被美国海军"活活全歼"的,从根本上消灭的。而且美国的地理位置也很明确,西是太平洋,东是大西洋,所以必须要有非常强大的海军。碰巧这两大洋是世界政治、经济的中心,所以它非常需要"非常强大"的力量保护。从战略上讲,航母战斗群就是帮助美国实现这样一个目的。

战术的目的多种多样,例如海湾战争。尤其是老布什期间,美国并没有打完科威特后进军巴格达,而是对巴格达进行了长时间的空中封锁,制定了所谓的不允许飞行的区域,这些都需要航空母舰F18战机来帮助维持的。

对于一些重要的战略目标,一部分是通过舰载机轰炸进行,更多的是航母所携带的大量的战斧式巡航导弹,可以进行水面发射,还有一些是通过水下潜艇的发射。所以,当时可以看到的场面,就是一个庞然大物对一个毫无招架能力的伊拉克进行狂轰滥炸。

这是一次"公开课"。首先,美国的确很快完成了战斗目标;其次,美国用航母来震慑那些蠢蠢欲动的敌人。在历史上,俄罗斯对于它周边的一些小国采取威胁的时候,也会使用航空母舰,宣示自己某种意义上的存在。

除了这些战斗目的,航空母舰有的时候也扮演人道主义的义务。例如日本地震期间,美国航母去提供地震的救援;例如东南亚海啸之后,美国航母同样也去了,一是彰显了美国的武力,二是彰显了美国的人道主义价值观,走到哪里都有这样的能力。还有海地地震,美国军舰也过去了,那个巨型插座一插上,整个海地就有电了。如果海地的机场被震坏了,航母起飞,立刻就可以把塔台建好,解决机场所需要的物资,地点上也有实现自己的战略战术方面的问题。

胡展奋:航母不仅仅是一个流动的机场,也是一个流动的战斗群,除了战略战术的目的之外,也有人道的目的。可是,像您刚才所讲的,这是一个豪华的配备,一艘价值五六十亿美元的航母,这么多的巡洋舰、驱逐舰、护卫舰、核潜艇,包括其他一些补给舰、辅助舰,这个费用不得了。我们一个航母群还刚刚在组建,而美国现在是十一个航母战斗群,由于最近美国国会提出自动裁减国防预算,美国海军部说我们可能会裁减四个战斗群,只是"可能",但是军事战略家说不行!美国为什么要维持航母战斗群?

张　军:这个问题在美国,在世界的军事领域一直是比较有争议的。例如在俄罗斯、中国等国家,"潜艇优势"学说占据了很长时间的主动权,中国海军发展的主要目标是潜艇,相对于俄罗斯、前苏联,根据中国国情会比较值得这么做,原因是中国会觉得航母战斗群这么强大的配备要与其综合国力相匹配。

同时,中国是一个近海防御的国家,在全球本来就没有那么大的海权利益,但今天这个情况发生了变化,目前中国一般的能源进口都要经过马六甲海峡,这是个多事的地段,凸显了中国海军的短板。

伊朗曾经多次讲,我只要把霍尔木兹海峡放几个地雷,全球的石油市场就要瘫痪,这是一个不争的事实。美国就觉得,长期以来在世界比较活跃的干预,让它尝到了甜头,我们不能退回美国,我们要前出。前出的意思是我们不一定要占领这个国家,但是要让对方感受到自己的存在,因此航母战斗群的规模长期以来是有国家法律规定的,规定不得

美国看法

少于十一个战斗群。当然现在是否还有必要维持这么大的规模呢？

我个人觉得是没有这个必要的。特别是当前冷战已结束，维持这么大规模的航母对纳税人是非常大的负担。美国天天说要削减政府预算，假如不减国防的预算，相当于隔靴搔痒。国防是政府预算最大的一块，国防预算中航母战斗群的预算是非常大的，如果减去一个航母战斗群，对于美国国防预算的减少是非常有效的。但这样就要动摇一部分人的利益，建航母，维持航母，维持大量的船厂、工人。像弗吉尼亚这一带，势力是非常大的，所以要改变现状，不得不伤害一些既得利益者，这个也是要考虑的因素。

胡展奋：航母彰显了美国的实力，也消耗了美国的财力，确实造价太高。有人说，冷战结束了，现在没有一个大敌，何必保持这么多？作为航母战斗群，在美国的军事史上有过很多出色的表现，特别是海湾战争。问题是，既然航母战斗群这么厉害，为什么现在只有美国拥有，而北约没有这么庞大的战斗群？

张 军：美国经常批评欧洲，这些北大西洋的伙伴们，他们有时候自己变得很懒；美国也有很多人在批评日本，说你们每天让我们保护，如北大西洋条约，结果你们自己闷声发大财。我们用了大量的财力去保护欧洲的利益，欧洲在冷战期间确实耗费了美国大量纳税人的银子。欧洲当然自身有问题，过去的经济发展遇到了非常大的麻烦，尤其像英国，这是一个老牌的殖民地国家，但是今天这个五千万人口的英国沦为一个二流的国家，要维持一流的军事实力，经济实力又跟不上；法国长期希望在欧洲扮演和美国不一样的角色，但问题是法国自身的经济能否支持自己的力量，最近法国在马里搞得还不错，但是毕竟那是一个很小的国家。欧洲遇到了自己的问题，尤其是冷战结束后，使得欧洲一下子失去了自己的敌人，这也是为什么现在会有这样的思潮。这也是为什么美国国防减支的做法逐渐被接受，因为美国在冷战期间最大的敌人苏联没有了。关于这个问题美国也有很多争论，要我来讲，十多个航母战斗群实在是太庞大了，既然五个航母群可以灭掉一个中型的国家，那么十一个航母群差不多可以干掉一个比较大的国家了,那需要多少钱喂它啊。

胡展奋:美国经历 2008 年经济危机之后,总统也在想去哪里找钱去。昨天和朋友吃饭,他还说担心自己在海外的钱被扣税了,根本是在抢钱,我说没办法,美国政府现在缺钱。当然,美国航母战斗群是个豪华的展示,也是超豪华的开支。留与不留,见仁见智,国防部和财政部想法不一致。但是航母战斗群是美国综合实力的一个象征,我们之后谈谈航母战斗群最有力的舰载机,与目前俄罗斯和中国正在试验的有什么不同。我们谈到航母战斗群,不同于谈其他武器。因为航母战斗群不仅是一个战术的武器,也是个战略打击的象征,无论是战略还是战术,航母战斗群最集中的表现是一个庞大的浮动机场。您能告诉我,美国现在舰载机是个什么现状吗?

张　军:目前美国舰载机的配备非常高,一艘航母战斗机可以承载 60 架到 80 架,甚至更多的飞机,其中有相当大的一部分,是战斗轰炸机。舰载机可以扮演空中决斗的角色,更多扮演的是空对地的攻击。目前没有一个国家会愚蠢到用自己的航母战斗群去和美国对抗。

但是美国航母可能要担心几个问题:首先是远程来袭的,饱和式的弹道导弹的袭击,还有一部分需要自身反导的武器,更重要的是向航母战斗群提供长时间的预警,也就是一旦导弹打到你对面,才向你示警就没有意义了,我都已经看见了,看见了往往就来不及了。

所以要在充分的预警之后,才有各种各样的反击措施。或者舰队还没到,预警机已经前出,进行很远的监测。当下,航母战斗群在四五百海里范围的预警已经可以做得很好了。

同时现在大部分远程来袭的导弹都是制导的,这个制导很大一部分电子功能很强,所以航母战斗群所属的电子干扰机也要非常强大,干扰完了,导弹没有了制导,成了无头苍蝇自然就没有了威胁。

还有前些年,美国媒体报道的消息,美国的小鹰号在日本海执行正常训练的时候,中国不很先进的潜艇突然上浮,而且上浮的位置明显在鱼雷可以攻击航母的范围之内,这让美国人很有理由怀疑舰队的反潜出现了问题。潜艇比较难防,原因是潜艇可以从远方来袭,直接开到前沿阵地对你攻击,还有一种用守株待兔的方法,潜伏在那里,维持舰艇工作的最低状态,没有什么噪音。这时候你航母经过,潜艇用普通的鱼雷就可以突然袭击。

对美国航母来说,这一部分反潜的能力也要非常强,现在美国航母都自身携带反潜机,还有航母战斗群专用的反潜驱逐舰、猎潜艇,这样就形成了一个空天一体的防御网。

胡展奋: 我们荧屏上看过航空母舰精彩的表演,往往是舰对地、舰对舰和舰对空的攻击,特别是早期的F-14和新近的超级大黄蜂。每年的空中表演、海军节演示,据说很嗨啊。事实上,目前具有舰载机生产能力的国家就那么几家,美国的大黄蜂、法国的、俄国的、中国刚刚试验的,就这么几种。请您分析一下它们的优劣或者各自的特长。

张 军: 我直说吧,像中国和俄罗斯的航母毕竟没有经历过战争的严酷考验,任何再好的武器,没有实战的考验,肯定没有经历过战争的武器卖得好。中国目前开发出的航母,仅仅是实现了最初的战术目的,即着舰飞行和舰上起飞。至于战斗力,有人说是从俄罗斯复制来的,有人说是自行升级来的。而美国的大黄蜂,有人定义为战斗机,我认为是既有战斗的作用,又有轰炸的作用。航母虽然是海上的庞然大物,跟普通机场相比还是小了,普通机场几千米的跑道可以做到,这个航母有两三百米已经了不起了。当然,美国和中国、俄罗斯的一个最大不同就是舰载飞机起飞,中俄两个国家是采取滑跃式起飞,动力是不够的,美国是采取蒸气弹射式的,舰载机起飞可以满载燃油,能飞得更远;第二,可以满载弹药,最大的起飞重量都可以满足。就目前来看,中国滑跃式的起飞动力不够,燃油不能带很多,弹药也不能带很多。

中国的军事目的与美国航母的目的不一样,中国目前的现实不是要与美国航母进行对战,中国航母能维护一些海上的航道,维护主权不受侵犯已经够用。

而美国"大黄蜂"是目前公认的世界最先进、最实用、最受海军飞行员喜欢的多用型战斗机。这一点美国有很大的发言权,原因是经历多次战争的考验。当时轰击巴格达,主要任务都是由"大黄蜂"来完成的。

胡展奋:我们谈到舰载机主要是为了彰显航空母舰对海、对地、对空的攻击能力。目前世界知名的舰载机各有优长。刚才您提到的很重要的一点,就是实战,实战是检验一种武器够不够实用的一个最有效的战场,刚才谈到了美国的舰载机,就当前世界来看,有些航母也许有很好的性能,但是没有经过实战的考验,而美国正在进行新一轮开发,已经确定尼米兹级要逐步退役,从1975年到现在,时间也够了,快四十年了也该换代了。美国新一代是福特级。

特别是美国新一代福特级的第二艘,如此之先进的装备,作为纳税人,您心疼吗?当然作为一个隔岸的军事迷,我对福特级会有兴奋的感觉。F-35C,还有舰载机,请问美国新一代的航母的战略和战术是什么?

张　军:美军首先要维持目前比较成功的航母战略和战术任务,帮助美国实现海权不可动摇的霸主地位,把美国战略和战术的力量随时发配到它想去的地方。吨位和以前区别不大,舰载机的一些构成发生了变化:首先,超级明星大黄蜂依然在,有美国的四代机,甚至是4.5代的,更先进的F35是隐形的,雷达反射面非常小,电子战能力非常强,同时有相当数量的无人机。过去10年在多次完成了自己的战略战术目的后,美国无人机已经成为一个非常好卖的产品,中国、俄罗斯都在开发自己的无人机。

目前双发的、双座的战机需要两个人,由于设备复杂,要求一个人一边开飞机、一边攻击很难,而且还要维护两个人的生命系统,损失了飞机的带弹量,损失了飞机的带油量,无人机则解决了这个问题。无人机有更大的空间带弹,带燃料,从而速航急速增加,能更长时间实现巡航,这是一般战斗机不能够完成的。

同时,反潜能力也要进一步加强,但是美国不怎么担心伊朗、朝鲜,因为它们的能力威胁不到,够不到在很安全的地方实施打击。但是航母会比较担心中远程的导弹,比如潜伏在大洋深处的潜艇,突然给你一个鱼雷,甚至是水下导弹,因此,这一方面会比较加强。而且航母水兵人数有所减少,证明性能在提高,需要人的能力也比较小,同时由于人数的减少,造成支持生命的设施也可以减少,比如补给等。同时,续航的时间会更长,核动力本来续航时间就比较长,保障和需求也比普通的要小,俄罗斯的航空母舰、中国的"辽宁号",一般认为它们对于燃料的消耗非常大,补给的能力消耗也非常大,很难像美国航空母舰一样长期巡航。

胡展奋: 我最近读到一篇文章,提到了下一代的舰载机,特别提到一个东西,叫电磁弹射,是个什么东西?

张　军: 我也看了相关报道,感觉报道所提到的舰载机要比现在美国使用的高级一些,能力更大,更安全。现在俄罗斯和中国的弹跳基本上是采用滑跃式,俄罗斯航空母舰的飞行甲板是有坡度的,美国是平的,如果以后变成电磁弹射,可能会出现更重型的航母,带弹、带油的能力也大大加强。美国的海军飞行员都是黄金堆出来的,美国的海军飞行员是所有飞行员中优秀中的精英,保证他们的安全要比飞机本身还要重要。虽然航空母舰是一个庞然大物,10万吨不算小了,但是在大洋之中,在波浪起伏的环境中,飞机要在这上面安全降落、起飞并不是一件容易的事情,每个飞行员都面临着极大的压力。用这个电磁弹射我觉得会进一步提高安全性,这个可能也是未来航空母舰发展的方向。

胡展奋: 对于航空母舰来说,武器的更新是一回事,动力也发生了改变。美国新一代航母,福特级很快就要面世了,按照美国人的预估,真正服役为2015年。美国现在的航母战斗群很优秀,几乎没有人可以与它抗衡,为什么美国还要继续更新?

张　军: 这个是美国军事思想所致。两次世界大战,尤其是第二次世界大战,让美国有识之士和政治家们意识到,美国必须要有领先于世界其他国家一代以上的军事装备,如果是两代更好,所以始终未雨绸缪。今天,其航母战斗群已经傲视其他海权国家,但是美国还是不满足,这是第一;第二,提供一个航母战斗群意味着创造出大量的就业机会,所以,其军事思想加上现实问题的考量,对是否需要这么多航母战斗群的质疑就显得微弱了。

胡展奋: 回到我刚才提到的一篇文章,美国海军战争学院的专家提出另一个概念:作为一个核武平台,航母可以作为发展核武的崭新平台。为什么这么说?

张 军: 美国海湾战争之后,以拉姆斯菲尔德为首的领导人(所谓鹰派,也有人说是新军事革命派),想得比较远一点。冷战时期苏联的集团和美国北大西洋公约各自拥有超过一万的原子弹,听着很可怕。如果有两万原子弹自爆,地球都会被打一个大洞。这个世界格局维持了两大集团和世界恐怖的平衡,因为有这么大的威慑力量,所以任何一方一般不敢挑战。

但是冷战之后,世界的格局发生了很大变化,这样集团的对抗没有了。有人说中国是威胁,但是一般美国主流媒体不会觉得中国是下一个苏联。但是现在出现了一些流氓国家,像美国认为的伊朗、叙利亚、朝鲜。首先,在美国看来这些国家都由军事狂人在统治,掌握着核按钮,随时可能发射。如果美国没有自己的核力量,能够将武装力量很快运输到这些地方去,就会失去战机,同时也会刺激那个地方的盟友发展核武器,现在,韩国、日本都想发展核武器。美国必须兑现自己的核保护伞承诺,在这个问题上,它的军事思想发生了一些变化。

胡展奋: 战术核导弹会装备到航母上吗?

张 军: 目前在美国没有公开的报道,美国像洛杉矶级的潜艇是具备这样的能力的,所以这个可能性是完全存在的。像美国会表示,一旦萨达姆使用核武器,我们一定也会使用核弹。

胡展奋: 就像在朝鲜半岛危机时,美国派出 B-52,但是没有派出航母战斗群,这是否意味着这场战争打不起来?

美国看法

张　军：无论美国是否派出航母,我都觉得这场战争不一定立即发生。根据过去对朝鲜军事的观察,这次没有迹象表现战争会一触即发,但形势确实也是非常紧绷的。其次,过往历史表明,美国可能还有一些自信能控制局势,今天不至于发生全面的战争。同时,美国也表明自己的态度：B-52是世界最重型轰炸机,把它派去了。至于航母战斗群去不去,美国是有些投鼠忌器的。在中国、日本等领域,航母在那个地方逼近的意义并不是很大：远了,可能金正恩不觉得是威胁,局势就比较复杂。

前一段时间,朝鲜试射,美国曾经要派军舰进入黄海,引起中国方面巨大的反弹,美国也要考虑中国的感受。最近,习近平总书记访问了俄罗斯,可能之后还有军事演习,基于大国角力的原因比较多,所以美国是否现在就把航母战斗群直接顶在金正恩面前,我认为暂时不会。

总之,航空母舰问世尚不足百年,但在历次战争或武装冲突中使用频繁、战果显赫。它将来的发展趋势究竟如何？

看来还得继续争论下去。

移民？移民！移民？

移民，特别是美国的移民现状忽然成了热敏词语。

在中国，是热敏词语。在美国，也是热敏词语。这就奇怪了，为什么看上去相隔万里的两个国家会同时关注这个问题呢？

在过去的一段时间里，我们可以看到，美国移民改革正进行得如火如荼。不过，美国的移民改革现在卡在众议院这一环。当然，移民改革并不是我们今天讨论的重点。但是根据参议院的版本，投资移民也是移民改革的一部分，那么这部分的主要内容是什么？

最近新民周刊高级记者胡展奋就此问题采访了张军律师。

张　军：现在关于这个问题的版本很多，参议院、众议院最后会怎么协调我们现在并不知道。但是从现在台面上的一些版本看起来，大家比较关心的问题有以下几个：第一，投资移民是否能够继续得到保留。有些移民项目因为这次的改革可能就要被取消了，譬如说公民申请"成年的兄弟姐妹"。至少以前很多朋友说我拿了"公民"之后，我可以申请"兄弟姐妹"了，那我要在这里提醒一下各位，如果你有移民意向，而目前版本的移民改革方案又得到通过的话，就要提早准备了。不过，就目前看，投资移民是可以得到保留的，因为《投资移民法》从1990年颁布至今，的确给美国带来了巨大的收益，因为如果要投资移民，原则上必须要投资 100 万美元，高失业率的地区或者乡村地区是 50 万；另一方面，欲投资移民者还要做出保证，向政府承诺解决十个以上的美国人的就业。所以，从1990年到今天，《投资移民法》所起到的积极作用是远大于坊间传出来的一些弊端的，譬如前段时间芝加哥传出来的丑闻等等。以前美国是没有投资移民的，在这里我要感谢已故的麻州(Massachusetts)参议员肯尼迪(Kennedy)。当时，肯尼迪和一些有识之士在参议院中提出，我们为什么不可以像加拿大、像美国的其他一些盟友(西方的一些先进国家)学习，通过投资移民，一方面把海外资金吸引进来，同时投资移民又能提供更多的创业。同时，美国的综合得分比较高，所以投资移民门槛可以设得高一些。这次，参议院投资移民改革的版本，以及未来众议院的版本，《综合移民改革法案》到今年年底我们究竟能不能看得到，这个也是悬而未决的事情。到了明年，随着中期选举的临近，各方的政客如何绑架诸如像《中国移民改革法案》等等一些法案我们也无从得知。但是有一些迹象我们应该注意：第一，有些人提出来，投资移民是不是可以适当地"涨点价"；第二，有的人觉得既然投资移民给美国创造了很多就业的机会，那我们是不是应该把相关政策放得略微宽松一些。譬如，以前是每年分配一万个移民签证名额给个人，现在是不是可以变成一万个家庭。假设一个家庭是由3个或4个人组成，那就是一万乘以3或者乘以4，这样的话，通过投资移民拿到的签证人数会比历史上任何一个时候都高。

　　但这些都是尚在议论的版本，对于广大华人朋友来说，如果觉得这个政策会影响到你的生计，影响到你家庭的团聚，影响到你在美国做生意、做投资，你当然需要利用这个事件去呼吁、去游说当地的民选官员。因为美国的政治特点之一，就是所有的政治都是地方的政治，如果你们希望在联邦层级能够有人为你说话，那就要让这些联邦众议员、参议员经常到你们的选区，让他们多了解你们的呼声。毫无疑问，在还没有形成法律的时候，向联邦众议员、参议员包括其他的一些民选官员反映这个问题，即使他们对这件事情不能直接投票，也是可以影响到他们的同事们，影响和他同一层级的那些议员们。

　　胡展奋：投资移民不仅仅是我们华人关心的事情，其实很多朋友都关心这项事宜。不过就您的了解,投资移民自90年代开始以后,听说每年的一万个名额似乎没有出现过满额的情况。但就目前看,今年或者明年据说会出现名额不够的情况。您怎么看待这一现象?

张 军:我要稍微澄清一下这个问题。其实从1990年到现在,大部分时候确实是没有用满这个移民配额,但是在90年代的中期和晚期的确出现过一段时间的排序期。原因就是在那个单位时间里,申请移民签证(绿卡)的人超过了一万人的名额,或者至少是当时美国国务院负责分配名额的人强烈地感觉到可能会超这个名额,因为他只能根据上个月和之前的情况预测下一个月的情况。所以历史上是出现过一段时间的排序期,但持续时间不是很长。因为在90年代晚期,美国的投资移民,尤其是区域中心的投资移民出现了很多的问题。也正是因为这些问题,美国移民局重新审视了当初他们批准的这些绿卡。简单地说,就是从条件绿卡转变为永久绿卡,移民局采用了一个从严掌握的措施。

从90年中后期一直到现在,我们有很多关于移民身份的官司还在等待结果。例如,我有个商业计划原来移民局是同意的,按计划投资后获得了条件绿卡,但是后来又没有拿到永久绿卡。此类官司最近终于有了一些进展,但是不是此类问题都能得到解决呢?坦率地说,我们现在并没有完全的数据。

从国家利益出发,移民法究竟要进行怎样的改革?有人提出所谓的"积分制",跟加拿大一样,以是否有钱、有身份、有专长、懂英语等这些来作为考量标准,来进行加分。但是实际效果会怎样,我们现在并不清楚。但如果像有传言说的投资移民数量将大幅度削减的话,我觉得这么操作的可能性不大。

自1990年《投资移民法》颁布以来,关于投资移民的争议是非常多的。有的是关于意识形态的,强调我们美国是一个有价值观的国家,我们不能让别人用钱来买绿卡(American is Not for Sale; The Green Card is Not for Sale),对于这个观点我们不能接受;还有人强调我们是

美国看法

一个公平公正的国家，不能只欢迎有钱人，我们同时也要欢迎没钱的人，我们甚至要欢迎非法移民。那反过来说，如果非法移民都可以原谅，那还有什么理由拒绝通过合法手段赚到钱，然后来到美国投资、为美国人提供更多就业机会的移民？

与美国历史上第一位女性华裔众议员赵美心

目前看来这个争论还会继续维持，但是在美国今天这样一个经济环境中，投资移民的法案是会得到保证的。同时，根据最新的移民团体、包括移民局召开的一些内部会议精神，我们发现，投资移民在未来的一段时间的门槛可能会略微再打开一些。

很多来自中国大陆想要投资移民的人还会担心总的配额会不会超过这个问题，一旦超过就要再等很长的一段时间。所以现在有人提出配额从一万个人改为一万个家庭。这个提议如果最后能够得以法制化，这将对想要到美国投资移民的人有比较大的帮助。

另外，在美国有这样一个移民法的传统，任何一个阶段，都不能让任何一个单一国家或者单一种族移民到美国来的族群数量激增，就是说 per country quota(每个国家的配额)要有所限制。从我们的角度，当然反对这样做，原因是日本、英国、法国人现在没有到美国进行投资移民的，所以如果要拿中国的大量投资移民数量跟这些国家去平衡，这是非常困难的。历史的现实把中国的移民推到了今天这样的一个历史节点上，而也许其他国家早已完成了向美国移民的高峰。所以说，限制一个国家的绿卡持有人数量这个思维稍微有一些陈旧。

在过去一段时间里,我们向美国国会、向各个有权立法的人都进行过多次会晤,谈到我们必须现实地看待这个问题。也就是说我们这个团体(群体)不对一千多万的非法移民合法化持反对态度的话,显然不能对这一万个以内的,为美国创造大量就业机会、带来大量投资资本的人设置重重障碍,这是没有任何道理的。

胡展奋：确实,就像您所讲的,现在移民改革的问题染上了越来越多政治因素的色彩,不仅仅是国会议员本身,很多不同的团体也都在把自己利益的伸张加进改革的版本里。到底综合移民的法案,包括投资移民的改革法案会是什么样,我们拭目以待。

但是,张律师,如您刚才所说,目前中国大陆的投资移民人数在投资移民的人群中所占的比例在明显地增加,当然现在是中国大陆经济发展的一个特殊时期。我也听到过很多朋友在谈投资移民的事情,更多的是诉说投资移民很困难。我说找个负责任的、真正为你着想的律师就好了,除此之外,你不需要再做别的。但是我的朋友表示,最大的问题是我们投资移民的钱如何能够被美方所接受。难道中国大陆这些想投资移民的朋友在"证明资金合法"的问题上真的有那么难吗？

张　军：这并不仅仅是中国大陆的朋友在进行投资移民时会碰到的问题,证明资金的合法的来源,这是投资移民法里的一个最基本的原则。世界上所有的国家,包括中国在改革开放初期欢迎外资投资,实施了"三免两减"等的政策。毫无疑问,这并不是中国政府或者是美国政府欢迎这些外国的投资人,一定不是,他们首先欢迎的是你的资金。中国改革开放的时候,可能还爱你的技术,最终是希望能够解决中国人的就业问题,提升中国的现代化程度。反过来,美国说我们并没有中国的所谓"三免两减"等的政策,我们没有这个需要,但是我们的确需要外国的资金,我们也的确需要外国企业到美国来创业。美国是公认的世界上对这些外国企业最公民化、最能享受国民待遇的国家,也就是说它的投资环境非常 friendly(友好的)。但是它再 friendly(友好的),它也不会通过这样一种法律,欢迎你去当海盗,去杀人越货,把钱抢了以后投到美国来,这就变成纵容违法乱纪了。所以,美国的相关法律其实是非常明确的,就是我们欢迎你来,但你必须要证明你的资金来源的合法性。

而每个国家的税制、法律等情况都会不一样。例如说一些从中国大陆来的朋友,他们中很多人的第一桶金是在一个无序的改革开放的过程当中得来的。所以美国说,对不起,如果你不能合法地解释你的资金来源,就不能通过审查。而证明合法资金的来源并不只有一种方法,例如拥有公司,买卖的房地产(例如你30年前在上海用100万元买了一套房子,那么可能现在1000万都不止了),或者投资股票(股票交割是有凭证的),有的可能是赠予(现在越来越多的所谓"富二代",他们自己还未开始努力,但他们的父辈经过了艰辛地创业,让自己的孩子们能够来美国留学)等等。需要去寻求当地政府出具认为你是合法获取资金的文件,因为"君子生财有道"。而且美国的移民法和美国其他法律的不同在于,假设说我现在指控某甲杀人,那是我、检察官要提出证据证明你杀人,某甲不需要证明自己没有杀人;移民法正好相反,就是这个举证的责任完全不在政府,而是你需要证明你自己的资金来源是合法的。

从1990年到现在已经20多年到了,美国的法院、美国的移民局、美国的移民法院已经形成了对资金来源,包括对投资移民法的很多的判例。也就是说,虽然美国的移民法和投资移民法一样,都是成文法,但是基本上美国是英美法系的普通法系,也就是所谓的案例法。所以这个成文法一般规范得比较笼统,具体的怎么去确定、怎么去界定什么样的资金来源是合法的,是可以使用的,在美国的法院、美国的移民法院有很多的判例可以参照。

胡展奋: 替读者问一个问题。移民律师们有没有办法帮助那些想移民的朋友们来证明他们资金的合法来源?

张　军: 这在我看来是不可能的。因为不管是美国的刑事律师还是移民律师,他都不能证明自己的客人没有犯罪,也不能证明自己的客人资金来源的合法性。所以说,证明自己资金来源的举证责任应该完全是在投资人。当然,这并不等于说,律师就不能有所作为。例如你的客人是做股票的,那他的股票进场的时候是多少钱,出场的时候是多少钱,股票公司给我的交割的证据是多少……这些都是客人需要去询问自己的律师,类似情况在美国的历史上有没有相同的判例,这种方法能否证明资金来源等,在这个方面律师是可以大有作为的。但是,律师本人并不是光在文件上盖一个图章,说,这个就是合法的了。

胡展奋: 但是律师可以做的是,帮你的客人选择投资项目?

张　军: 在选择投资项目的时候,律师是可以有一定作为的。投资移民可以分成两大类,一类是所谓的区域中心(Regional Center),就是有一些生意开发商(business promoters)。例如芝加哥前段时间发生的丑闻,当事人说,我有这样的一个计划,我要创办这样的一个事情,我要征得移民局的事先同意,以区域中心的方式面向全球招募潜在的投资移民的投资人。事实上每一个投资人的律师会帮助投资人分析相关文件,现在的最大问题在于为什么像芝加哥这样的区域中心在过去20多年总是出现类似这样的问题?原因就是很多的区域中心首先不是上市公司,上市公司所有的 books 都是财务公开的,这些公司很多都是私人持股(closely held),只有那些生意开发商自己掌握。所以,有时候就算投资人有了独立的律师,独立律师在寻求公司内部文件、尤其是财务方面的文件的时候,通常会遇到防火墙(firewall),很难拿到相关的文件。所以,有的时候就算律师愿意提供投资项目方面的建议,恐怕他也很难提供一个比较真实的、比较公平的评估。

还有一种是现在有越来越多的人说,既然现有区域中心良莠不齐,很难判断好坏,我们不如自己做生意,自己投资,开个火锅店、旅行社、洗车厂等等,那么需要律师和你一起去做一个项目评估。比如,你想要买一个洗车厂,在买卖的过程中会涉及很多的法律文件,律师在这个时候是完全可以介入的,同时也必须是公开的。当然,律师永远都不能告诉你，这笔生意是否能成功，这个是需要投资人自己去判断的。以我这么多年的经验来看，有能力赚到100万或是50万美元以上的投资人，一定是一个聪明的生意人，所以，律师只要把各种风险，各种优点、缺点分析给他听，他们通常会做出一个很好的决定。这个生意的决定是好的，投资移民的成功率就已经达成了一半，因为归根到底投资移民是否能够成功，首先看你的项目能不能很好地维持，正因为你能很好地维持你的项目，投资人才能兑现对移民局的承诺，即在两年的大部分时间里维持10个以上的美国人的就业。在这种情况下，我觉得一方面要跟律师商量，另一方面投资人自己对于生意的判断是任何人都无法替代的。

胡展奋：确实如此。现在很多投资移民的朋友有一些困惑，一个是区域中心，一个是做直接投资，到底两者分别有哪些利弊，或者说更适合于投资哪个方向？区域中心不需要雇10个美国人，而自己投资就会面临一个人数的限制，大部分时间要保持10个人以上，至于两者投资的利与弊，包括出现的一些问题，我们是否可以做更进一步的探讨？

从表面上看，如果我选择区域中心的话，我只要把钱一交，等绿卡就可以了，也不用去担心雇多少个人的问题，但是什么时候我能赚回本钱，区域中心经营得好与坏我也没有办法控制，因为集资的人太多。自己投资，我可以亲力亲为，但是得为雇多少人头疼。那您作为一名投资移民的律师，您觉得对于一位商业经验一般的朋友来说，这两个选择同为100万移民资金，您会给他推荐哪一种？或者说您会怎么分析他的利弊？

张　军：我觉得我还是继续扮演好作为一名律师的角色。所谓律师的角色就是不能为客人做出一个生意决定，但是我们会像您刚才一样，仔细地把两者的优点、缺点很好地向客人解释清楚。

在这里，我可以把这两者的情况介绍一下。

《投资移民法》在1990年通过了以后，开始时是没有区域中心这一说的，在推进了一些年以后，国会和很多的利益团体进行了游说，他们认为直接由投资人解决10个美国人的就业问题是一种方法，同时也可以由一些大型的生意开发商来成立区域中心这样一个项目,由移民局来认可,然后通过对这个项目进行投资,他们就不需要每一个人单独去创造10个就业机会。

胡展奋:张律师,我插一句。我很多朋友会说,某某区域中心是政府项目,这个概念对吗?

张 军:这个概念肯定是不对的。我接着刚才的继续讲。在历史上,移民局对于区域中心的法律距今只存在了20多年,还是一部非常年轻的法律,所以它没有形成很多的判例。至少现在你会看到,移民局在审批区域中心项目的时候,在历史上是出现过一些波折的,原因就是区域中心给予了投资人一些便利,投资人不用自己直接创造10个就业机会。但是这个项目需要提出非常详细的经济学报告,写明这个项目是否能对周边的环境造成影响,直接或间接地再去创造10个就业机会,也就是说可能你本人不再需要做这个事情。事实上,在历史上,由于移民局对于这部法律没有吃透,有的时候会判得松一些,有的时候又会判得严一些。这确实会让一部分投资人觉得束手无策,因为有时候同等的条件往往一开始会获得移民局批准,后来又不太容易了,那究竟应该怎么做?历史上也的确出现过不少相关方面的诉讼。所以说,如果区域中心里的人都能承诺创造就业的话,就省去了自己去创造10个就业岗位的问题,但缺点就是您刚才提的那个问题。

美国的移民法和别的国家不一样,它没有明确规定你的投资必须是 fully at risk,也就是 one-hundred percent risk(100%有风险)。就好比我们两个要投资去建一个电视台,把钱投到电视台的建设里面后,我们就算审慎调查把所有可行性的东西都研究过了,我们依然是非常有可能成功的,但同时也很有可能会失败,市场的规律就是这样。所以,美国投资移民法非常明确地指出,任何一个项目政府都不会赞成。像我们刚刚看到的在芝加哥爆发的事件,也有人提出批评,质疑为何要安排一个州长过来剪彩什么、安排一个参议员讲话等。像在中国这样一个传统文化非常深厚的国家,官本位的印迹非常严重,我们对于高级官

美国看法

员去为企业剪彩和照相,有一种特别的敏感,但这是美国人所不具备的。美国人觉得这很正常,有人要在我的选区里面建一个企业,我去给他剪个彩、照张相,这是一位民选官员应该做的事。但是由于文化的不同,可能会对海外国家想要投资移民的人造成不同的影响,造成一种政治上的错觉。不过,美国移民法非常明确地表明,美国的政府绝对不会去赞成任何项目。这个区域中心虽然需要移民局的通过,但这并不代表给了你一个一揽子的批文,移民局只是说我同意你以这样的方式去招揽投资人。可是投资人过来以后,成功还是不成功和政府是没有关系的。

区域中心必须努力地去让生意取得成功。但是在历史上,区域中心总会出现经营不善、资金链断裂等问题,政府在这个时候往往会觉得自己非常无力,没有办法去干预这个事情。而在一些国家,政府索性就直接单独成立政府的基金,投资人把钱投到政府的基金中去,过了多少年以后政府就会把绿卡给你。这样的话,除非你相信政府会破产(当然是会有政府破产的例子,像希腊、冰岛),但是一般情况下政府不太会破产。但是目前美国没有这样的法律,因此至少今天你的投资是100%有风险。无论你投资的企业在开业时,是有前总统在那儿照相,还是有州长在那儿照相,你的生意必须在市场经济的大潮中百分之百地接受考验,可能赚钱,也可能赔本。所以,很多在区域中心里的投资人常常说自己是无助的,原因也就在这里,将资金投进去以后,完全寄希望于生意开发商去帮他们把生意做好,他们想自己出力都没有地方可以出。因此,很多人觉得,既然都要操心,那不如自己做生意自己操心,自己操心的话,钱的风险、创造就业的风险就全部在你百分百的掌控之中了。但是这样做确实会非常辛苦。两者是各有利弊的,客人需要结合自身、自己家庭(家族)、自己企业的实际情况来做出最后的判断。律师没有办法直接告诉客人哪个好、哪个不好,只能告诉客人法律对于区域中心的要求是什么,对于直接投资的要求又是什么,从法律的层面解释两者的优缺点。

胡展奋：最近在投资移民案中谈论得最多的就是发生在芝加哥的投资移民事件。有一个29岁的小伙子自称想要建一个中心，招来了很多的投资，但是投资人后来发现包括土地在内的诸多事项都不对，怀疑这里面存在欺诈行为。目前的最新进展是那个小伙子准备要退钱，但是有两百多名中国大陆投资人的时间被耽误了。作为一个投资移民的申请者，如何防止这种风险？如何将这种风险降到最低？有办法吗？

张　军：由于美国的投资移民法规定，移民者的投资必须是全风险的投资，所以我们所做的一切只能是尽可能地降低风险，尽可能向零风险靠拢，但它一定不会是零风险，那是违反投资移民法的要求的。如果说是直接投资，也许在资金安全方面的风险可以降低到零，但在经营生意这一块，还是要有比较良好的认识。而对于区域中心，这方面面临的问题就更大一些，因为绝大部分区域中心是私人持股，就算是公开交易，也很少会拿公开交易的市场的这一部分去吸引投资人，因为用这种方法去吸引投资人，可能会对美国的股票持有人产生不利。

我觉得您刚才提的那个问题非常好，就是如果这个项目里面有200多个来自中国的项目投资人，在我看来这是一个非常大的谈判组，如果能把这么大的谈判组的力量整合一下，去向他们要更多的法律文件和资料的话，我觉得总比一个人索取要好得多得多。区域中心确实有这么样的一个"先天不足"，而目前的法律是允许它这样做的。那么你作为一个个体投资人，要和这样的一个庞然大物去索要很多的文件，我觉得是不容易的。

胡展奋：关于区域中心的最后一个问题。区域中心的投资上限额有限制吗？或者说美国移民局在什么样的情况下会批准你作为区域中心？

张　军：自从芝加哥案发生以后，现在去移民局申请一个区域中心变得非常困难。而且移民局中的官员其实并不具备很多关于经济学方面的能力，所以他们还要延请自己的律师、延请自己的经济学家，来对这些新报上来的区域中心的申请进行严格的审理。所以说，区域中

美国看法

心以后究竟要怎样发展,移民局会不会给予它更多的规范,都是值得讨论的问题。我个人认为移民局将来会给予区域中心更多的规范,由于现在区域中心的市场良莠不齐,鱼龙混杂,大家都呼唤更多规范的出台。因为,真正想好好做区域中心的人,可能也会被认为和芝加哥案的当事人一样是在搞欺诈,投资人当然希望能够尽可能地保护自己的利益,首当其冲是投资资金安全,更重要的就是绿卡的问题,从条件绿卡到转正绿卡是否能够顺利推进。这个过程不是一蹴而就的,它需要两三年甚至是更长的时间。那么在这段如此长的时间里面,投资人的希望仅仅命系一个生意开发商,那么这个市场的保障机制确实是有所缺乏。

胡展奋:我的理解,移民律师可以为你做很多事情,但是最终的决策还得靠你自己。但是,张律师,您刚才特别提到了一个条件绿卡的概念。很多朋友都很好奇,是不是只要自己拿出50万美元或是100万美元,就可以马上像买商品一样可以买到一张美国绿卡?是不是这么快捷?

张 军:当然不是。美国的绿卡不是用来卖的,需要拥有实际的生意,有能力去解决实际的就业。一个很优秀的股票交易员,一天做个1亿、5亿都没有问题,他也不需要任何人的帮忙,但是这个并不能实质地帮到美国的经济,更不可能帮到美国的就业。所以在这个问题上,美国的投资移民法是非常明确的,必须投资一个实实在在的生意。

在做生意的过程中,我们总结了过去20多年投资移民法的发展历程,发现大部分的投资集中在所谓的劳动密集型行业。所谓劳动密集型行业,是指这个行业确实需要100万或者是50万的投资,但同时它的准入门槛比较低。当然你要是投个1 000万办个电视台也是可以的,但是一般人会觉得我对美国的这个市场完全不了解,投1 000万的话资金风险较大。事实上,50万美元或者100万美元在美国并不能做很多、很大的事情,很多人就会选择市场准入门槛比较低的行业,譬如劳动密集型的行业,需要支付的工资不是很高,满足最低工资即可,同时需要学习和进入这个行业的历程相对来说不是那么难。在投资移民法过去20多年的发展历程中，投资劳动密集型行业确实是占了非常大的比例。当今的投资移民法分为两大类：一个是投在别人给你创立的生意上，叫区域中心；一个是自己管理资金的直接投资。另外还有一种就是你把钱投在一个已经存在的生意里，但是与前两类相比，这种投资会有其他额外的要求，必须要证明资金进来后能实质性地帮到这个生意，要能提升这个生意净资产的40%，或者说能够为企业在原有就业基础之上每一个人再增加十个人的就业。

虽然它有一些额外的条件和标准，但是还是可以实现的。因为现在有很多从中国大陆来的资金以个人的名义大量收购、兼并美国的企业，这在20多年前我们刚刚开始做投资移民时是根本不敢想象的事情，那时候中国大陆很少有人出资50万美元，更不要说100万美元了，而在今天则比比皆是。对于原本就有商业需要的人，就可以顺便把绿卡办了。

胡展奋：那如果我把钱投到最终资本可以吗？

张 军：最终资本会牵涉到我们刚才所讲的所谓资金运作方面的问题，我们要根据最终资本是用来做什么的来讨论它到底是否可行。但是，原则上，我是希望这些资金尽可能不要落下任何嫌疑，例如这笔资金没有投在一笔实际的生意里面等等。毕竟绝大部分来做投资移民的人主要目的不是来跟人打官司。如果这是你的优先考虑的事，那我建议最好不要尝试像乔布斯经常尝试的一些创新理论，而是对约定俗成的、已经形成了很好的判例的投资项目和标准进行投资，会比较好一些。

胡展奋：也就是说，既然您来就是为了这张绿卡，您就老老实实地按照法律进行投资。很多人还有一个问题，就是从我拿出了100万美元，到我拿到绿卡，大概总共需要多长的时间？

张 军：这也是我们多年来一直向美国政府呼吁的事情之一。因

美国看法

为美国的移民局并没有对这一问题进行专门的规定，在极个别的地方你可以通过多交1 000多美元可以得到尽快处理。但绝大部分，包括传统的投资移民项目是不存在尽快处理的。原因很简单，一方面可能的确是因为移民局的人手不够，且移民局也长期以来面临着一个批评，就是什么都按钱来说话，如果你只解决富人的问题，那更多的普通的、甚至是穷苦的人的问题怎么办。难道普通的或者是贫困线以下的人们就不值得移民吗？移民局是一个政府机构，所以它不能表现得太偏向于有钱人，要掌握好一个度。

我相信如果跟投资移民的朋友们说，多交几千块钱可以让移民的手续更快地得到办理，他们可能也会愿意，但目前来说，投资移民还是根据单位时间里面一共有多少份申请来进行排序，有时会特别快。最近这段时间投资移民的审批速度基本维持在一个不紧不慢的频率上。好在移民局最近也正在重新整合自己的力量，要把审批移民申请的部门搬到华盛顿总部去，想要把它中央化。我们希望通过这样的整合，移民局的工作效率能在现有的基础上有所提高，这样的转变除了对投资人自身有好处以外，对美国的经济也是有好处的，对穷苦的美国中下级老百姓也是有好处的，可以有更多的就业岗位。所以，移民局没有理由把投资人的移民申请延宕很久，这确实是说不过去的。

胡展奋：想要拿到绿卡，使用的方法不同，也会牵扯到很多不同的因素。但是，投资人一旦将资金投入到一个正常的流转过程中去，离拿到临时绿卡需要多长的时间？

张　军：以今天的速度，起码要6—12个月的时间。

胡展奋：临时绿卡是不是和普通的绿卡有着同样的功效？

张　军：对。其实临时绿卡的理论基础就来源于结婚绿卡。就是说，如果你和美国公民结婚了，你就可以先拿到一张条件绿卡，绿卡的长相、责任和权利与一般的绿卡是一样的，唯一的区别就是条件绿卡上面写有一个两年的到期时间。意思就是,如果你是和美国公民结婚了,那么希望在这之后两年的时间里,你们的这段婚姻关系是存在的,简单地说就是移民局不希望你今天结婚,明天拿绿卡,后天离婚。那投资移民更是这样,移民局希望你创造的就业和投资在美国经济里的生意要维持一段比较长的时间。在拿到条件绿卡满两周年前,也就是第 21 个月的时候,你可以把过去这段时间(第一张绿卡之后,第二张绿卡之前)自己生意的经营情况以及更重要的是有没有解决 10 个以上的就业问题报告给移民局,移民局审核无误,它就很快会把条件绿卡的条件给移除掉,变成一个永久的等级。永久的意思是,虽然在今后几十年的时间里,因为人的面貌会改变,所以绿卡上面的照片还需要重拍,还需要换,但这张绿卡上不会再有条件的字样依附在上面。

胡展奋：最后一点时间,张律师,给我们一些想要投资移民的朋友一些专家的建议吧。

张　军：我的建议如下:

第一,如果你要选择到美国移民,就必须要摒弃先入之见,就是说很多在中国行之有效的东西在美国不一定是有效的,你看到的未必是你自己心里想到的,在中国,省长、市长给你剪个彩可能证明你确实是一个有实力的企业,但在美国不一定是这样的。

第二,更重要的是,不管是美国的投资移民法还是普通的移民法,它属于联邦的专权。这意味着如果市议员说可以帮你解决绿卡的问题,那你就应该知道这里面有问题,因为就算是州长也解决不了,他手里没有批绿卡的权力。

第三,任何人的建议决不能替代你作为一个负责任的投资人的责任,不管你是准备自己经营一个生意,还是投到别人的生意里面去,你自己一定要花时间、花心力去了解,你不懂英语,可以请翻译;你不懂法律文本,可以让律师、会计师为你解释,但最终你自己必须要明白,你的钱究竟是投到哪儿了,具体是怎么一回事。

无论如何,你自己一定要做一个负责任的投资人,只有你自己负起责来，你周围的那些专业人士和你周围非专业的朋友们，他们才会变得负责。如果你自己随便对待自己，那么通常别人也会随便地对待你。

胡展奋：您的这番话说得很中肯。我们希望所有在办理投资移民的朋友们都能办得一帆风顺，但是一定要守法，一定要请一个专业、敬业和认真的律师，这是您成功的非常重要的一步。

留学生问题与"问题留学生"

中国留学生曾经是勤奋、刻苦以及"精英"的代名词,是一个响当当的"国际品牌",但近年来,随着留学渠道的多样化,留学人数的剧增,中国留学生的种种问题开始凸现,一些留学生的素质受到怀疑,留学生的自我安全意识之单薄以及化解危机的能力也广受诟病。

海外留学,是高中毕业后事业发展万里长征第一步,要面对的困难和选择往往影响你的一生,海外留学,也是众多在职人士事业的一个重要转折点,绝非一次浪漫的远足或随意的抉择,面对纷纷扰扰的留学生海外"事故",特别是2014年的7月24日南加大又发生的一起中国留学生被袭死亡案,张军律师再次在加州接受环球东方卫视的采访。

主持人: 朋友们,大家好!欢迎来到"环球聚焦",今天我们来到了张律师的办公室,采访司法问题的学者和专家张军律师。

张　军: 欢迎您来我的办公室。

主持人: 让我们开门见山吧。2012年4月11日凌晨,美国洛杉矶南加州大学校园附近发生一起枪击案,一男一女两名中国留学生被枪杀。

这起牵动亿万华人心扉的惨案过去才两年,2014年的7月24日南加大又发生一起留学生血案,南加大中国留学生纪欣然24日凌晨被3名歹徒袭击后死亡。

很抱歉,遇到类似的突发事件,我们媒体总是习惯地要找您,因为除了律师,您还是洛杉矶警察局华人顾问委员会会长,所以您的意见对

美国看法

社会来说很重要。

接二连三的噩耗，使很多人不安，当下越来越多的中国留学生到美国来，我在前一段时间专访了中国领事馆的中国领事保护月工作，总领馆告诉我两个概念：虽然中领馆有保护国民侨民的义务，但在美国，第一没有司法权，第二没有行政权。张律师，您研究了很多留学生的安保问题，尤其是最近频频接受众多媒体其中包括央视和东方卫视等强势媒体的"留学生问题专题采访"，就您所了解，留学生安保出现最多的问题是什么？最突出的问题又是什么？

张 军：这个需要分阶段解读，比如2012年的南加大枪击案，那当然是一个非常严重的治安事件，再比如前两天，美国北部又有一个留学生涉嫌杀害他的前女友，这些都是比较恶性的治安案件。如果论数量多寡，则平时我们介入的案件大部分是手机没有充值卡了，家中被盗了，街上被抢，跟学校有矛盾，比如以前有学生跟导师出现矛盾，或旅游中发生交通意外等等，这类事件占了很大比例。

然而论影响，自然是中国留学生的人身伤害案最为震撼。

当下备受关注的案件是南加大中国留学生纪欣然被害案，此事蹊跷处在于，纪欣然被五名歹徒袭击后，既没有在第一时间报警，也没有到医院检查，乃至错过了抢救生命的黄金时间，梦碎美国。刚接到消息时，我感到十分的惋惜和遗憾，媒体纷纷采访我，我第一波的呼吁，就是中国留学生再遇到类似的情况时，一定要第一时间报警！

还在2012年的南加大枪击案发生时，我就强调指出，"生命是最关键的。任何人为你提供的安全都代替不了自己所做的。"建议中国留学生在海外的言行着装，甚至是代步工具要尽量与周边环境相符，不要边走路边打手机，边走路边吃东西，不要太过招摇突出，以免成为抢劫、盗窃犯罪的目标。我记得我当时还强调，华人常常倾向于息事宁人，这样容易给罪犯形成一种错觉，让华人群体成为更容易下手的目标。因此，留学生遇到任何意外，即使损失再小，最好都要向警方报案。

言犹在耳，同样的悲剧又发生了。也许案发当时表面看不出什么严重的外伤,受害者又能自己走回宿舍、记得大门密码、还能用钥匙打开房门,这一切自理能力让受害者产生了麻痹心理,以为把伤口包扎一下养两天就好了。

也许5名歹徒离开时曾恐吓他不准报警,否则下次遇到他就死定了。这种恐吓有时也会影响到受害人报警的主动性。我们律所在受理案件过程中也常常发现,凡嫌犯在逃,受害者多数都不愿报警,除非出了人命,纸包不住火时才不得不报警。更多时候受害者都不愿接受媒体采访,生怕祸从口出,让歹徒知道后杀个回马枪,对其二次报复。

前几年,我在南加大举办讲座的时候曾就安全问题提醒中国留学生,在选择学校时,不光要看学校的学术排名,更要看学校周围环境的安全排名。中国古代有个著名的"孟母三迁"的故事,说是孟子的母亲为了儿子有个读书的好环境,曾经三次搬家,可见环境的重要。事实上,南加大周围的治安不好众所周知,但既然选择了这所学校,学生们就应当记下校警和当地警局的报警电话,随时做好在突发状况下第一时间报警的心理准备。

我在这里再强调一遍:报警分为两种,一种是紧急情况,一种是非紧急情况。紧急情况的报警就是大家所熟悉的911,非紧急情况的报警是南加大校警和洛杉矶警局的电话。如果你分不清是否属于紧急状况,最好选择911。联调局(FBI)没有类似911的紧急报警电话,所以,在遇到烧杀抢掠案件时,最直接有效的办法就是拨打911!

主持人: 您对留学生的再三嘱咐,让我浮想联翩,我相信大部分电视机前的观众也会有类似的感受,因为我们都有相似的、只身来美求学与打拼的背景,有经济拮据问题,也有安全问题,依你看,现在的留学生和像你我这样的早期留学生,有哪些不同?

张 军: 不同之处太多了。很多媒体认为:"今天的留学生很多是富二代、官二代,衣食无忧。"这个可能是正确的,而我们那时留学可能只担心钱的问题。现在留学生确实有一些问题,不是说家里条件好、生活好就没有其他问题,他们在心理、心智方面并没有当时的我们那么坚

美国看法

张律师与美国知名刑事鉴定专家李昌钰。
李博士鉴定过多个重大案件包括辛普森和911恐怖袭击事件等

强。我们虽然每天打工可是很快乐，因为打完工精神上比较充实。今天的年轻人由于大部分是独生子女、掌上明珠，来到美国后，亲人们都嘘寒问暖，这些都不是问题。问题在于，他们的EQ是否像以前的留学生那么健全？我们必须一分为二地看待。以前留学时体力上比较艰苦，如今应该是心理上、精神上的问题，他们也有不容易的地方。

我认为还有另外一个特点，现在留学生比较年轻，甚至有人来读高中。一些朋友告诉我，在洛杉矶，中国留学生集中在社区学院的非常多，十八九岁左右。年轻没有错，有朝气，但最大的弱点就是社会经验不足，心智不太成熟，用您的话说就是不那么坚强。这些年轻人引发的法律问题，我们也听到过一些关于赛车、酒吧喝酒、男女朋友关系等等。

前两天，我做节目时分析了一个中国来的小留学生，十五六岁，三四天内在赌场花了五万块。上周，中领馆"领事保护进校园"请我去讲留学生现在遇到的各种各样的治安问题，其中一个留学生只有十八岁。

你我当年留学时大概已经二十多岁了，而且大部分是来读研究生。当年中国和美国的物质生活条件相差很多，我当年来就像是"刘姥姥进了大观园",觉得有太多的事情需要学习和适应。现在的留学生,在国内可能稍微好一点,虽然家长和老人们都溺爱,但学校有老师、班主任、辅导员盯着;来了美国以后,除了有钱,他们得到最多的是自由。当一个特别年轻的人突然有了很多钱还很自由,这对年轻人精神上的冲击是特别大的。前几天遇到一群留学生,我还跟他们说,用钱要跟家长说,也要有一个额度。在赌场三四天输掉这么多钱,这绝对不是负责任的表现。

主持人: 事实上,这些年轻人还显示出来一个很严重的问题,个人的独立性或者说个人的独立判断能力不足。就您遇到的一些案例,您觉得个人独立性和独立判断能力重不重要?

张 军: 我认为这是非常重要的。这跟中国的教育体制、家庭环境等都有非常大的关系。我们就有这样的客户,一些孩子的父母是东南沿海地区的成功商人,他们的成功并不是由于较高的文化水平,而是他们的辛勤劳动同时遇到了中国改革开放的好时机。这些父母曾经牺牲掉很多和孩子在一起的时间,他们又觉得很亏欠,而作为补偿,就是把孩子送到海外留学。这些家长也因为孩子留学很骄傲,但这远远不够,其实他们更需要花时间陪孩子。有些家长把钱和在美国的自由给了孩子,在美国找了监护人,可父母都管不了,监护人怎么能管?所以很多事实证明这是不成功的。我个人认为,如果送孩子来美国读书,除非这个孩子心智比较健全,性格比较成熟,否则,我觉得中国家长应该好好掂量这个问题。

主持人: 确实,张律师说了一个比较重要的方面,这些年轻人除了要学会独立思考外,他们没有足够判断事物对错的经验。其实当初来美国,我们都是这么走过来的。我们每一个朋友,特别是在电视机前的很多观众,大家都有几年艰苦的留学经验,其实那对人的一生是一笔财富,起码我个人是这么认为的。

现在聊一下留学生喜欢开好车,以及由开好车引发的问题。记得

美国看法

第一次来洛杉矶,我在UCLA(加利福尼亚大学洛杉矶分校),我要办一个证就坐公交车去了。在那里,我发现留学生中几乎人人都有车,特别是男孩子,而且买得越来越好。留学生年轻、有车,在美国十八岁就可以考取驾照,引发了很多问题,自然而然就会出现很多车祸。有留学生跟我说,只要车出了问题,就打电话给在中国的父母。张律师,留学生由开车主要引发的问题是什么?

张　军: 开车引发的安全问题,我觉得是非常需要重视的。很多来美国的学生在国内要么不开车,要么车龄特别短。俗话说:"高速公路如虎口",我每次都强调开车安全的重要性。说实话,现在年轻人大部分是独生子女,家里有条件买车,而且在美国考驾照相对容易,但安全问题需要一而再再而三地强调,特别是在美国高速公路上行驶,留学生需对当地语言文化有基本了解。

那天我在UCLA说:"首先自己要做一个负责任的司机,那也只能帮你防止百分之五十的车祸,还有百分之五十的可能是会有不负责任的司机找到你这儿来。我个人认为,如果想开车你得要慢慢开到高速,不要急着在路口换线,白天人少的时候可以去练习。在南加州有很多私人教练。如果你有些钱,不要去做投机取巧的事,关键要学会安全驾驶的规矩和交通规则。之所以有这些交通规则,很大程度上是因为以前有人为此付出过生命的代价。大部分的车祸不是在高速公路上发生的,而是在你离家十公里以内的地方发生的。要严格遵守交通规则,宁愿让别人觉得你是一个守旧无趣的人,也不能在高速公路上耍酷,跟死神开玩笑。侨民留学生在南加州发生的车祸已经不止一例,年年都有报道。我们以前有个客人,一个人在这里辛辛苦苦工作,身份快办好时,老婆孩子也要来了,结果他出去送货时就出车祸过世了。当我们在街上兜风耍酷时,要想一想身后有多少亲人为自己担心。不是要顽固不化到怕出车祸结果不敢开车,但开车毕竟是一个危险的营生,各位同学务必要小心。"

主持人: 很多国内朋友来美国,以为高速公路很安全,一个劲地把速度往上飙,其实很危险。这种例子数不胜数,如果出了车祸遇到纠纷,这些年轻的留学生该怎么办?

张　军: 绝大部分车祸是民事的,并非蓄意发生的车祸。通常民事纠纷也是民事解决的,所以开车保险一定要备齐,关于车的各种各样的证件要备齐,尤其是留学生,如果假期要去圣地亚哥、得克萨斯观光、看同学,不仅驾车证件要带齐,移民身份文件也要备齐。那里有临检,如果携带文件不足,很可能要去跟吸毒者、妓女关一晚上,那将会变成他在美国留学生活最难忘的一天。发生车祸时,如果你不确定,我建议还是以报警方式来解决。

主持人: 假如遇到对方说:"小伙子,反正撞得也不重,给你三百块钱,咱们和解吧。"这种情况怎么办?

张　军: 我们一般不建议这样做。面对这种情况,如果路边有证人,记得把证人电话等联系方式写上,到时可以为你作证。当然,我认为最好的解决办法还是报警,出一个警察报告。

开车有时也会成为一种刑事责任,比如喝酒驾驶、吸毒驾驶。遇到这种情况,你应该第一时间找律师,在未被法院认定以前,你还有很多机会。留学生如果持的是中国护照,也可以寻求中领馆的介入。我觉得中领馆的一些关于留学生的注意安全事项和手册做得非常好,怎么使它变得更好呢? 就是在你经常使用它们的时候。所以在这方面,留学生朋友可以充分利用这些资源。

主持人: 除此之外呢,还有一个语言沟通问题。发生车祸时,留学生可能由于语言问题沟通不良。您会给他什么建议?

张　军: 留学生语言不好来到美国,说实话说不过去。当然我能体谅你刚才所讲的,刚来时语言不通、文化不同,这可能需要一个过程。如果发生事情,至少在洛杉矶、南加州地区,很多警察局都提供中文翻译服务。有的警察在处理事故案件时,不一定允许打电话,你或者可以告诉他:第一,我英文不好,要么您帮我找个翻译,要么我有一个中英文都很好的朋友,我能不能接通朋友的电话?大部分时候警察是允许的,因为你也在配合他的调查。

正如我那天在领事馆会议上讲到的,要多保存几个紧急事件联系的人员,不仅仅是车祸,比如说洛杉矶发生地震、火灾,手机塔也被震塌了,打电话肯定很难联系上。最好给家里提供一些比较近的同学、室友的联系方式,万一有什么情况,家里人可以辗转找到人。或者你可能有稍微远一点的朋友,比如洛杉矶到圣地亚哥这样距离的朋友,一旦洛杉矶发生地震,家人可以打电话给圣地亚哥的朋友询问情况。

这些都是平时需要注意的。

主持人: 这太重要了,请张律师从美国法律的角度,给留学生们一些建议,特别也让留学生家长们了解,自己的孩子在美国如何做些配合。

张律师,刚才我们说到车,其实存在很多相关案例,有一个比较极端的,我们先不说他们是富二代,这些留学生买好车后,觉得行驶限速六十英里不过瘾,于是两个人赛车,后来被警察"请"到警察局。但他们认为自己没有影响人,也没有撞人,两个人赛车,表示不服。张律师,这样的事该怎么看?

张　军: 打个比方,如果我用枪朝着对面办公室打一枪,并且没有想打中人。但按照法律,流弹可能会击中在对面办公室里的人。为什么会有限速?为什么学校附近要降速行驶?这都是有原因的。所以,超速、发出巨大声响、赛车等这些动作,不单是对本人不安全,同时对周边居民、学校学生、马路上行人、其他司机,都造成非常大的隐患。警察当然对这些要坚决予以管制,如果严重的话,甚至会成为刑事指控。

主持人: 说起赛车,除了会造成别的可能性损伤,还存在一个问题:我们留学生碰到车祸,不知道该怎么办,也有个别会逃逸,那他的法律责任是什么?

张　军: 肇事逃逸是犯罪,若没有留下联系方式,等到被发现后,就有可能遭受刑事起诉。即便你回国,刑事记录会永远"跟"着你。如果发生受害人死亡,"逃"回中国也无济于事,美国政府甚至会和中国政府合作,通过国际刑警组织抓捕,因为这是严重的刑事犯罪。

所以,千万不要肇事逃逸。如果发生了不好的事,必须留下来等待警察处理。

主持人: 现在很多留学生朋友喜欢说,有什么事交给父亲来处理,甚至交给秘书来处理。但大家不知道,在美国,其实很多事都是自己处理的。

还有一个事实,很多人不太理解:当你给另外一个人搭车时,如果在开车过程中出了车祸,搭你车的这个人可以反过来告你。很多留学生会认为,我是在给别人搭车,我也不希望出车祸,为什么还告我。

张 军: 我们不讲世态炎凉、人情冷淡,但在开车过程中,因为驾驶者的失误,造成了车内其他人的伤害,受伤害的人的确可以告驾驶者。因为同行的人选择坐车,不是选择受伤,两者出发点不同。

还有一个情况是,有些人喜欢来回借车。如果你把车借给别人,万一出了车祸,车主可能也要负有责任。

主持人: 就是说,如果你开我的车出了车祸,我也可能有连带责任。

张 军: 那当然。最后还可能要告车辆所在的保险公司。借车开车的人,肯定负主要责任,但如果他没有保险或者保险很低,车主也可能要负法律责任。

我们理解同学们之间的友情,但也总不能每次出去大家互相签个合同。所以,要么自己开车技术要好,或者让开车技术好的人开,否则车上人越多,一旦出现问题,承担的法律责任会越大。

主持人: 确实开车容易出现问题,在美国时间长了,开车真是步步惊险。

除了车以外,您还特别讲到,这一代留学生,家里基本都有足够的经济来源。尤其在全世界诱惑最多的地方比如洛杉矶、好莱坞,很多人喜欢一些课外、社会活动,业余时间去泡吧,甚至从事一些不应该从事的活动。一般来讲,这些引发的法律问题,都有些什么?

张　军: 这个有很多。大家都年轻过、反叛过——你不让我喝酒,我非要喝;你不让我抽烟,我非要抽;你不让我尝试毒品,我非要试一下。任何人年轻时,都多少有过荒唐的经历。但是美国也是有法律的,20岁以下不允许喝酒。虽然按照美国法律,满18岁就有权利选择谁当你的总统,但是要满20岁才能够喝酒。这项法律适用于在美国的任何人,哪怕还差一天也不可以,甚至有时商家也要负连带责任。

在美国大学,大学生尝试过大麻、毒品的人,比例是非常高的。大学里经常会有各种各样的派对,难免会有人向你兜售或干脆直接送你大麻,如果沾上了,也将是后患。还有,那时我们上大学,大学里面很严重的现象叫约会强暴,校园里甚至还卖约会强奸药片等等。所以,如果是女同学参加派对,喝过的、开过的饮料要当心,洗手间能不能用,是一个人去还是带几个朋友去,如果出现问题怎么办,都要考虑。

今天节目时间短,难免挂一漏万,但留学生在美国,一定要做个有心人。尤其面对新环境有很多不了解,很多法律你会无意触犯。在中国,和家长喝点小酒没什么不可以,一旦来美国突然不能喝了,可能会不适应,那也必须入乡随俗。否则,出了问题"倒霉"的首先是自己,而且也会给亲戚、朋友、路人带来麻烦。

主持人: 年轻人还有很多好奇心,就像刚才张律师讲的,大家都年轻过,好奇心谁都有,但又不能有太多好奇心。再有,这里有必要提醒电视机前的观众,特别是男性朋友们,美国有关强奸的法律定义与中国不太一样。在美国,强奸有一个比较广泛的含义。那男女交往又该如何避免这类麻烦?

张　军: 我觉得每个人都需要很认真地去了解美国法律,包括像美国很多名人比如湖人队的科比·布莱恩特,他上次去科罗拉多滑雪休整时,就遇到过这样的问题。通常此类案件,包括像前货币基金组织主席卡恩,也遭遇过。

就像你说的,通常这种事情和车祸不一样,因为没有证人,基本上就是你说你的,我说我的,最后看怎么赔、相信谁。所以,一要尽量避免使自己遭遇这种局面,而且在美国,说"不"就是100%的"不",不是一半的"不"或者30%的"不",也不是80%的"不"。所以对于年轻朋友,一定要注意这种问题。

强暴案一般主要指男性,当然就女生而言也有可能。我们也碰到过男性告女性性骚扰,所以男女同学在交往中,要拿捏好尺度。如果不确定的话,建议宁愿错在说"不"上,也不能错在说"是"上。

主持人:对,张律师的提醒非常重要。我们也跟相关律师谈过,如何避免惹上性骚扰的麻烦,就是说"不",我宁愿在说"不"上迟钝一点,也不要在说"是"上太灵活。

主持人:张律师,刚才我们谈到了性骚扰、谈到了强奸案,其实当我到了美国,后来在公司工作时,隔两三年公司就有一个防性骚扰的训练,有律师专门讲注意事项,包括语言、邮件甚至一些肢体动作,都有可能给自己惹上麻烦。对于这些年轻孩子们,您有什么建议?

张　军:我也经常给其它公司做类似你说的培训,因为如果不做,一旦出现问题了,公司也要承担责任。也许你的节目能被华人商家看到,这是加州的法律,你必须要做。而且我觉得,如果商家定期去做此类培训,的确会提高大家的警惕和认知。

就像您刚才说的,在亚洲和中国文化里,很多行为我们并不认为是性骚扰或是恶意行为。但在美国,很多人却会认为是性骚扰甚至性的软暴力。一些玩笑或者一些举动,会让同事不舒服。如果他们常常会向主管、公司提出抱怨,如果公司对此轻描淡写、不闻不问,一旦出事要负连带责任。

我认为,我们华人公司、华人学生所在的这些环境,如果能经常接触这些训练会是很好,入乡随俗。美国人针对工作场所方面的立法已走在了世界前面,我们留学生来美国后,首先要尊重当地的文化、法律,避免一些无妄之灾。否则一旦被别人误解后,要承担责任甚至还会影响到今后自身的工作发展,要未雨绸缪。

主持人: 所谓防患于未然。其实留学生中出现的问题非常多,我们仅就一些常见问题,请教了张律师。

现在把目光从留学生放到中国外交部。现在,中国各地总领馆正积极倡导中国公民的海外领事保护。其实在海外领事中,我也曾采访过一些领事,包括洛杉矶副总领事等等,他们在后来都特别提出,有些事情领馆可以做,但有些事情不能做。他特别强调,中国所有的驻外机构,在当地既没有立法权,也没有行政权。那从法律角度看,这些机构该如何对公民进行有限的领事保护?

张　军: 根据国际领事保护公约,两国建交时会形成有关领事保护方面的一些文件。您刚才说得对,任何一个海外领事机构,不论中国驻美国,还是美国驻中国,当自己国家的公民在所在国发生刑事或民事纠纷时,其领事机关不能直接介入。但他们可以关注、提供咨询、介绍律师和向美国有关方面表示关注。

如果我们的留学生遇到这些问题,要由当地警察机关、法院,对最终的司法责任进行认定。中国海外的使领馆没有这种权力,美国驻中国的使领馆也同样没有。但中国使领馆对领事保护一年比一年重视,一方面是国家经济实力增强了,相关资产越来越多,同时也有越来越多的中国留学生来美国,旅游者也越来越多等等。

我经常跟领事保护方面的官员合作,第一,他们非常重视此项工作;第二,他们也非常愿意帮助这些遇到各种各样情况的中国留学生和旅游者。但问题在于人手实在太少,求助的又特别多。如果要单方面增加人手,两国还要重新签订协议,也不是一件易事。

从根本上来说,我们的留学生朋友和中国游客朋友,第一,要了解美国法律;第二,要尊重美国的风俗文化;第三,一旦发生问题了,要第一时间寻求当地的警察机关、执法机关和当地律师的帮助。如果你是中国公民,要寻求中国使领馆的帮助。

主持人: 对于使领馆来说,除了觉得管辖范围比较大、留学生人数多等问题,他们还遇到另外一个问题。比如有些人就说,我来美国很多年做了很多工作,但我也都不能说对美国法律已经很了解了。的确,美国法律比较复杂,涉及范围也比较广。

这些留学生一旦遇到问题,除了寻求中国政府的领事保护,他们还必须要和当地律师配合结案。作为一个律师,当您接受一个留学生案件时,您会给这些当事人什么样的建议?

张 军: 那要看是什么实际问题。从原则上讲,第一,美国作为法治国家,一切都重证据。不论是交通事故还是其它治安事件,要尽可能提供给律师足够多的证据、证人、证言、证物。证据越多,律师保护你的权益的可能就越大,一切都用证据说话。另外,我们经常从一些中国留学生朋友那儿听说,觉得美国有种族歧视。这种话也可以讲,但就是在中国每天也会有各种各样的治安事件,因此不能把所有问题都上升到种族歧视的角度。重要的是要就事论事,证据越多,对你越有利。

第二需要注意的是,我们自己也要有一个开明的态度,就是你不能把在中国的经验、知识,用于你在美国遇到的案件,比如以前在中国一些约定俗成的人生经验,未必在美国行得通。反过来美国人到中国去也是一样,你觉得在美国很正常的一件事情,在中国就未必正常。所以你要开明,当律师分析状况时,不要先有抵触情绪,首先听听他讲得有没有道理。如果觉得没道理,你可以耐心告知,因为一个好的律师首先是一个倾听者。他会认真听你讲完,告诉你美国当地的法律规定,应该从哪些方面组织证据。

主持人: 确实,在中国留学生到美国以后,会遇到很多可能发生的问题。今天因为时间关系,我们只是就一些常见、多发问题,跟张律师做一个比较笼统的讨论,希望大家到了美国多学习,而且一定要有一个主动、开明的态度来接受。

美国看法

　　今天,非常感谢张律师对留学生安全及领事保护等方面的建议。多说一句,总领馆的官员,他们的能力、时间、精力也是有限的。最重要的是我们留学生要学会自立。而且特别重要的是,要对美国有一个较好了解,同时多结交朋友,一旦出事,家人也能通过朋友联系到。

伊拉克之战十年祭

无边黄沙哀白骨,中东狼烟何时休。

世界好健忘,曾打得沸反盈天的伊拉克战争倏忽已经十年了,历史真经不起回头一看,十年前谁都无法预料战争的结局,十年后已经物是人非,该赢的赢了,该输的输了,该胜的胜了,该败的败了,该笑的笑了,该死的也死了。

有人说得很直白,一切都在美国的掌控中,是不是这样呢?伊拉克战争十周年前夕,新民周刊高级记者胡展奋与国际战略问题的专家张军作了一番深谈。

胡展奋:你是国际战略问题的专家了。今天我们谈一个比较凝重的话题。众所周知,今年的3月20日,是美国发动伊拉克战争整整十周年。

三千六百五十天过去了。但往事并不如烟。我想你应该和我一样,在2003年关注着美国总统对这场战争的宣布,也看到了电视转播的画面,烽烟回望,仍然让人震撼。我首先想问的是:十年过去了,美国当初的目标达到了吗?

张　军:这个问题,不同的主体应该有不同的回答,就看跟谁说。

若向公众发问,则最近的一次民调显示,近百分之六十的民众认为这场战争其实是不必要的,或者认为当时的美国领导人所拟定的目标基本没有达到,更有一种说法认为,这场战争使得原来就比较恐怖的中东形势更加麻烦。

当然,不同的声音也很强大。尤其是当年这场战争的涉及者,比如说拉姆斯菲尔德,原美国国防部长,这两天有不同的声音,认为有力地

美国看法

遏制了中东的恐怖势力。但不少民意还是认为,美国领导人给出的开战理由是不成立的;第二,当时希望这场战争达到的目的,有些的确已经达到了,如萨达姆这样一个专制的领导人被推翻了,但事实上,今天的伊拉克的民主水平依然是极低的,甚至有人说连极低水平的民主都没有达到。看来战后伊拉克的民主进程将是一个漫长的过程。

另一方面,我们必须看到,这样一场战争,让美国和伊拉克都付出了非常大的代价。这里随便举几个例子:美国纳税人花费在这场战争上的花销一万多亿将近两万亿美元,美国的子弟兵大约有四千多人丧生,如果加上受伤的,人数就更多了。

一个伤病员给个人、家庭、国家带来的负担都很重,另外还有十几万伊拉克平民丧生,几百万伊拉克平民流离失所,还不说当年盟军还有很多人受伤,加上伊拉克军队的伤亡等。所以这场战争是否必要,现在美国上下都在反思。

胡展奋:谈到必要性,不妨让我们回顾一下,当年的美国国防部长拉姆斯菲尔德,曾经解释过这场战争的目的:第一,我们要铲除伊拉克这个专制的政权;第二,就是搜索和销毁大规模的杀伤性武器;第三,要结束伊拉克的独裁统治,帮助伊拉克人民建立自由民主的政权;最后一个目的是要保护伊拉克石油和其他资源。当然,当时还有很多人提出过各种冠冕堂皇的理由。咱们暂不做是非判断题,从更深的层次看,您认为,美国真正的战略动机是什么?

张　军:所谓正本清源,谈到2003年的这次伊拉克战争,不能不提到90年代初的那场伊拉克战争。"沙漠风暴"开始的时候叫"沙漠盾牌",当时的美国总统是老布什,即小布什总统的父亲。实话实说,那场战争我认为是师出有名的,而且"师直而壮"。原因是伊拉克对它边上的小国科威特发动了侵略,并很快吞并了科威特。伊拉克发动侵略的最重要的原因是,伊拉克人——至少是萨达姆认为科威特在"偷油",因为他们有共同的边界,石油对于当地经济来说是至关重要的命脉。同时美国也认为,美国在中东有非常重要的核心利益,这是套用中国领导

应邀在东方卫视评论奥巴马的中东政策

人的说法,这个核心利益就是石油。我们走到高速公路看看,美国如果没有油会发生什么情况?70年代时,欧佩克曾经对美国小试牛刀了一下,限制石油出口,美国那时就开始发油票,跟中国某个时期一样,还分单号双号,还要排队排个几公里。这件事情之后,美国很多政治家都认为,石油问题除非我们能够自给自足,不然我们在中东最高的核心利益仍然是石油。从此以后,美国就吸取了教训,当看到伊拉克试图吞并科威特(科威特虽然国家小,但是石油储备很多)时,便当机立断地发动了这样一场战争。

话说第一次海湾战争时,许多人都建议老布什长驱直入,既然已经把伊拉克赶出去了,就要顺势推翻它。但是老布什当时的高参班子建议,我们不能这样做,理由并非美国没有这样的军事能力,而是中东的政治生态和军事现实不允许美国这样做,原因在于:美国师出有名,已经把科威特解放出来了,这样就可以在中东赢得很好的威信了;第二,在这之前,两伊战争打了十多年,证明也是对美国利益是有好处的,按照升降机原理,美国不希望看到伊朗一家独大的局面,美国有句著名的谚语:"要让鹿群强壮最好的方法,就是让狼群与它们住在同一个草原。"但反过来说,让狼负增长就得有猎枪。萨达姆就是老布什手里的猎枪,必须安排像萨达姆这样的政权,去制衡伊朗,二者可以互相消耗。这样,伊朗向外威胁其他国家利益(如以色列,或者美国在中东其他盟友)的几率就比较小。

因此如果美军当时长驱直入,推翻了当时的萨达姆政权,势必就会出现今天这样的局面。今天什么样的局面?就是战争泥潭,就是美国的子弟兵、钱啊、生命啊、无数的战争物资都耗在那里。

问题是有些人现在这么想,你把伊拉克的萨达姆推翻了,等于你为伊朗找到了一个很好的友邦,你也知道,现在什叶派在伊拉克的势力非常大,什叶派很大程度上,它的宗教信仰,它的文化,它的内心向心力,跟伊朗都是非常接近的,所以现在就变成这样的态势,那就是美国若对伊朗进行遏制,反而投鼠忌器了。

那就是伊拉克境内什叶派的掣肘。所以现在看来,当年老布什的高参们建议他不要打伊拉克是高明的,相反,你看看现在,2003年我们虽然长驱直入,打得伊拉克丢盔弃甲,的确一时间激发了美国人很高的爱国情怀,但后遗症严重。

那么,美国人为什么一时间意气风发呢?因为之前的几十年,美国人民是抬不起头来的。原因就在越南战场的失败,使得美国的有识之士陷入深深反思。

美国人民痛苦地发觉,美国当时的国力在世界范围内是下降了,没有人会去迷信美国人的超强的军事能力。但是2003年那场对于伊拉克摧枯拉朽式的闪击战很快解决这个问题,包括你我当时也是热血沸腾:美军重振了雄风!

但是,正是由于快速的胜利,使得我们很多人都被这种胜利冲昏了头脑,也就是我们一味地要击溃、要歼灭这个政权,问题是击溃和消灭这个政权后,怎么重建这个国家的秩序,把当地的局势稳定住?这一点在战争之前恰恰没有考虑过,人们普遍地觉得,我们既然推翻了独裁暴政,民主自然会发生,自然就没有了游击队。事实上,这些判断被证明是错误的,那就是,美国的这场战争的本身,我认为是成功的,但是战争是个整体,善后成功的战争,才是真正的胜利,美国对伊战争到今天,很长时间确实没有找到一个良方来稳定当地的局势,不能不说是个遗憾。

当然,2003年的伊拉克战争,美国的军事技术和军事实力所彰显的"军事革命"的确震惊了全世界,中、俄、英、法、德、日诸国都被美国强大超前的军事力量惊得目瞪口呆,国际上很多事先看好伊拉克军事力量的评论员事后都哑口无言,很能说明当时的震撼程度。

那是一场炫技,美国赢了大满贯,却丢了球场秩序。善始而未能善终。

胡展奋:也就是说,战争发起之前,并没有做到一个比较严谨的策划,就像中国一句古话:吾能发之,吾能收之。美国当时的国务卿,后来讲过一句话:我跟他们最大的分歧,就是我作为一个军人,在打仗之前,我想的第一件事,是如何撤出来;而这些政治家们,或者政客们,他们想的,只是如何彰显美国的实力。不过,我同意您刚才所讲的,这场军事的打击,对世界的军事革命是一场震撼,而且怎么说都不夸张。战争的过程,确实使很多国家的军事评论员跌破眼镜了,咱们先不管这场战争的结果。对于美国来讲,第一次的沙漠风暴,老布什应该是达到了自己的目的。第二次,就美国想在中东获得一个落脚点而言,这个目的达到没有?

张　军:我个人觉得是没有达到。因为发动战争的理由是什么?第一是"没收伊拉克的大规模杀伤性武器"。第二个,可能刚才没有提到,他坚持认为萨达姆和基地恐怖组织是有关系的。第三个,必须冠冕堂皇地说,推翻独裁,植入民主。萨达姆对于自己的人民都是用化学武器的,比如对于北部的库尔德人。

但是,大规模的杀伤性武器确实没有找到,现在看来当时的老萨达姆也很可怜,他自己都想去找,但他确实也找不到。他要是能找到,也许能避免战争,但是他确实没有。事后的政治家们说,首先我们的情报是准确的,盟国之间的情报也都是准确的,就算不准确,我们毕竟推翻了一个独裁的统治。那么就这一点而言也是值得的。

但是其实这个目的也没有达到。因为虽然推翻了萨达姆的独裁统治,你虽然给它装进了一个西方的民主,但是今天我们看到伊拉克的局面,基本上这个国家还是一分为三。

胡展奋：对于美国来讲,美国的石油利益已经成为了美国重要的战略意义,不管怎么说,这两场战争以后,美国的石油战略意义在很大程度上明显地改善了,你看呢？

张　军：石油战略改善了？我个人觉得这是令人怀疑的。您刚才提到的战略和战术问题我都同意,战略问题,美国当然是自己的核心利益即石油。你还记得,当时有人说我们花这么大的代价去打这场战争是否值得,拉姆斯菲尔德回应说,在伊拉克,我们完全可以做到以油养战,那就是,一旦我们推翻了萨达姆政权后,伊拉克本身生产出的石油完全可以支撑这场战争。但是这点不正确。伊拉克今天的石油生产量,依然没有恢复到战前的水平。

也有经济学家会跟你讲,是因为伊拉克这场战争,使得美国后来深陷经济危机的泥潭,但这是有争论的,这是第一个。第二个战略目的,通过把伊拉克这个政权推翻,形成一个比较亲西方的政权,从而对伊朗能够产生某种遏制,或者改变整个中东的政治生态,这个显然也没有达到,因为今天既然是民主,就要由老百姓来选,让百姓来选,就不一定选亲西方或者亲美国的,所以今天选出的大多是什叶派的,这个势力与伊朗有很大亲近,美国希望跟以色列改善关系,但是并没有做到这一点。而且希望把伊拉克这个局面稳定,因为你记得当时的萨达姆对于北方的库尔德人进行极端的统治,但是事实上,我们看今天的伊拉克统治,伊拉克基本上是我们把它捏合在一起,实际上伊拉克还是被分成了三块,有点像中国春秋末期的"三家分晋",你看,北部的库尔德人基本上是自治的,跟中央政府没有什么关系；什叶派基本掌握了伊拉克政治、经济上的资源；逊尼派基本在南部,这个国家基本上是一分为三了,这也是当年有人说我们可以把伊拉克一分为三,而最后小布什政府没有接受的这样一个格局。

所以,要问战略目的究竟有没有达到,至少在这 10 年之后看,是实现得不怎么理想的。

胡展奋:您刚才提到了库尔德人。这个议题很吊诡。

事实上,库尔德人原来很希望这场战争能帮助他们获得独立。他们之所以没有独立,原因不是美国不希望它独立,而是库尔德问题牵涉到土耳其问题。

因为库尔德一旦独立,土耳其南部的库尔德人就要加入,这就使得美国在中东重要的盟友土耳其受到削弱。

从这个角度看,美国还是达成其战略目标的,也就是把库尔德人稳定在伊拉克。目的还是固化美国的石油利益。有人说,这是几个懂石油的人打了一场石油战争。从结果看,美国控制了中东石油的改观,你同意这种说法吗?

张　军:我觉得我们现在下这个结论还比较早,就像您刚才提到的,伊拉克的库尔德人虽然勉强地留在了伊拉克,但是实际上库尔德人是非常不情愿这样做的,很多库尔德人认为是美国出卖了他们,说推翻萨达姆的战役中,我们帮了你很多,你却只考虑和土耳其的关系。

说什么"以油养战",不要说以油养战,就算以油养国,养伊拉克,它也暂且都做不到。而且你也注意到了,在战争之前,我们说它与基地组织有关,但是后来发现其实是没有关系的,而且正是由于搞了这场战争,结果成了培训恐怖主义的温床,导致基地组织在伊拉克的猖獗,这些战略目的我认为是没有达到的。但是有几个目的是看出了端倪,毕竟我们在中东除了以色列以外,现在有一个形式上的民主的政权。问题是,今天伊拉克的民主是极其脆弱的,恐怖主义正处于上升的局面。所以随着美国的进一步退出,究竟伊拉克未来怎么发展,我们并不知道。我想十年的预期还是短了一点。

胡展奋:我听说,美国国内有一种说法,称伊拉克战争最终的受益者不是美国,而是中国。伊拉克为了某些目的或者利益开放了很多油田给中国。中国方面没有讲,你觉得中国真的是受益者吗?

张　军:看问题我们不妨视野再宽广些,"获益问题"看你怎么说,中国在经济上的利益,特别是中东石油的利益上,应该是获益的。原因就是这些油田的重建、管线的重建、炼油设备的重建,美国没有那么大的能力,的确需要中国,而中国的重建价格,相对便宜,所以从这个方面我认为对中国有一定的好处。但是伊拉克萨达姆的垮台,在政治上,中国的利益是否受损,这是十分值得争议的。

胡展奋:有一种说法,战争之前,中国对于中东石油的依赖度不高,但战后,现在中国对中东石油的依赖度非常非常高,有一种也算作是阴谋论的说法是,美国希望中国依赖中东石油,而且美国实际是中东的主宰,美国现在,在沙特阿拉伯,在科威特,都有驻军。而且在伊拉克,虽然是什叶派政府,目前要维持统治,仍由美国来支持它。伊朗问题,怎么解决,我们不知道,有机会再专门谈。你觉得吗,美国现在对石油的依赖度越来越低了,到2020年,这个国家的石油需求就完全独立了。既然美国的石油要独立,为什么还要花这么大的精力来斗争?

张　军:首先,您说的"美国石油独立"是不是一定会发生,这是有争议的。美国一直在讲"我们要石油自给自足",但是讲了这么些年了,从二战讲到现在,并没有真正实现。根据我的分析,由下列原因所致。第一,可能认为石油在自己本土开采,会破坏自己的战备储量,埋在地里总是安全的,是特种存款。第二,对环境的伤害,美国的环保诉求普遍比其他国家高了许多层次。我个人比较怀疑这个"2020年"的时间坐标,我认为还需要相当长的时间,毕竟谁当政,我们今天确实不好说。我认为,美国还会在你我可以预见的相当长的时间内依赖中东石油,虽然这种依赖程度会下降,但是目前中东石油还是美国的一个重要来源。当然,这种依赖程度具体如何下降,我们现在还不知道。

胡展奋:各方面的资料显示,美国对于中东石油的依赖大约为总需求量的百分之十八。

张　军：那反过来中国也一样，中国在近几十年经济迅猛发展。中国经济与美国经济不一样，它基本上是一个生产型的经济，美国是服务型经济，中国这个生产型经济有相当大一部分是粗放型的高能耗经济，所以它对能源的依赖很大，第二，使用能源的效率非常低。所以，中国与美国消耗差不多量的能源，但是它的产出与美国相差八倍。也就是美国的GDP比中国大了七八倍。中国也必须承认，在过去十年，它增加了石油从中东的进口，增加了国家对石油的战略储备。美国与中国的一个很大差别就是，中国现在石油储备很少，但美国没有这个问题，美国的石油储备量非常大，所以中国现在利用相对和平的环境，将石油通过马六甲海峡运过来，确实非常艰辛，而且潜在的危机重重。

最近有一种说法，中国可能从北冰洋开辟一个北方的航线，输送石油，但这样做也需要很多时间，包括在建港等。关键是中国要发展，自身能源的产量不够，那就一定会在更长的时间内依赖中东。有鉴于此，伊拉克萨达姆的垮台，对于中国经济暂时是有利的，但是从长远的关系来看，中国跟萨达姆的政权，没有那么僵化敌对。而且面对美国发动的两次伊拉克战争，中国要么弃权，要么不支持，同样，现在面对叙利亚也有这么一个潜在的问题。有中国学者提出，如果我们立场站错了，万一这个政权垮台了，包括叙利亚很多人出来讲，你们当时中国政府对我们并不同情，现在我们掌权了，你休想拿我们的订单。这就是一个新的难堪。

胡展奋：大家注意到，这场战争之后，中东的政治格局有了新的变化，一个绕不过去的现象就是阿拉伯之春。请问，这场革命和美国在中东的战争，有没有直接或者间接的关系？

张　军：我觉得多少会有一些关系。比如伊拉克现在实行了一种形式上的民主，这种民主的确给周边国家的老百姓看到了希望，觉得我们也可以行使这种民族的政治解放，也就是我们如果决定自己做这件事，我们自己是可以做得到的。

美国看法

问题是,中东毕竟有很多的国家,除了"政教合一的国家"是它们的共性外,国与国的具体情况则千差万别,或者君主立宪,或者军政府独裁,如埃及。这样一种情况,突然要出现一个形式上的民主,不是一件容易的事情。所以这个阿拉伯之春,它发生了很多国际社会始料不及的问题。典型的代表就是埃及,人们推翻了穆巴拉克政府,然后人们选出了自己的政府,却是一届非常不亲西方的政府,其政府首脑人物虽然在我们南加大上过学,但是他对西方是比较反感的,上台后访问的国家,比如巴基斯坦、伊朗啊,相互间比较友好,而美国现在看在眼里,只能酸楚在心,美国花了这么多精力把民主介绍给中东,但是选出来的政府都不是美国想要看到的,或者不亲西方的。表面上我们要欢迎这样的民主,毕竟是人民的选择,但是心里面会觉得这种政权不是西方所希望的这样一个政权。阿拉伯之春在一段时间可能会有一种"山雨欲来风满楼"的席卷之感,不过在某些地方就停止了,现在唯一没有挺住的就是叙利亚,叙利亚现在处在僵持状态。有一阵子,"阿拉伯之春"可能会在沙特,在巴林、卡塔尔这些地方发生,而这些地方又是美国最不希望看到动乱的。美国很多的军事基地,像巴林、沙特,实际上和美国很友好,但美国认为这些政权都是独裁统治,或者是政教合一的统治,是不符合美国人的价值观的。然而为了美国最高的国家利益,为了中东的稳定,美国只能迁就。类似的情况在约旦也发生过,它那政体也是美国反感的落后政体,但为了国家利益只能接受。

阿拉伯之春究竟是好还是不好,如果问美国,对于西方是好还是不好,看来还得留给时间去证明。

胡展奋: 所以说这场战争为美国人传播了所谓的民主,鼓励了中东整个民主风潮的兴起,可这种民主风潮的后面,对美国又含有很多不安的因素,包括极端的宗教组织,特别是伊斯兰教的逊尼派、什叶派之争,现在这两派在立场上高度对峙,特别是这次的叙利亚问题,可以看得出来,支持叙利亚的都是什叶派国家,而且中东很多逊尼派的国家,都不希望叙利亚什叶派继续掌权。美国也利用了逊尼派和什叶派的矛盾——特别是在以色列的帮助下。您怎么看待这场阿拉伯之春与伊拉克战争的关系？坊间有种说法,阿拉伯之春至少会持续十年。

张　军：我相信两者的关系"剪不断,理还乱",但是这中间的相互影响有多大,毕竟我们以现在的心态看阿拉伯之春,与两年、三年、五年前已经完全不一样了。开始的时候,就像您讲的,好像风卷残云,转瞬间,中东这种专制统治、皇权统治好像朽木一样随风而去,但是现在并不是这样。如果你在一年前问我,我会认为叙利亚的政权不会维持两三个月的,但今天这个巴沙尔政权依然存在,尽管它也遇到很大的困难,原因是多方面的。第一,有伊朗的支持,伊朗是它在中东最大的盟友。第二,世界的大国,除了西方的一些国家,如俄国对于叙利亚问题是比较暧昧的,用一个不是很恰当的比喻,它们不希望巴沙尔政权马上垮台,因为那样的垮台对于中国、俄国的利益未必是有好处的,所以中国和俄国在过去一段时间一直希望当地人民用和平的方式谈判解决,而西方以美国为首的西方政权,却对此态度明朗,巴沙尔政权必须下台,我们美国再谈叙利亚问题。这种态度的分野,自然与世界大国在中东的角逐和博弈有关系。伊朗的作用尤其不能忽视。我想,如果今天萨达姆政权依然存在,由他对付伊朗的话,伊朗还敢像今天这样一家独大地代表阿拉伯世界,用巡逻艇跟美国叫板吗？

我认为中东的局势,可能全然不同,于我们的想法,所谓"只要我们搞定你,其他的自然就会归位"——并不是这样的,而是牵一发而动全身的复杂局面。

胡展奋：你刚才特别提到,伊拉克与伊朗的关系,非常微妙。最近我读过一篇文章,就是对伊拉克战争的回想。其中,作者说我有一些数字跟大家分享,首先,他用了一个数字"0"——2003年,萨达姆治下的伊拉克的恐怖组织为零。现在居然遍地是恐怖,遍地是烽火,所以美国起码从反恐角度来讲是适得其反了。伊拉克今天的政府,你看对伊朗问题的最终解决,是一个"利"还是一个"弊"？

张　军：我认为这一定不利于伊朗问题的很快解决。因为伊拉克现在弱势,不再能牵制伊朗。

如同伊拉克绝不是一个简单的国家,伊朗更不是一个简单的国家,在中东,在阿拉伯的智慧中,这两个国家一贯都是"有本事"、"有手段"的国家,它们让我直接想起了这么一个故事:古代金陵有个卖药的,手推车上装着一座观音菩萨的雕像,病人向他买药,他先把药放在观音菩萨那只朝地面的手掌里,如果药在手掌里悬空不掉下来,便说是观音菩萨同意用这药,然后才让病人服用。人们认为真有神灵,于是纷纷向他买药。有个小伙子估计他用的是一种幻术,很想学到手。待大家散开后,他便邀请卖药的到酒店去吃酒。吃完后,一钱不付,扬长而去,酒店里的人却好像没看见他们似的。这样一连吃了三次。卖药的问小伙子施用了什么神仙妙术。小伙子说:"如果你那幻术肯教我,我也把这幻术教你。"

卖药的说:"我没有其他什么奥妙,观音菩萨手掌里暗藏着一小块吸铁石,药里有铁屑儿,所以药接触手便被吸住了。"

小伙子笑道:"我更没有其他什么奥妙,只不过先把钱付给酒店里,所以吃后就走,他们便不再问了。"

同样是一种智慧,"小伙子"显然要高于"卖药"的,但说穿了却非常简单,这才是真正的智慧,而西方的智慧很可能就是那种"卖药"式的智慧。

朝鲜也是这样,你可以说是一种"狡黠",但你就是一时半会地拿不下他。

首先萨达姆死后,他的世仇——伊朗迅速觉得唇亡齿寒,寒冬逼近了,很难确定将来会发生什么事情。非常自然,伊朗迅速觉得自己不安全,因为不安全,所以可能会想要去搞一些核武器,开发核能,当然他会大张旗鼓地说是合理利用"核科技",很多人好像不相信这一条,因为伊朗是一个多石油的国家,你不需要搞那么多的核能。但是如果大家放在台面说,你对他无可奈何,因为并没有直接的证据证明他已经"核武"在手,事实上,是你灭了萨达姆而逼着伊朗做好自保准备的,包括朝鲜,朝鲜今天采取的策略类似伊朗——当然他没有石油,却也有借口,首先是没有安全感,他深知自己不容于国际社会,但又不愿意放弃政权。所以几乎非要做一些极端的事情对你构成潜在的要挟不可。从这个角度出发,我觉得大国政治的确险恶,充满危机感。

胡展奋: 从反恐角度出发,我们讨论了伊朗和朝鲜,伊朗与朝鲜过去没有发展核武器的那种急迫性,随着伊拉克萨达姆政权被推翻,特别是紧随其后的利比亚的覆灭,他们都觉得自己得有点什么东西才能够保护自己。

你可以谴责他们专制独裁,但是也许越专制、越独裁就越急切地想保护自己,免于被清算。

张　军: 而且你有没有记得,利比亚当时的卡扎菲政权,后期对于西方其实是非常示好的,比如把制造洛克比空难的要犯送审,自己主动提出要销毁很多武器。但是即使是这样,他仍然是阿拉伯之春的牺牲品,在关键时刻,以美国为首的西方并没有觉得,你最近这段时间表现挺好的,我们给你紧急支持。反过来,你看伊拉克、巴林在阿拉伯之春发生的时候,美国是希望这些国家稳定的。

胡展奋: 十年过去了,回望十年前的硝烟,这场战争对于中东的影响是深远的,美国在中东这场战争虽然付出了很大代价,但是,作为全球战略的一环,你觉得美国对那些潜在的新兴大国,特别是对石油依赖度很大的国家,是不是通过战争而多增加了一些筹码来控制它们?

张　军: 我觉得这个可能性是有的。精明的美国并非播下龙种收获跳蚤的主。

虽然伊拉克现在的政权对于西方比较暧昧,时而亲伊朗,时而亲西方,但美国毕竟在伊拉克是有军事存在的。像在中东、巴林、卡塔尔、沙特都是传统的存在,科威特更不用说了,虽然他们讨厌以色列,但是他们是比较亲美的。美国在中东的发言权,相对于其他大国,如俄国、中国、西方的英法,尤其是依赖能源进口的大国,当然是要大了很多很多的。这是不容置疑的。而这也是这些大国,如印度、俄国、中国担心美国在中东越做越大,所以在联合国的层级,对叙利亚制裁的时候,他们不一定每一个环节都和美国站在一条战线上,原因是大国在中东都各自有自己的势力范围和各自利益。他们当然不希望以美国为首的大国"大小通吃"、"肥瘦通吃"。"老美独大",对他们来说是不能接受的。

胡展奋: 美国固然取得了中东优势,但是代价太高,不仅仅是牺牲了士兵和花钱,如此"大打出手",恐怕对于美国的社会都有一个长期的影响。能否谈谈美国付了什么代价。

张 军: 我认为美国付出的代价至少有以下几点,首先经济上的代价。我们刚才说了,花了一两万亿美元,今天的金融危机有可能是次贷危机引起的,但是高额的战争支出对于经济的恢复是相当负面的。第二,美国人员的伤亡,军人有四千多人,还有成千上万的伤员,更有很多平民,我觉得这些是现实摆在我们面前的,更重要的是对美国信心的影响,原因是我在访谈开始的时候提到,越战之后,美国有长期的厌战情绪,美国的国力有所下降。以前好像是美国指哪打哪,但是越战影响了美国人这种自豪感,民族主义的这种情怀,本来是希望通过对伊拉克的闪电战,这种摧枯拉朽式的"斩首行动"直捣巴格达,重新燃起美国人民缺乏多年的民族自豪感,这种爱国主义的情怀,但是十年之后,人民意识到我们并没有实现当时的目的,从而美国以后再要发动这种先发制人的战争,美国的人民将有更多的经验教训可以反思。美国政客们以后如果再发动战争,会遇到美国人民的反对,这一点我觉得损失是更大的,原因是美国在全球很多地方都有战略利益,有时候它需要用战争去体现这样的诉求,毫无疑问,伊战的失望,给以后类似的战争行动带来了很大阻力。

顺便说一下,拉姆斯菲尔德上台之后对于美国的国防体制以及体制下的国防系统进行了改革,就是要把美国的军队变得小而精,基本以旅为单位,机动精悍,确实带动了世界范围的军事革命。但是正是因为这样的军事革命,美国的军事不断强大,开始时战争打得如此之顺利,所以,激发了美国当时的一个思潮,叫做"后保守主义"的思潮,非常的高涨。如果今天有人问你,美国现在还有没有,我相信即使有,也不会有人想要贴上"后保守主义"的标签了。

我想,我们在相当一段时间,应该再也无法看到布什主义、后保守主义等思潮的死灰复燃了。

胡展奋:纵观美国的发展史,未尝不是一场战争史,"打仗嘛总要死人的",对于一些人来说,战争的伤亡是可以接受的,虽然人们追求零伤亡,但是伤亡仍是不可避免的,包括老布什那场非常出色的第一次沙漠风暴,死了两三百人,还有很多人死于意外,几乎是零伤亡。

有一种说法,认为美国人并不是特别在意伤亡。你觉得美国是否会继续利用一场场战争支撑自己的强大?

张　军:我不一定完全同意您刚才提到的观点,美国在战争中,二战不提,美国在二战中的伤亡是非常大的,导致二战后出现大量的婴儿潮。之后的每一场战争,领导人都追求最低的伤亡,所以如果有人跟我说美国其实对于美国人民、美国子弟兵的伤亡不是特别在意,这个我很不同意,这是第一。第二,在二战以后,美国的几场大的战争,比如说朝鲜战争、越战,比如伊拉克战争以及2014年的阿富汗战争,可以说没有一次是美国完胜或者让美国人民扬眉吐气,或多或少都会留下后遗症,这一次一次使得美国民众和有识之士意识到发动战争是必须要表达的一种外交形态,我想这是美国人民可以接受的,但是近来有识之士也在尝试用尽可能少的子弟兵的伤亡来达成目标。举例来说,克林顿在位的时候对前南斯拉夫发动了百天的空袭导致了前南政权的垮台,这是可以实现的;利比亚也是一样的,美国并没有真正的地面上的卷入;包括现在的伊拉克也是一样。所以奥巴马上台后,希望利用无人机,帮他实现用人不能实现的目的,我觉得以后美国还是要用武力和军事彰显自己的国家利益,但是对于人员方面的考虑,美国以后的决策会更加的小心谨慎。今天我们没有谈到战术上,当然战术方面美军非常的成功。但遗憾的是,世界的格局并不仅仅是靠战斗和战术来决定的,有太多的

美国看法

战术以外的问题需要解决，像阿富汗也是一样，2014年我们也可以看看美国完全撤军以后，阿富汗明年还要换届，以后阿富汗会怎样发展。阿富汗地理也处在比较核心的地方，有俄国、印度、巴基斯坦还有美国、中国。所以那个地方出现权力真空的话，将会是一个什么样的局面，也是非常难讲的。

胡展奋：2008年的金融危机，使美国人民不得不把这场危机与伊拉克战争联系起来，小布什借了那么多钱，各个银行欠了那么多烂账，这些都是金融危机可能发生的原因之一。对于美国来讲，美国这些政客们，比如奥巴马特别会贴近民心，势必会讲士兵的伤亡。至于士兵的死亡，一篇文章讲，有394名士兵回来之后自杀了，你对此事做何感想？

张　军：我觉得影响是深远的，这就是为什么越战之后，美国很久不敢发动陆上的这种进攻，原因是越战更多地体现了你说的情况。越战老兵自杀了，吸毒了，无家可归了，犯罪了等等。我相信从越南、伊拉克回来的士兵自杀率、离婚率非常高。当年海豹部队的狙杀手退伍之后找工作都成问题。美国并不是对这些退伍士兵不照顾，反而它专门成立了一个退伍士兵部，处理这个问题。但是美国发动这个战争，战争都是残酷的，并不是政治家可以预测的，就像我经常讲的，没有一场战争是发动者可以完全预测的，一旦发生起来，并不能以自己的意志为转移，一定会出现各种各样的问题。

胡展奋：当媒体公布某个士兵死亡时，其实连带着后面一个又一个破碎的家庭，现在美国对此有一种说法，这场战争的综合费用会超过四万亿美元，因为你要抚恤照料所有的战争受害者，况且借的钱还是要还的，所以，这场战争对于美国，特别是对政治历史来讲，应该警钟长鸣。

张　军：英国人有句谚语很有意思：等到大炮说话时，争论总是太迟了。

一定要防患于未然,美国卷入一场场战争,一定要出于国际道义,一定要有理性的、精细的预案,尤其介入他国事务纠纷,不管打着多么冠冕堂皇的旗号,一定要慎重。
　　兵者,自古大凶,能不谨慎吗?!

埃及的现状和出路

金字塔,在颤栗。

自从《埃以和平条约》签署之后,几十年来,埃及原本是一个比较太平的国家。2010年"阿拉伯之春"运动的爆发、穆巴拉克瞬间倒台之后,局势也还算稳定。可是两年之后,一场号称埃及的"二次革命"不仅推翻了民选的埃及总统穆尔西,还将他软禁了起来。

但是,此举并没有解决埃及的宪政问题,也没有解决埃及的经济问题,反而引发了埃及社会激烈的动荡,我们可以看到最近的报道中指出,随着上个周末的"清场",这些穆斯林兄弟或者说支持者们依然还在上街,每天都会造成新的人员伤亡和财产损失。

金字塔,在颤栗。新民周刊高级记者胡展奋与国际战略问题专家张军进行了跨界对谈。

胡展奋:埃及,目前成了全世界最热闹,同时也是最危险的国家,作为国际政治与战略学者,你觉得埃及到底发生了什么?

张　军:坦率地说,长期以来,我对埃及这个国家一直是有着美好的向往的,也一直非常想去,但由于埃及最近几年的局势始终不稳定,所以一直未能成行。

曾几何时,埃及是人类历史上文明最悠久的国家,尼罗河文明是世界上最古老的的文明,为人类社会的发展作出了非常大的贡献。埃及是中东(北非)地区一个人口众多的国家,有8 000多万的人口;同时,虽然埃及在中东地区不是一个产油国,但是埃及在中东地区确实扮演着一个举足轻重的作用,因为它的影响力、国防力量和冷战以后相当长的一段时间里比较亲西方的政策。

您刚才也提到了,在上世纪 70 年代末,在当时的美国总统卡特的斡旋之下,当时的埃及总统萨达特和以色列总理贝京签订了《戴维营协议》,使得当时被认为不可能出现的"中东和平"出现了一些曙光。不过为此萨达特也付出了血的代价,因为他的军队,尤其是军队中中下层军官和士兵对埃及和以色列的和解有着非常大的不满,所以,军队力量在一次军事检阅中就把萨达特暗杀了。因此,埃及出现今天这样的局面,必须放在整个国际大环境中去看。

自从突尼斯发生了"茉莉花革命",发生了"阿拉伯之春"运动之后,埃及也不能幸免。而之前被认为是强有力的、有军方支持的埃及强人,即穆巴拉克,虽然他也经历了象征意义上的选举,但实际上他在埃及掌权已经超过了 30 年,现在,这样一个强有力的强人在瞬间就被推翻了,最后他也被埃及强势的军人所抛弃。埃及很快出现了民众所希望看到的、埃及历史上第一次真正意义的民主选举,由穆斯林兄弟会推出的候选人穆尔西顺利当选为埃及新的领导人。在穆尔西当选后,美国在很长一段时间内都试图并希望能和这个新政府合作。尽管在选举之后,埃及社会出现了一些不同的声音,认为这次选举存在不公平的地方,我们要挑战这个选举,但是美国和其他一些主要的西方国家还是很快地承认并接受了这次选举。

我觉得穆尔西此次上台以后,他的内政和外交确实出现了不少的问题:第一,在内政方面,没有考虑到埃及自身的国情。因为在埃及,长期以来,军人对政治生活的影响力是非常大的,而穆尔西上台以后希望通过对宪法的修改,提出种种政策希望能削弱甚至是取消埃及军方享有的特权和对埃及政治的控制。第二,在外交上,穆尔西采取了和原来穆巴拉克政府不一样的政策,也就是对西方国家采取了"不温不火"的政策,甚至有人说穆尔西是在用比较强烈的态度在反以色列,比较不希望和美国搞好关系,更愿意跟伊朗、委内瑞拉、俄罗斯、中国这样的国家发展比较全面的关系。这样一来,以美国为首的西方国家可能会担心穆尔西会不会放弃埃及以前对西方"一面倒"的政策。因此,我觉得穆尔西在政治方面也许有他自己的想法和抱负,但显然有些操之过急。

在很多问题上,穆尔西触动了埃及军方的既得利益。所以军方在最后关头下决心把穆尔西推翻并且软禁起来,从而演变成今天在埃及的主要城市,像开罗和在亚历山大港,大规模的穆兄会人士示威游行,而军方则还之以血腥的镇压局面,导致几百人、甚至上千人的死亡和成千上万民众的受伤。可以说,埃及现在的形势是急转直下。而美国在这个问题上的表现,我个人认为有"投鼠忌器"之嫌。

一方面,美国作为世界民主的一个标杆和领袖,它当然不能公开支持说我们要通过政变方式推翻一个民选的政府;但同时,美国在中东的利益又不能允许它立刻就得罪或者是和现在掌权的埃及军人政府交恶,原因就在于埃及在美国中东的反恐一盘棋中扮演着非常重要的一环。美国每年还有2—3架次的反恐军用物资飞机要通过埃及,美国为此还要向埃及支付路费13亿美元。另外,美国在中东的盟友,尤其是以色列对穆尔西的政权是不满意的。所以,以色列有很多游说的力量,希望美国政府在埃及军方推动的政变方面至少能够保持中立甚至是默认。甚至当美国的有些议员跑到埃及去说"我们认为这就是军事政变"的时候,美国政府始终是三缄其口,因为美国一旦宣布认为埃及是遭受了军事政变,那么连这13亿美元的"leverage"(影响力;手段)美国也会失去。所以,我认为埃及的军人政权可能从美国的犹豫和默认态度当中认为可以做些什么事情,如果我们能很快地把局势稳定下来,美国方面也不会说什么,并且不得不接受这个事实。但事实上,埃及军方虽然让穆尔西下台了,但在稳定全国局势方面,埃及军方还远远没有达成目的。

在未来,埃及的局势怎么发展,恐怕不仅仅是埃及的问题,还要牵涉到很多西方国家在那边的角力,更重要的就是美国反恐的一盘棋如果没有了埃及未来会怎么样走。这些都是需要考虑的。

胡展奋：作为北非和中东的大国，特别是在阿拉伯世界，埃及曾经是个领袖，它的一举一动牵动的不仅仅是北非和中东地区，更是整个阿拉伯世界。然而，随着《埃以协议》的签订，很多国家都认为埃及背叛了阿拉伯世界，所以埃及的领袖地位也一落千丈。但是，从目前看，埃及的问题应该可以说成是埃及的军方利用人民的力量把自己不喜欢的穆尔西总统赶下了台。军方用这样一种粗糙的方式做了这样一件事，他们不担心任何后果吗？

张　军：我觉得军方可能是在充分评估了各种各样的可能性后，迫不得已必须要这样做。毕竟是穆尔西上台一年多以后，军方才做了这样一件事情。所以说在一段时间里面，穆尔西和军方都有一定的意愿达成合作。但是后来，军方发现穆尔西在国际上越来越得不到西方重要国家的支持，在国内的施政方面也处处和军方作对，因此军方决定采用如此决绝的措施。

从长远来看，我觉得埃及如果长期由军人执政，或者说由军人来操纵下一次所谓的民主选举，对于埃及未来局势的稳定肯定是不利的。由于"茉莉花革命"和"阿拉伯之春"导致埃及以及中东其他一些国家（包括突尼斯、叙利亚等）被改造成了"四不像"。原来这些国家在卡扎菲、穆巴拉克的统治下，虽然不民主，可能还比较稳定。站在美国的国家利益角度来说，大家是否还记得以前的菲律宾总统马科斯，他也是掌控着一个非常独裁和专制的政权，但是因为它对美国的国家利益有好处，所以美国在很长一段时间里是选择支持这个独裁政权的。所以，从埃及、中东的角度说，以埃及为首的各个国家，它们国家政治的稳定，对于美国在中东既照顾到以色列的利益和美国在中东反恐的任务是比较有利的。所以，如果埃及军方不能在短时间内使得埃及的政权和政治得到稳定，不能很快地解决街头暴力和流血事件的发生，那么军方可能不能支撑很久就会被迫改弦更张。因为以今天世界的潮流，以这样粗糙的方式推翻一个民选的总统，在今天的世界上，已经很久没有这样的先例了。

胡展奋：张律师，我们把镜头往回拉一拉。我们特别注意到，在这次埃及爆发革命之后，特别是穆尔西总统被推翻之后，在美国的国会、学术界和智库界其实是有不同的看法的。在埃及第一次革命的时候，美国社会一直有人抱怨总统不该抛弃穆巴拉克，甚至有人说如果美国不抛弃穆巴拉克，今天在埃及上演的这一幕就不会出现。您觉得是如此吗？

张　军：我只能说，历史是不能改写的，它已经发生了。反过来讲，从美国的国家利益角度来考虑，穆巴拉克是长期比较亲美的一个重要的中东政权领导人，而且埃及的穆巴拉克政权和沙特、阿拉伯联合酋长国的政权不一样，它是一个世俗的政权，而非政教合一的政权，所以它在中东有一定的民主道德高地，更不要说埃及文化的源远流长和埃及在当地军事实力的强大。所以穆巴拉克过去这么多年的独裁统治，或者说专制统治其实对服务于美国的中东利益是很有好处的。但是，由于"茉莉花革命"、"阿拉伯之春"的发生以及一连串的事情，很多事情并不是以美国自身的意志为转移的。而在"茉莉花革命"、"阿拉伯之春"发生的过程中，有些国家的转变对美国是有利的，譬如说利比亚、突尼斯等正逐渐朝民主的方向转变；而有些国家的改变对美国的利益是不利的，譬如说像叙利亚时至今日还是处于一个内战的局面，使得奥巴马总统进也不是、退也不是。

当然，拿叙利亚和埃及比较的话，叙利亚在各方面的影响力比埃及要小很多。所以埃及今天这样一个局面，我相信肯定不是美国希望看到的。但美国在埃及的问题上的确是两难，或者说是"投鼠忌器"。首先，美国外交政策的一个重要的轴心就是输出自己的民主价值观，如果埃及或者其他阿拉伯国家中脆弱的民主能够迈出一步，美国从道德的角度没有道理不支持。第二，从现实的国家利益角度出发，这些阿拉伯国家自身也有很多现实的国家利益要考虑，譬如说埃以之间的和平对中东非常脆弱的现状是非常重要的；又譬如说苏伊士运河，那就更重要，历史上，法国、英国、美国都曾在那里留下战争的影子。所以美国不希望埃及动乱。

在埃及军方推翻穆尔西的过程中,我觉得要么是他们收到了错误的信息,要么是美国发出的信息不明确,所以军方能在极短的时间内对穆兄会进行这么多天的血腥屠杀。埃及军方的赛西等人,他们并不是对国际政治情况一无所知、全无了解的,是在评估了各项政策之后做出了这样的决定。我相信军方在做出这样的决定的时候,他们有理由相信自己有这个实力能够很快恢复埃及的秩序。但是很多时候,事情往往事与愿违。现实的情况是,埃及的穆兄会不断鼓动自己的成员每天在街上示威游行,要让世界看到,他们手无寸铁,仍然每天都做着和平抗争,却惨遭屠杀。而穆兄会自1928年成立至今,也在不断地演进,也是一个与时俱进的过程。它有时候会表现得比较温和,当这个国家的局势能够适应这样温和的一面的时候。如果埃及军方继续对穆兄会采取这样高打高压的政策,穆兄会内部非常有可能会发生变化,也就是说,穆兄会中更为保守的人会在其中担任领导职务,然后就会转而表现为更进一步的街头暴力冲突,甚至是武器对武器的血腥冲突。如果事态滑向内战的边缘,也并不是不可能的。

胡展奋:确实存在这种可能性。让西方社会感到有些意外的是,埃及宣布前总统穆巴拉克有可能无罪释放。这是一种什么样的信息?

张　军:我觉得这可能和军方做的一些公关工作有关。别忘了,当年虽然穆巴拉克有着深厚的军中背景,他自己本身也是军人出身,他在最后被推翻,一方面和美国在各方权衡后决定不救穆巴拉克有关(历史上也有很多这样的例子,包括在利比亚,卡扎菲在后期其实对西方表现得是非常亲近的,包括主动放弃了大规模杀伤性武器,将恐怖分子交给西方等等);另一方面,更为核心的原因是在埃及军方的力量,军队同意把穆巴拉克推翻,军队是让穆巴拉克倒台的始作俑者之一。综上,最后才发生了所谓的民主选举等一系列事件。

当然,穆巴拉克毕竟在埃及经营了30年,所以在穆巴拉克刚下台的时候,埃及社会也是发生了非常多的冲突,虽然没有今天那么大的规模和血腥程度,但是他的支持者也是有非常大的力量的。所以,军方如果能够把当时"埃及的象征"——穆巴拉克通过某些公关活动释放出来,从公共的角度来看,对稳定埃及的局势不是完全没有作用的。但从更为现实的角度看,穆巴拉克被放出来与否,对于今天埃及局势的缓和和改善并没有实质性的作用,原因就在于历史终究是要被翻过去的,穆巴拉克毕竟是被罢黜和推翻的,而且他在狱中也多次传出行将就木的消息。指望一位八十多岁的老人家能够扭转乾坤,我个人并不看好。但是这个公告的举动,军方肯定是经过评估的,军方肯定认为把穆巴拉克放出来的好处要大于坏处。

胡展奋:我们看到,在埃及除了发生大规模的镇压之外,有一个消息也不胫而走,那就是当地一些基督教的教堂被烧毁,基督教的教众受到了迫害。您觉得埃及会不会爆发这种宗教间的仇杀?

张　军:我觉得不能排除这种可能性。在埃及历史上也发生过这样的事情,毕竟埃及60%以上的民众都是信伊斯兰教的,是穆斯林,但是埃及跟其他的中东国家又有不同,它世俗的力量也不容小觑。而且在埃及的军队中,世俗的力量在那些高级军官、主要领导人当中占有比较大的比例,但是中下层军官、士兵又绝大部分是伊斯兰教的信徒,而且很多甚至都是穆兄会的成员。

胡展奋:这就是为什么萨达特会被杀的原因吗?

张　军:这就是原因所在,高层作出的决定激怒了中下层。很多时候,政治是非常诡异的。如果军方持续对穆兄会采取高压而血腥的镇压方式,埃及军方执行命令的中下级军官和士兵的忍受程度究竟有多高?在什么样的节点上他们会觉得自己不能再屠杀自己的同胞?我觉得这一点军方也是要做很多考量的。因为埃及的军队和其他很多地方的军队是不一样的,刚刚我已经提到,它的构成如下:高层是世俗的或者有其他宗教信仰的人多,中下层则大部分是信伊斯兰教的,那么这个里面会不会出现一些问题就不好说了。历史上,军队倒戈的现象在各个国家都发生过。

胡展奋：越是不安定的国家，军队往往在其中扮演着越是重要的角色。

张　军：是的。

胡展奋：确实。埃及军队这次的表现非常的积极，但是也非常的残忍。就像刚才张律师所讲的，不同的新闻报道采用的数字可能不完全一致，但是"死亡将近千人"这个数字看来相差不远。原本是一场宪政的革命，最后却演变成了一场大规模的仇杀，甚至还爆发了种族之间的仇杀。这对埃及来讲，真的值得埃及人民深思；不仅仅值得埃及深思，埃及周围的很多国家也要以此为戒。

胡展奋：穆兄会全称"穆斯林兄弟会"，它的背景是一个穆斯林组织，从1928年成立之后，在和平时期，在埃及，就像您刚才讲的那样，他们的表现是非常和缓的。他们的医生免费给贫苦老百姓看病，筹集款项援助需要帮助的人，做了很多的善事。但是，千万不要忘了，他们也有非常激烈的一面。穆兄会和所有现在在阿拉伯世界，也就是中东国家正在看到的所谓恐怖主义（极端宗教主义者），无论是塔利班、伊朗伊斯兰革命卫队还是其他基地组织都有这样那样的关系。

张　军：穆兄会是伊斯兰复兴运动的宗教性政治组织，于1928年创立，经过80多年的发展，它已经成为当今伊斯兰世界最有影响、规模最大的组织。由于穆兄会主张回归伊斯兰教本原，并高举"圣战"大旗，使用刺杀等暴力手段，自1954年起，穆兄会一直处于非法状态，并曾多次遭到埃及政府的查证和取缔，在政治上也受到打压和排挤。上世纪70年代后，一些激进派别从穆兄会分裂出去，而穆兄会温和派主张议会斗争，宣布接受民主、政治多元主义等，进而组织政党，参与政治生活。2011年2月，埃及前总统穆巴拉克倒台后，穆兄会的活动开始公开化。同年6月，穆兄会下属的自由与政治党主席穆尔西赢得总统大选，穆兄会正式走到政治台前，自穆尔西上任初被军方解除总统职务以来，进行抗议示威。14号,埃及军方对穆兄会支持者进行了武力驱散,并对穆兄会的官员展开了逮捕行动。截止目前,埃及各地已有超过120名穆兄会骨干被警方逮捕,穆兄会元气大伤。

胡展奋:如果埃及的局势如此发展下去,会不会引起内战?会不会形成一个阿拉伯世界所宣称的所谓的"圣战"?

张 军:我觉得这个可能性是不排除的。原因我们刚才也已经讲了不少了。穆兄会在中东地区是一个历史非常悠久的,而且成员众多的伊斯兰组织。成员不仅仅是在埃及,同时也在中东的很多国家。而且穆兄会也做过很多维护社会稳定的事情。但更多的时候,穆兄会是宣传并希望伊斯兰教的信众能够对《可兰经》、对他们的信仰,要绝对地服从,非常类似于原教旨主义。在这样的情况下,它屡屡被世俗的、军方的政权打压、屠杀。我觉得经过一段时间以后,穆兄会的内部会发生一些变化。我的担心是,穆兄会中那些更加主张原教旨主义的,更加觉得要用伊斯兰的激进方式来对抗世俗力量的人会逐渐地占到上风,会掌握穆兄会的实际权力。这个时候,再加上中东周围非常不稳定的各个"火药库"。不知道大家还是否记得?当年在伊拉克战争爆发之前,并不存在所谓的"基地组织"。正是因为军队打进去,伊拉克这个"马蜂窝"被"捅"开以后,各种各样的势力都在伊拉克找自己的代理人,甚至派自己的代理人过去。所以,虽然目前我们在埃及暂时还没有看到这样的迹象,但是如果埃及的局势不能稳定下来,军方持续不妥协,或者是穆兄会持续不妥协并且提出军方所不能答应的条件,那埃及滑向内战的边缘或者滑向更大规模动乱的边缘的这个可能性是绝对存在的。

胡展奋:今天在中东的很多其他国家,包括伊拉克、阿富汗、叙利亚等等都能看到基地组织、伊朗伊斯兰革命卫队,甚至塔利班组织的身影。特别是谈到车臣的时候,很多中东问题的观察家都表示,在这些基地组织中,最凶勇彪悍的就是这帮来自车臣的、接受过特别训练的人。也就是说,就像您讲的那样,穆兄会背后有一个庞大的、组织严谨的极端伊斯兰教组织在背后作支撑。如果埃及的问题照如此这般演进下去的话,真的有可能滑向战争的边缘,但是,在穆兄会的内部,在阿拉伯世界的内部,一直是逊尼派和什叶派在争。特别是在今天的叙利亚,基地组织支持反对派的原因就在于政府是什叶派,所以基地组织要支持逊尼派。伊斯兰宗教中不同的派别会不会在埃及的问题上扮演某些角色?

张　军:如果埃及局面持续失控的话,这种情况是非常有可能会出现的。我认为,现在的当务之急就是,埃及目前这种血腥的对抗局面应该立刻停止。如果局面不能停止,双方各自沾有对方的血债,手上所沾染的对方的鲜血越来越多,实现民主和解的几率就进一步下降。像今天叙利亚的局面也是一样,双方都沾满了对方太多的鲜血。在这个问题上,当年国共也是这样的,双方没有办法妥协了。一直要留到几代以后,父辈的鲜血不再沾染在自己的身上的时候,双方才更有可能解决好这个问题。

埃及这个国家,它在中东、在北非是有一个举足轻重地位的国家,像您刚才提到的苏伊士运河,我刚才没有展开。实际上,苏伊士运河不但对埃及本身的经济非常重要,对世界的经济也是有举足轻重的作用。历史上,为了谋求自己在苏伊士运河的势力范围,包括美、英、法、前苏联在内的各方强权在那里发生战争的例子不胜枚举。我觉得中国也会不可避免地因为埃及的局势而受到影响,因为中国有大量的货物要通过印度洋,经过苏伊士运河,再出红海,走这条路线能为中国所有的运输省下数额庞大的一笔资金。试想一下如果中国从非洲的好望角绕路走的话,要多花多少钱,而且还要经历索马里海盗的考验。所以埃及局势的稳定远远不止是埃及人民本身的事情,它几乎是一件牵一发而动全球的事情。

因此,我觉得每一个国家在对埃及的稳定的问题上都存在自己的利害关系,绝对都不能作壁上观。至少在联合国的范畴,安理会必须尽快召开相关的会议,不能再等了,这些大国应当在会议上发出明确的、统一的声音,对埃及的军人政府、对埃及的穆斯林兄弟会发出一个非常统一的声音,那就是不论你们干什么,我们希望你们能够立刻停止屠杀,然后我们才有机会进一步地坐下来谈谈怎么解决这个问题。在军人政府这一点上,我很同意美国政府采取的态度,也就是军人政府你既然发动了政变,就要尽快制定重新举行真正意义上的民主选举的时间表,尽快把政权转给一个民主的掌权者,"还政于民",否则的话,今天埃及这样的局面绝对不能持久,会变得更加糟糕。

胡展奋:我们刚才一直在谈美国,甚至还提到了中国。其实对于埃及的动荡感到最不安的邻国应该是以色列。因为穆巴拉克在埃及国内几十年的统治,先不论他是以什么手段进行的统治,至少保持了埃以三十多年的和平。尽管以色列的军事实力和经济实力越来越强大,但是它不会希望原本已经安静的埃以边界战火重起。为了以色列本国的安全,在这次埃及的动荡中,以色列会不会做出一些极端的反应,或者说它会不会有什么作为?

张　军:我看到在美国各大报纸的报道中提到,美国政府其实已经感受到了来自以色列方面的压力,包括以色列在美国巨大的游说团体的压力,希望美国对埃及军人政府采取某种支持或者默认,因为以色列肯定是不能容忍穆尔西政权或者让穆兄会重新出掌政权。此外,具有讽刺意味的是,周边很多阿拉伯国家,包括沙特阿拉伯、阿拉伯联合酋长国等等都表现出来希望能够支持埃及军人政府,甚至告诉军人政府不用担心美国会截断你13亿美元的军援,我们给你130亿。所以我觉得如果军人政府没有来自其他方面的更大的压力,仅仅是来自于美国的截断13亿美元军援的威胁的话,这个手段也许可以使埃及军人政府些微地改变一些外交政策,譬如提供一些转运站、反恐或者是保持跟以色列的相对和平等等,但是要让埃及军人政府改变国内的政策,我觉得这个手段是不够的,需要国际社会采取更加积极主动的方法,寻找更加有效的方式,使得军人政府意识到必须立刻停止这样的暴力,并且尽快地"还政于民"。

胡展奋：但是对于以色列来说，随着过去几十年埃以关系的和平以及自身军事实力的增长，以色列的军事实力远远超出周边国家。一个团结、经济实力雄厚、军事实力强大的以色列面对一个分裂的阿拉伯世界，应该感觉到自己越来越安全才对。然而，随着埃及动荡的持续，以色列越来越感到不安，当然以色列会通过自己的游说团体和借助美国的力量在埃及当地做一些工作。埃及的军人政权，这位赛西将军一开始让人们以为是一个正义的化身，挺身而出，结束一个动荡的状况，推翻一个很多作为违背埃及民众意愿的穆尔西总统，但是后来发现，这位赛西将军的野心也是很大的。您觉得他会不会成为第二个穆巴拉克？

张　军：今天我不敢做这样的一个判断，在埃及过去的历史上，或者说在一年以前，埃及的军人，尤其是高级、强势的军人始终对埃及的政治、经济有非常大的发言权。我觉得穆尔西希望在短短的一年时间里改变军人在埃及享有崇高的地位，他是抱有幻想的。所以，穆尔西在国内做出的种种举动，都让埃及军人，尤其是以赛西将军为首的高级军官感到非常不满。最后，埃及军队竟然冒天下之大不韪以暴力的方式将穆尔西囚禁，推翻了仅仅存在一年多的民主政府。所以，如果说这是赛西将军仅仅出于主持公义的目的，我觉得倒不尽然。第一，赛西可能觉得军人要重新维护他们的影响，势力，希望继续对埃及政局有所掌控；第二，他的这样一个做法确实得到了周边国家（以色列、沙特、阿联酋等等），甚至 arguably（正如可提出证据加以证明的那样）美国在这个问题上让赛西将军得到了很多错误的信息，让他认为可能美国会在表面上做出抗议，但是不会采取什么实际的措施。在这个问题上，他得到了鼓励。所以奥巴马的反对者批评其在中东问题上一错再错，从叙利亚到利比亚再到埃及一错再错，就是因为他太优柔寡断，迟迟不明确表达立场，导致一个国家接着一个国家陷入内战的泥潭。

胡展奋：我曾经看到过一篇相关的文章，特别提到了奥巴马总统的个人性格，说他的性格在这次中东局势失控的问题上有不可推卸的责任,并对他作出了批评。其实对美国来讲,从冷战时期开始,美国的国家利益在中东地区无非是三个:一是保证以色列的安全;二是保证中东石油供给的安全;三是保证美国在中东地区的最大影响力、主导力和掌控力。但是显然,随着冷战的结束,特别是随着以色列国家实力的提高。以色列的国家安全对于美国来说,可以稍稍地松一松了。尤其是近几年来,美国对于中东地区石油供给的依赖越来越少,美国很有可能在2020年实现完全的石油自给,天然气甚至还有可能出口到其他国家。随着情况的改变,美国在中东的利益已经开始出现了一些变化,而美国也提出了要重返亚洲。而就在美国想要离开中东的时候,中东变得越来越混乱,越来越复杂。美国能从中东抽身吗?

张 军: 现在看起来这个问题变得更加复杂。

原来奥巴马上台以后的初衷,基本上是抱有如下希望:第一,能够很快结束中东两场重要的战争(伊拉克战争和阿富汗战争),这件事情看起来基本上是尘埃落定,可以完成。然而,美国很多的政治观察家以及很多智库都已经向美国政府明确表明:由于美国在中东的两场战争导致美国忽略了自己对亚太地区的注意力,某种程度上,中国利用这一段时间,把自己做大,快速崛起,当然中国自己说是"和平崛起"。第二,奥巴马上台后提出希望对亚洲的力量实现再平衡(rebalance),而不是重返亚洲。再平衡(rebalance)是什么?就是说显然奥巴马觉得亚洲现在的局势是不 balance(平衡)的。美国原来的传统盟友的力量没有实质变化,变化了的是中国不断成长的经济实力,尤其是军事实力。

所以,在奥巴马提出这一计划以后,他计划的蓝图非常宏伟,他要把60%的军力特别是很大一部分海军的战力放在亚太地区。我想,如果美国把这么大的军事实力放在亚太地区,一定不是针对越南或是朝鲜,显而易见是针对中国的。在这个问题上,最近,中国的国防部长常万全也在美国访问,这也是两国防长在各自商量以后的第一次会晤。目前的谈话气氛还不错,但是中美两国战略性的分歧和军事上的战略性分歧,并没有因为这样的访问发生实质性的改变。中国崛起的势头是周边国家或者是美国所不能阻挡的,但是美国要对亚洲的力量实现再平衡的决心看起来也是改变不了的。

中东现在发生的问题对于美国来说就始终是如"芒刺在背"。叙利亚问题的声音现在刚刚低了一点,但是这个问题其实没有完全解决,随时还有可能爆发更加大规模的冲突。现在又突然出现了埃及这一次的动乱。在这样的一个问题上,美国到底应该怎么做,确实是奥巴马面临的一个非常大的难题。

事实上,美国对于非洲问题、中东问题不可谓不重视,前几年还专门成立了一个美军的非洲司令部,一方面是为了要应对非洲一些突变的情况,更重要的是中国在非洲也在不断地扩大自己的影响力。美国此举是希望能"腾出手来",在亚太地区有更大的作为。但是现在埃及事情的发生让奥巴马立刻面临一个两难的问题:一方面,美国要表明到底是否支持军人政府、是否支持民选政府;另一方面,美国能对埃及国内局势有所控制的砝码除了那"13亿美元"以外,其他都是捉襟见肘,美国对埃及在军事和经济上的影响力可能甚至还不如埃及周边的国家,譬如说像沙特和阿联酋等。所以,美国国内很多人批评奥巴马政府长期以来忽视"阿拉伯之春"造成的种种影响,也就是说"阿拉伯之春"出现之初也许是符合美国的主流价值观的,但是由于美国政府在这个问题上处处比别人晚一步,所以就处处"赶不上这一班车",导致错失了让中东很多国家实现真正意义上的民主化的契机。当然奥巴马政府对此有自己的一套说辞。

胡展奋:说到奥巴马,我也注意到最近一段时间以来的报道中都指出,从叙利亚问题开始,奥巴马一直在美国在中东的战略问题上犹豫不决,不知道究竟是否该支持。当然他可以有一大堆自己的说法,譬如叙利亚反对派里有基地组织、有极端的伊斯兰教宗教色彩,如果我们支持它的话,恐怕会扶持一个更加激进、更加不利于美国利益的政权。但是你总要先结束一个动乱,你才能说对于一个新生的政权要进行怎么样的建立。同样,在这次的"阿拉伯之春"革命中,奥巴马在埃及的问题上,很多的学者(尤其是保守派的学者)一直在批评奥巴马,认为他违背了美国在中东的根本利益,穆巴拉克是不是朋友不重要,重要的是他在代表美国的利益。其实直到最后,穆巴拉克都不相信美国会抛弃他,他周围人写的回忆录中都提到了这点。穆巴拉克后来甚至还特意从开罗跑到当年签订《埃以协议》的地方,意思就是告诉美国说,别忘了,能维持埃以和平的是我穆巴拉克,而不是今天你们所要推上来的这位所谓民选的总统。然而,美国还是对这场风暴的后续影响估计不足,觉得顺应民心吧,没想到埃及现在越来越乱。我相信很多人都还记得当初奥巴马在开罗大学的那番演讲让阿拉伯世界欢欣鼓舞,认为这会是一个种族大和解的开始。可是五年过去了,奥巴马除了完成在伊拉克的撤军之外,整个中东的形势并没有好转。您怎么看奥巴马的中东政策?

张 军: 我想先提一点,奥巴马总统是诺贝尔和平奖的获得者,诺贝尔和平奖委员会对美国总统获奖的标准很低,只要你不发动战争就可以得奖,而不需要结束战争。所以奥巴马去领奖的时候自己也说,自己站在这个地方拿到这个奖可能确实不是太应得。我相信奥巴马心中很早就有他的愿景,希望尽量改变美国之前的单边主义,就是不要动不动就发动战争或者是以战争威胁和自己有不同看法的人。包括他跑到开罗去发表的那番演说,以及早前他在竞选的时候也一直在批评小布什政府,直指小布什政府的单边主义使得美国把自己孤立于世界中的很多国家,客观上反而容易滋生恐怖主义的温床。因为如果美国去打击了别的国家,它自然也就会报复你。奥巴马这个行为当时在国内确实引起了很多的批评,尤其是比较向以色列的这些人士,认为奥巴马莫名其妙跑到开罗去说要和你和好,但是后来又没有什么实质性的动作,相反却"收获"了更多的暴力事件,像驻利比亚的美国大使被杀等等。可以说,奥巴马对中东问题有愿景,但是他对中东和平进程的作为非常有限,相反他把美国政府的重点更多地放在了亚太地区。

胡展奋：奥巴马总统的第一任期行将结束。其实每一任总统心中都有一个所谓中东和平路线图,然而,到目前为止,除了《埃以协议》签订之外,在中东并没有任何实质性的改变。埃及的未来到底何去何从,我们拭目以待。

战火煎熬叙利亚

叙利亚总统选举于 2014 年 5 月 11 日正式拉开帷幕。

叙利亚危机持续发酵至今，双方在战场和谈判桌上都处于胶着状态。叙政府希望，大选能成为一剂强心针，提升政府支持者的信心和凝聚力。同时，叙利亚政府军近期也在多地开展攻势，力图在政府控制的主要城市周围形成"安全圈"。不过，有观察人士认为，这种高安保标准的态势恐难以维持。

叙利亚政治专家朱达表示，举行大选意味着叙政府未来会更多地通过军事手段解决问题。也许巴沙尔可以继续执政七年或更长时间，但整体来看叙利亚局势不会发生根本改变，在未来相当长的一段时间内，叙利亚恐将继续经受战火煎熬。

对叙利亚问题，国际著名时事评论家张军律师怎么看呢？新民周刊高级记者胡展奋走访了他。

胡展奋：任何国际事件，不同的角度切入也许都会得出不同视角，关于叙利亚，美国人关心的恐怕不是叙利亚现在是否有内战，而是美国士兵要不要为此去打仗，或者说，要不要花更多的钱，是吧？

2013 年 9 月 10 日，奥巴马总统发表了一番感人的讲话，两天后，让人有点吃惊的是，俄国总统普京在美国著名报纸《纽约时报》的"观点"栏目中也发表了一篇文章。如果我们用汉语表达，可以说这是对美国人民的"柔情呼唤"，里面涉及美苏关系、美俄关系，甚至把二战都"拉"出来了。最终不忘文章的出发点，那就是说：哎，老兄，做世界警察没意思，还是大家过日子吧。张律师，您又怎么看美国总统的讲话？

张　军：我觉得基本上总统的两篇讲话可以并成一篇。

胡展奋：嗯哼？

张　军：奥巴马总统第一篇讲话时，美国还没有这样一个选项，这个选项也是俄国现在建议的——叙利亚可以把所有化学武器放在一处，然后由国际组织监督，最后可以将其销毁；同时，叙利亚要参加国际反化学武器合约。所以显然，奥巴马总统是在比较后期时，也许是在"the last minute"把这样一篇讲话放在里面。

我觉得奥巴马的这篇讲话恐怕也必须要说。因为两三个星期的时间，美国人民也陪同奥巴马总统走过了这样一个心路过程，开始从奥巴马说叙利亚跨越了"红线"，我们要打(仗)。到后来奥巴马总统说，打(仗)的同时还是要尊重美国宪法，也就是需要通过国会，由国会来授权。到最后发生戏剧化的变化，是俄国一个新的建议。

所以奥巴马这篇讲话，第一，他必须要在这个时候讲。因为确实在前一段时间，美国主流民意包括很多国会议员，甚至是世界媒体，对奥巴马的批评比较多。也就是认为，发动这样一场战争，首先美国人民在今天并没有这样的口味再去打一场即使是所谓"有限"的战争。但"有限"和"无限"不是发动战争的人来决定的，尤其是叙利亚目前的局势非常脆弱，奥巴马本人也经历了一些心路过程，最后变成今天这个结局。

总统必须要有决断力。在关键时刻，当人民表示不理解时，当国会表示不理解时，你需要非常清楚地告诉美国人民：第一，为什么要做这个事，希望达成什么目的。第二，撤离计划是什么。这是他必须要做的。在这篇讲话里你也可以注意到，他最后说，我要求国会暂缓表决，希望以此种和平手段留有最后一丝曙光。这跟奥巴马长期以来坚持的理念类似：希望不要发动战争；一旦发动战争希望是"有限"的战争，而且撤出计划必须明确。从这点上讲，奥巴马的讲话可能应该算是一个最佳时机。再早一点恐怕也比较难，再晚一点恐怕美国人民对这个事情更加厌倦。

胡展奋：有一种说法说，我们总统在这篇讲话中把该说的都说了，但并没有产生一个结论。也不能说我们没打，但我们基本结论是，老百姓看看外交手段能不能最终解决问题。其实总统花很多功夫在国会，讲完话后，各方反应比较热烈。没想到的是，针对此次叙利亚战争，最主要的反对方俄罗斯总统居然在美国发表了一篇文章，他开宗明义说，是对美国人民和美国政治家们喊话。您觉得普京的目的是什么，他的目的达到了吗？

张　军：我觉得他的目的非常明确。普京肯定认为，在过去一段时间里，美国民众没有听到世界反对美国动武的声音，尤其是没有听到俄国人的声音。他希望跟美国民众直接沟通。

他讲到了虽然美苏在冷战期间对抗，但美苏也联合过，最重要的一场战争二战，两个国家携手击败纳粹，带来了新的国际秩序。联合国的产生，当时如果没有美苏和其他一些大国的合作，是不可能发生的。当时美苏主导联合国，最重要的目的就是希望不再有像一战、二战这样的战争。如果真要再对哪一个国家、哪一个地区用武的话，希望这些强有力的世界大国能够扮演更重要的角色。也就是说，大国之间必须要有所谓的consensus，在所谓都同意的情况下，才能发生（战争）。所以他批评奥巴马政府，如果你要绕开联合国单方面去做，显然违背了当初五个大国决定建立联合国的目的。

所以从这个角度，美国民众开始怀疑这场战争。虽然没有人怀疑叙利亚的确使用了化学武器，但美国人民觉得这跟美国国家利益没什么关系，为什么还要卷入？普京这个"广告"出来后，更进一步巩固或加剧了美国普通民众的怀疑。

当然，同时普京也不忘给奥巴马政府一个机会，他提到，在G20峰会上，美国媒体批评奥巴马谈了二十多分钟，其实什么也没谈。但事实上，二十多分钟大国的领导人们在一起，我相信，这肯定不是国务卿克里一时口误，肯定两国首脑多少探讨过这个问题。当然有和平手段能够解决，美方对此还是采取了非常谨慎的乐观。美国很怀疑阿萨德政府会不会真的把所有化学武器交出来。尤其这个国家正处于内战，核查化学武器本身就是一个非常不容易的事情，更不要说最终销毁等等。

美方一再说欢迎俄国扮演建设性角色,但更重要的是怎么令人信服地把这些化学武器集中起来,置于国际监督下,最后将其销毁。同时,叙利亚要成为世界反化武组织成员。所以,普京达到了一部分目的,同时针对美国长期对俄国持的批评态度,尤其是对出身于克格勃这么多年的俄国领导人,有人打引号称是"新沙皇",这根本就是非常虚伪的。因为这些人讲的事实上并非俄国要做的,俄国无非是维护自己在中东的势力范围,同时可以有经济尤其是更重要的战略利益。所以普京说奥巴马对美国民众的讲话是虚伪、缺乏真心的。我觉得这对动摇一部分犹豫民意起到一定作用。

胡展奋: 但起码它作为公关来讲是成功的。普京的观点直接诉诸民众,而且特别提到,就像刚才张律师特别提出的,普京很大一部分在谈联合国的作用,如果事事都抛开联合国,联合国可能会像当年国联一样无疾而终啊,那联合国就没有意义了。普京一直在捍卫联合国存在的意义。

但普京说什么,就像张律师讲的,可能见仁见智。包括某一位美国重量级国会议员觉得不能相信。但不管你信不信,问题症结就是,奥巴马总统讲话中也说得很明确,取决于这一次俄国的外交斡旋能否成功。

张　军: 现在至少是美俄都希望把事情做成。但最终成功与否,并不是两个大国可以完全控制的,就算政府把这些化学武器都控制好了,但反对派制造低成本化学武器,跟制造原子弹不一样,并不需要高精尖的科技。

叙利亚正处在内战,反对派也不是铁板一块,它也分为很多很极端的组织。有的是亲西方的,有的甚至是基地组织,如何最终能实现可核查化武的集中以至销毁,从技术上讲非常有难度。但毕竟奥巴马政府还是找到一个最终"台阶",就是让它不要再发动战争。这一次俄国人的信用,也被放上了天平,如果俄国不能完成,那以后在国际事务中扮演重要角色的信用也会受到影响。

胡展奋：也就是说，国家还是要讲信誉的，这次对美俄两国都是一个"坎儿"。张律师，我们了解到您不仅仅是一个律师，同时对美国宪政也比较了解。这一次虽然是个国际问题，但大家也突然发现，总统与国会的互动好像不太通畅。总统这一次明确表示要得到国会授权。根据美国战争授权法，美国总统发动一场战争是不需要国会批准的。只要在48小时之内知会国会即可。这一次总统却非常高调。

根据《华尔街日报》报道，这其中有个很有趣的插曲。第一天国安会议后，总统高调说"踩红线"了，非打不可。但他和自己的办公厅主任（或叫白宫幕僚长）出去走了一圈，大概用了半个多小时，第二天便宣布要得到国会授权。总统奥巴马为什么要这么做？

张　军：对叙利亚问题，美国的确经历了自二战以来一个不大不小的宪政危机。美国宪法有明确规定，对外宣战权是总统必须和国会分享的，国会没有单独宣战的权力，总统也没有。但同时在70年代时，美国国会还通过一个新的战争授权法案，其中提到，如果总统发动的对外用武在六十天内可以结束，如果国会同意则总统可以去做，甚至国会还可以把时间再延后六十天。所以，究竟对外动武是宣战还是物理行动，始终是宪政学者们一直辩论的问题。

奥巴马如今是总统，在他曾是国会参议员时，小布什发动伊拉克战争，奥巴马曾高调鼓吹总统必须征得国会同意。他在竞选时也一再表明，自己的房间里挂着诺贝尔和平奖的奖状。所以，奥巴马如今的做法，是多种因素导致的。第一，他认为，既然战争发动没有迫切性，为什么不借此尊重一下国会，以此凝聚美国民意。尤其现在民意支持度低迷，很多人不愿意美国发动哪怕是"有限"的战争。而且发动战争以后，奥巴马在国际上引起的反响、响应会远远低于他原先的目的。包括长期以来美国坚定的盟友英国——英国下院并不支持。其他如一些阿拉伯国家基本是道义上的支持，并不可能出动军事力量或提供情报。在这种情况下，奥巴马作出了"明智之举"——把球扔给国会。让435个众议员和100个参议员好好讨论，也许可以凝聚国力，同时也赢取时间。我想他作这个决定时,以及跟俄国的谈判,脑子里多少是有一些想法的。用时间换回空间,如果可以以和平方式或外交方式解决这个不大不小的宪政危机,对他来说当然是件好事情。

胡展奋:顺着您的话往下聊,假设国会没有授权,总统会不会动武?

张　军:现在看来是不会。但有一个前提,如果俄国外交斡旋没有达成销毁化武等目的,最后球"踢回"到奥巴马这里,他就必须要作出抉择——究竟是按照70年代的战争授权法案去做还是放弃。如果放弃,奥巴马的信誉会严重受损,不仅影响到国际层面,明年国内马上要开始的中期选举也会受影响。所以,我相信他单方面以总统行政权力发动一场"有限"的战争,其可能性是存在的。

胡展奋:也就是说,宪政学者关心的是合理性,老百姓关心的可能是荷包。奥巴马总统虽然要求国会授权,他也知道联合国拿不到授权。然而,就像张律师说的,这一次民意支持度非常低,老百姓们对伊拉克战争、阿富汗战争记忆犹新:都说"扔"了这么多钱,几千名士兵丧命,几万人回国留有战争后遗症,战争是个"无底洞";如果再搞第三次中东战争,没有能力承受。民意支持度如此之低,奥巴马总统不知道吗?

张　军:我觉得他还是比较了解,奥巴马在演讲中也提到,人民不希望再发动战争,希望改善民生就业,把美国缓慢的经济增长提升上去。但他也提醒美国老百姓,比如当年欧洲对纳粹的绥靖主义,就是由于纵容导致了世界更大的灾难。当初在中东姑息养奸,最后局势不可控制。他也提出来,很多美国人认为叙利亚问题跟美国没有直接利益,但叙利亚支持黎巴嫩真主党民兵,而黎巴嫩真主党民兵常对美国在中东坚定的盟友以色列有诸多威胁;叙利亚周边国家如北大西洋公约成员土耳其,美国在其周边国家有自己的基地和军人,化学武器不能威胁美国本土,但它有可能威胁到美国子弟兵,包括各地使领馆等等;美国不愿意做"世界警察",但美国有自己的国际责任。这是奥巴马当初对美国民众说的。所以我认为，在这样一个历史关头，奥巴马不发动"有限"战争的话，会导致中期选举中民主党的大败。

胡展奋：而且美国有个习惯，美国近代史上好像每一位总统在他任内多多少少都要打一仗，迄今为止奥巴马还没打。这不单是一个国际事件，也是对美国宪政的一次考验，当然包括国会。根据《今日美国报》、《华盛顿邮报》以及 ABC 的联合调查，因为还在更新，基本数字我就不讲了：坚定的支持派是极少数，坚定的反对派占多数，但 533 位国会议员中绝大多数人没有决定。您怎么看待国会态度对奥巴马讲话的决定和影响？

张　军：如果你注意到这次听证会，你会发现，参议院和众议院，参议院的外交委员会是完成了听证，而且把票放到参议院会上去表决，只是奥巴马后来提出希望参议院暂停表决。我认为，国会议员的民调不一定完全反映届时奥巴马发动战争的态度。两党制有一个重要原则，两党都有各自的党纪，要维护自身纪律。也就是说，违反纪律会影响议员以后在国会的发展。如今的民意调查对国会议员出现的一线摇摆、犹豫、分歧是跟政治生态和国际形势有关系的。外交解决方法出现了一丝曙光，但如果外交渠道彻底关闭，美国"箭在弦上不得不发"时，奥巴马会强力运用他在国会各种各样的影响力，第一强迫本党同志支持，第二分化反对他的共和党势力。共和党也不是铁板一块，麦凯恩和 Gram 坚决支持奥巴马，同时他们也有自己的影响力。共和党领袖博纳和坎特希望这样做，只不过现在不需要他们来作抉择，也因此他们任由议员各自表达。这也是美国民主的一个特点，议员在辩论期间充分表达看法，但在最后选择时，领袖会发挥作用。

胡展奋：也就是说，还没有到临门一脚那一刻，大家都还在含混地表态，真到投票时就必须作出抉择。这次有个特点，几个重量级参议员都出来表态，特别是对 2016 年选举存在"企图"的议员们。反倒是更多众议员回避了这个问题，甚至在媒体面前也回避。参议员在一个区选两个,但众议员是普选而来,他们跟民意或选民更贴近。你觉得选民的反战情绪会不会超过党纪要求?

张　军:非常有可能,历史上不是没有"放生"过。但在众议院,民意对众议员影响较大。美国众议员必须每两年参加一次选举,所有435个众议员都面临着明年的选举压力。所以在这个问题上,工作肯定要超过党的纪律。

胡展奋:今天我们探讨的是,奥巴马总统就叙利亚问题表态后,国会特别是重量级的议员纷纷表态,但更多众议员回避媒体。刚才您讲了,在自己选民和党纪的压力下,众议员最想得到的不要被逼到必须抉择的地步。特别在重大问题上,美国参议院、众议院对于总统三权分立是非常重要的一权。我们又联想到前不久是"9·11"十二周年纪念日,这起事件对美国宪政是有影响的。当年国会授权小布什很大便利,甚至有些法案还在实行中。由于过去总统权力的扩大化,总统会不会通过这次叙利亚战争主动要求国会共同监督,会不会使美国走回宪政的正常道路?

张　军:回顾美国宪政237年的历史,其经常表现出来"钟摆政治"。"钟摆政治"就是当国家发生特别重大的国家安全事件时,比如日本袭击珍珠港、"9·11"事件、波士顿爆炸案等,"钟摆"会强烈地摆向右边,政府会多一些权力,同时牺牲民众一些个人权利。

但一般来说,"钟摆"在右边的时间不会太久,离突发事件的时间越远,"钟摆"就越会逐渐摆回到左边,最终大概落回在中间。奥巴马希望把"钟摆"从右边往回拉一下,但现在美国反恐压力和形势是前所未有的,其他国家甚至不能理解美国对国家安全如此重视。

原因很简单,纽约三千多名无辜的美国人因为恐怖主义在一个早上失去了生命。任何一个国家政府如果不能保卫老百姓的生命安全,尤其是在自己国土上,那这个政府存在的合法性是有问题的。所以奥巴马也一再标榜,因为他本身也是宪法学教授,美国发动战争应该非常非常谨慎,在此最好能够凝聚成国家共识。

他最后能把"钟摆"从偏右拉到左边,但显然并不能把它拉到特别偏左的位置。因为"9·11"之后美国人享受的自由不会再回来了,"钟摆"摆不回来了。行政、国会的权力也在相互制约过程中循环发展。

胡展奋：我们再谈一些比较敏感的问题。刚才谈到三权鼎立,在美国生活时间较长的朋友还知道,美国存在第四权力,张律师也曾经谈到过,尤其是在叙利亚问题上,民间一些媒体尤其是主流媒体有出现亲近中东某一派的思潮,美国媒体会不会过分渲染或者掩盖了一些事物?大家都知道,叙利亚旁边最重要的国家是以色列,真主党真正的敌人还是以色列。你怎么看待对美国媒体的质疑,合理吗?

张　军：与二三十年前甚至更早以前的生态相比,美国媒体发生了很大变化。以前媒体很愿意标榜自己公正、透明,至少它本义希望这样,因为报道会带有各种各样的倾向。媒体发展到今天已经变成两极分化非常严重的媒体。比如你是民主党自由派的人,可能比较愿意看NBC或者CNN;可如果你是保守派或共和党人,可能愿意看 fox news 等等。

美国媒体分化非常像今天的选民分化,这个程度到了美国老百姓要警醒的时候。以前选举也好,媒体也好,它有大量的中间选民、中间观众,可现在每次选举,中间选民的比例压缩得越来越小。从百分之二三十到现在的百分之三、百分之七。选举最后是由那百分之三、百分之五的人决定的。所以我认为,民主的真谛在于凝聚最多的共识,找到最大公约数。媒体和社会发展也是相辅相成,媒体不是生活在真空之中,媒体公司是在自由市场经济体制下产生的,当然会有自身金钱或政治立场的考虑,但更重要的是对客户的考虑。面对这么多的问题交织,如果想了解真相,恐怕要看不同媒体,当然要看看我们的东方环球就更好了。

胡展奋：对啊,这就是普京在《纽约时报》发表这篇文章的原因。不过我们还是围绕权力谈:从奥巴马一上台时,这个问题就很突出,大家一直认为奥巴马对国会影响力不够。从他的两次选举来看,都是如此。总统得到了人民认同,不管最后选举与对手票数多么接近。但大家一直诟病的是,总统对国会影响力不够,以致影响到很多重大法案的推行。这在很多民主国家都是一个很麻烦的问题。你怎么看奥巴马五年来与国会的互动?

张　军:我长期以来的观点是,人民选奥巴马做总统,当然不是要你把事情都照书本法律来做。关键是要行使决断权力。我认为,美国人对他批评得比较多,大概意思是,关键时刻当国家需要你登高一呼引领国家的时候,不论是经济问题,还是叙利亚问题,都需要总统去领导,而不仅仅是商量。所以美国国会一些议员们很多时候会觉得奥巴马比较软弱,很多时候可以听他的,很多时候可以不听他的。

而美国选举又是这样一种情况:当它选出某个党派的总统时,冥冥之中另外一个党派会去占领国会。反过来说,民主制度可能是一个好制度,套用一句时髦的话:它可以把行政权力装在笼子里。民主制度又不是一个有效制度,比如总统要推动一件事情,如果你没有游说国会和影响国会的能力,就会变成空喊口号。奥巴马上台以后喊了不少口号,比如关闭关塔那摩基地、移民改革、禁枪等等,但提完之后就没声音了。

如今,大家担心叙利亚问题会出现同样的状况。奥巴马还有两年多任期,他应该更多地考虑自己给美国人民和历史留下怎样的传奇。总统和国会不是今天才有矛盾的,230年前产生的时候就有矛盾,总统只是运用影响力尽量做得更好一点。现在做得好与不好,我们还"身在此山中"。总统要尊重宪法、遵守法律、与国会合作,但更重要的是美国人民需要总统来领导。

胡展奋:对,刚才你讲的非常重要的一点,也是学界对总统的批评——美国总统应该是一个领导者,而不是一个清廉的学者。张律师,你特别提到希望总统是一个既有清廉"身段"又有领导力的总统,显然,奥巴马有些地方做到了,有些地方没做到。奥巴马在第一任期结束时也非常失望地说，过去几年，我一直在跟国会商量，但看来什么也做不成。奥巴马还有两年多任期，说实话，历史是本人来写的，如果不能有所作为，八年下来，人民记住的恐怕也只有奥巴马这张能言善辩的嘴了。这对奥巴马将会是件非常遗憾的事情。

换个角度，就外交政策来说，这次中东事件特别是叙利亚事件中，其实叙利亚已不是美国中东政策最重要的考量。最重要的考量是在埃及。美国的中东政策在过去特别是近十几年来有两大制度：一个是以小布什为首的"新保守主义"，另一个是以克林顿等人所主张的"新干涉主义"。奥巴马说他要走第三条路。我想，很多朋友还记得奥巴马刚上台时没有去耶路撒冷，也没有去特拉维夫，而是在埃及开罗大学向伊斯兰世界发表了一篇非常感性的讲话。大家也都记忆犹新，认为奥巴马是一个有胸怀的总统。

可是，五年多来，中东不仅没有转好，还变得越来越糟。很多人说奥巴马坚持的是"奥巴马主义"。然而到底有没有"奥巴马主义"，这第三条路到底行不行得通？

张 军："奥巴马主义"能否形成，这次会是一个非常好的时机。如果叙利亚危机能够和平解决了，那"奥巴马主义"的雏形可见端倪：第一要保持美国军事力量的世界优势，第二要对所谓"流氓国家"保持军事上的高压，最好能做到"不战而屈人之兵"，不轻易把美国子弟兵派到战乱的国家去。如果这次真能够实现，那我觉得"奥巴马主义"是有希望的。如果不能实现，那要看他最终采取什么方法解决叙利亚危机，否则未来会对美国产生道义和信用上的负面影响。所以，奥巴马也面临很多不确定，但我相信不久就会看到"奥巴马主义"的雏形。

胡展奋：所以，我们不知道"奥巴马主义"到底是什么，但从过去几年的中东政策来看，它是不成功的。总统第一任上台后，首飞的是非洲国家埃及，第二任上台去了特拉维夫，他已经发现，以前自己想的未必能够实现。

说回中东，如果我们把更大架构放到中东，很多国际关系学者一直认为,中东问题的核心依旧是巴勒斯坦和以色列的问题,如果以色列不能解决和巴勒斯坦共荣共存的问题,就得不到阿拉伯世界的认可和接受。如果不能被接受,以色列又被包围其中,安全就永远得不到保障。即使有了核潜艇,有了强大的军力,也还是不安全。张律师,您怎么看总统在过去五年多在中东政策上或者在巴以问题上的做法?

张 军:我认为,刚开始时奥巴马还是有一定的理想。长期以来,美国在中东政策上采取"一边倒"政策,坚定地站在以色列这边。奥巴马决定另辟蹊径,如你刚才所说,在开罗大学发表了一篇重要的关于中东政策的演讲。当时就有人称之为新的"奥巴马主义"。

但显然,后来的事情并不以奥巴马个人意志为转移,以埃及现在的局面,如果想从一个很高角度入手,采取大中东政策,用真心去换对方的真心,从而希望短期内实现阿拉伯世界的大同,这种想法过于雄心勃勃了。

你刚才提到了,奥巴马在第二任期内还想这样做。事实上,我们必须认清,中东问题的症结所在,是在巴勒斯坦和以色列之间。如今余下的任期如此之短,奥巴马要被迫应付他不想应付的事情,比如叙利亚问题等等。他希望美国能尽快从中东问题上脱身,但现在看起来还比较偏于理想的,我也不知道他能不能实现。其实,奥巴马更大的理想是重返亚洲,实现亚洲力量的再平衡。过去十年,美国失去了应对中国崛起的好机会。

我认为在中东,如果以色列和巴勒斯坦,或者和其他阿拉伯国家、伊斯兰国家没有找到平衡点,坦率来讲,奥巴马推动其他的"主义"是不可能的。克林顿一度几乎要实现中东和平的路线图,但后来功亏一篑。如果美国能在这两个主角国家之间扮演好角色,把两者拉到和平谈判的桌子上来,也许还有希望。否则就成了"头痛医头、脚痛医脚",无从下手。

胡展奋:中东核心问题不解决,其他问题就得不到根本解决,包括"阿拉伯之春"后如利比亚,战争后国家仍然很乱。伊拉克战争,

美国看法

"扔"掉了八千亿到一兆美元的费用,三千多名士兵丧命,可最后换来了什么?

还有一些学者认为,如果在美国压力、俄国调停下,叙利亚能用非战争手段把化武问题解决,可能会给伊朗核问题解决带来一丝曙光。张律师,您怎么看?

张　军:我倒不觉得特别乐观,毕竟化学武器和核武器有本质的不同。伊朗表面是反对化学武器的使用,如果叙利亚把化武交出来,所有国家至少表面上会非常支持。伊朗核武器,同时还要想到中国的邻居朝鲜半岛核危机,当然还有传言以色列也有核武器,历史上美国在韩国也有布置核武器。我认为核武器问题不容易解决,美国声称自己不拥有化学武器,但它是拥有核武器的。所以美国自身拥有核武器,又要去解决伊朗的核武器,就要看它能不能凝聚国际的共识。我认为,要想很快解决是一个雄心勃勃的想法。

胡展奋:也就是说,现实层面上快速解决不大可能。最后一个问题,无论美国总统得没得到授权,显然总统在外交途径失败的情况下,美国动武在所难免。美国动武,能解决叙利亚的问题吗?

张　军:至少奥巴马没有向美国民众承诺,动武就能把叙利亚问题解决。恰恰相反,在他的演讲当中曾明确指出,动武并非意在推翻阿萨德政权,也并非改变叙利亚内战现状,唯一的目的是消灭叙利亚使用化学武器的能力,仅此而已。

美国政府非常明确,包括奥巴马幕僚还有议员听证时明确表示,如果利用美国军力推翻阿萨德政权,或一夜之间改变对反对派军力的平衡,也许反对派会攻进大马士革——这未必是西方社会所需要的。叙利亚反对派良莠不齐,各种派别可能带来更糟糕的状况;周边国家如以色列、土耳其、黎巴嫩、约旦、伊拉克、伊朗,都是美国担心的。最起码,美国现在维持了一个所谓"恐怖的平衡",可一旦破坏掉这个平衡,就会"欲速则不达"。

胡展奋：奥巴马总统有他自己的目标。不过，以色列也好，伊朗也好，还是其他国家，中东都是一个非常"麻烦"的地方。最后，希望这次叙利亚化武事件能通过外交途径解决，希望俄罗斯能经受住考验实实在在做些事情，让世界相信俄罗斯是有责任的大国。

美国在缅甸的战略诉求

2013年的中国外交,若论周边外交,我们不能不延颈西望。

西望缅甸,你会发现缅甸的战略位置非常重要,从地缘政治上讲,缅甸夹在两个大国印度和中国之间,同时北连中国,西进印度洋。

任何一个国家无论想从西南方楔子一样打入中国,还是中国希望借助缅甸进入辽阔的印度洋,缅甸都是必争的咽喉。

2012年11月总统奥巴马在总统胜选之后第一次出访,便是缅甸。虽然只是半天的短暂闪电式访问,但足以证明,缅甸的地理位置决定了世界各国都对缅甸不可以放弃和不可以不重视。

奥巴马为什么要去缅甸？美国在缅甸的战略诉求又是什么？新民周刊高级记者胡展奋在与国际战略问题的专家张军的访谈中翻开了美国的底牌。

胡展奋：张律师,在中国的周边关系中,可以说不关注缅甸,就等于不关注自己的右肋。中缅两国交往历史悠久,1948年缅甸独立后,中方和缅甸在1950年组建外交关系,特别需要指出的是,中国和缅甸也分别是当年和平共处五项原则的创始国之一。中缅关系始终保持比较良好。1988年以后,世界各国制裁缅甸,使缅甸经济、军事大部分转向中国。中国也确实给予缅甸军事、经济上很多方面的帮助。当然,中国在缅甸也有不愉快的投资经历。最知名的是密送水电站,最大的投资

36亿,有人说是80亿,缅甸政府出于环保因素考虑叫停项目。

特别令人注意的是,中国东盟自由贸易区成立之后,中缅外交变得越来越重要。大家知道,2012年12月份,在经过多年对缅甸的制裁后,美国总统第一次踏上了缅甸领土。虽是闪电式访问,但象征意义也足以说明,世界各国特别是大国开始对缅甸重视。所以,我想特约您深谈一下中缅之间的关系。

张　军：首先,我回应您刚才讲的,以前谈到中国外交关系好像对周边重视不够,大国关系尤其是中美关系是中国外交的重中之重。

现在,我们谈到周边关系,不能不注意"金秋外交攻势"。

"金秋外交攻势",主要是对周边尤其是东南亚国家,比如在东协、所谓的东盟或在APEC范围之内,加强了对这些国家的关系。尤其中越关系上有了一线突破,当然,突破的成与败以后可以继续讨论,其实并不是中越关系改善就一定是好的,其中有很多需要我们警惕、思考的问题。

中缅长期以来历史、文化等渊源是很深的。历史上有相当多时候,当中国特别强大时,中国就会成为缅甸的保护国,或者和中国的向心力比较大。当中国相对不太强大时,它可能又会与周边其它一些强势政权结盟。1949年以来,总体来说中缅相处得不错。当然历史上发生过各种各样的问题,比如吴奈温有排华情绪,但当时新中国刚刚成立不久,中国有更多战略考量,所以很长一段时间,中国老一辈领导人毛泽东、周恩来、陈毅都对中缅关系花了很多工夫,中国对吴奈温还是比较友好。缅甸虽然不是大国,但它是中国的重要邻邦。在国际不结盟运动中,与中国建交或者比较亲近的国家非常少,缅甸为中国提供了外交上的一个突破口,很长时间中,中国领导人把中缅关系形容为"胞波情谊"。当时,中国领导人周恩来去参加泼水节等等,相信也有很多朋友历历在目。

那么,中缅关系后来的发展,和您刚才提到的大国外交政策其实是相一致的。在过去改革开放的30年当中,中缅政治关系确实发生了一些变化。缅甸在很长时间是军人执政,至少到今天,有争议的认为吴登盛也是军人"推"出来的,充其量只是半民主产生的政府。政治上的中缅关系相对比较稳定,有外因也有中国的原因,因为中国需要这样一个邻邦。缅甸在印度洋的战略出口,以及资源等等都值得高度关注。长期以来以美国、英国为首的西方国家对缅甸实行制裁、禁运。缅甸军人政府只产生了一个民主领袖昂山素季,前缅甸爱国将领昂山将军的女儿。

在过去30年大部分时间,中缅相安无事。缅甸也意识到如果不跟中国搞好睦邻关系,在国际上会更加孤立。但近几年来,中缅关系确实发生了一些微妙变化,这也是由多方面原因造成的。一因为中国是一个崛起的大国,外交需要花去很多时间和精力,比如中美关系、中欧关系、中俄关系、中日关系等等。中国对周边小国包括对缅甸的关系,很多以经贸关系来弥补政治关系的不足,而政治上关心得不够。就好像夫妻关系,老公说:"太太,你在家呆着,把家务事做好,我每个月把钱带回来就行了。"但事实上太太考虑的不仅仅是钱,还有感情互动、夫妻关系等方面的问题。

经济关系的确很重要,比如缅甸还是相当贫穷,需要中国经济的"大树",但更多时候,它也需要政治上的关注。缅甸老百姓基本可以分为这样几类:缅甸贵族,他们对政府提供的改革比较满意,因为这不是一个休克式而是渐进式的改革,可能会形成社会的既得利益的阶层。因为,缅甸多少存在宪法方面的问题,对于昂山素季是否有资格当选下一任总统,以及她的居住权等等问题。有人认为这不是特别的重要,这些人大部分是比较有钱、比较成功的人,或者年纪比较大的人,并不确定昂山素季能否给他们带来好处;但如果你走进缅甸社会,走到市场、到大学里面,你会发现年轻人、中下层普通老百姓对昂山素季非常景仰和尊敬。我们曾到过仰光所谓的"中国城",发现有大批大学生志愿者在为昂山素季的选举拉票、筹款、宣导她的政治理念。基本上缅甸社会是这样的现状。

胡展奋：正如您所说,中缅关系在彼此交往中有很多愉快,也有一些不愉快,特别是随着各个大国对缅甸地缘政治的关注,使得中缅关系有了一些曲折和不确定。但中国对缅甸的影响力,在目前可预见的将来,仍然不是哪个国家可以完全取代的。

我们希望中缅关系可以越走越顺畅,特别中国可以"依托"缅甸,拓展在东南亚的影响力,同时能够前进至印度洋,这对中国政治、经济、军事,对中国整体国防战略都有非常重要的作用。

事实上,中缅有一个很重要的关系,就是中国对缅甸有能源战略的考量。前不久中国刚刚完成了从印度洋经缅甸建的一条油管,油管进入中国云南。这条油管对中国非常非常的重要。首先,从能源供应上来讲,这条油管每天石油供输量大概在44万桶左右,天然气126亿立方米。这对中国特别是东南地区有非常重要的经济价值。其次,战略价值上,中国已经完全成为一个纯石油进口国,对石油的需求量已经超过美国。尤其是对中东地区石油的需求,美国已经大幅减少,而中国在大幅攀升。进而石油运输安全已经成为中国必须要重视的方面。如果中缅之间的输油管道能够顺畅供油、供气,就可使中国从中东地区经马六甲海峡、经南海运输的石油份额量从37%降到30%。大家知道,马六甲海峡是咽喉要道,由美军把守。如果中国能够保障经过缅甸的输油管道,这对中国的战略意义有非常重大的意义。

同时中国在缅甸还展开了大规模能源合作项目,就像我们一开始谈到的密送水电站,其实是当时中国最大的东南亚的投资项目。初期投资36亿美元,一旦建成,装机容量大概可达到600万千瓦。这是什么概念呢？长江三峡是2 200万千瓦,它相当于长江三峡的1/3。这对经济正在蓬勃发展的缅甸和对东南亚地区非常重要。然而缅甸以环保为理由叫停了这个项目。这个项目会不会重新启动不得而知,但可以确定的是,中国在缅甸投资越来越大了,特别是在能源方面。这其中,缅甸会起到什么重要作用？

张　军：我觉得缅甸占据了很重要的地位,但恐怕也不是决定性的地位。长期以来,中国希望可以直接通到印度洋出海口,从而免去在南海的很多麻烦,否则很容易被周边国家扼住经济咽喉。

但现在缅甸国内局势也发生了一些微妙变化,而且在下一次总统大选中,类似吴登盛代表军人出来执政的总统还能不能做到,未来政策会是怎样的走向,都不确定。以前长期处于西方制裁之中,缅甸和中国发展关系,一是出于自愿,但恐怕也有无奈。而且这些年,以吴登盛为首的军人政权对国内很多民主声音采取了包容态度,昂山素季是自由的,她也当选国会议员。现在缅甸国内和国外都有比较强大的力量呼吁缅甸改变现有宪法,使昂山素季获得选举下任总统的资格。如果她可以站出来,我觉得她是一个比较强有力的人士,有人说她是缅甸的曼德拉,那还要进一步观察。

不过,你也可以看出来,昂山素季这几年复出期间,慢慢地从软禁到获得自由,到现在当选议员,她讲话的口吻也逐渐地从一个反对党的领袖,开始渐渐靠近执政党。所以支持她的一些年轻学生和中下层老百姓,对她也是有意见的。现在你会发现,昂山素季也渐渐知道"不当家,不知柴米贵",等你真正某一天要当国家领袖你会才知道很多事情不能用理想解决问题。所以第一,我认为她肯定是倾西方的,因为她在西方受过多年教育,尤其还得到了英国和美国不遗余力的支持。但同时我也不相信,昂山素季当选总统就一定会跟中国交恶。坦率地讲,她也做了很多动作跟中国改善关系。但能不能恢复到以前,比如我们刚才提到的,把中国通向印度洋的出海口无私地给中国等等,我也觉得不太可能。

油管管道是在建,但问题是中国未来会在多大程度上能够控制这个管道。坦率地说,我这次去缅甸,也碰到不少在缅甸做投资的朋友们,他们就会告诉你说,你会从当地官员审批项目微妙的交往过程中发现,也许缅甸人民还觉得中国是首选,但其实是有其他选择的。尤其中国一些国字头单位援建的大型项目,有些后来就不了了之,这是非常可惜的。这当然对当地经济、就业有影响,而且中国先期投资也不少,结果很多大型的施工设备等等都被风吹雨淋地浪费了。所以,我认为缅甸正处在一个政治转型期,相信中国也会因缅甸国内、国际形势的改变而调整对缅甸的外交政策。

胡展奋: 比如说,中国可能会觉得从巴基斯坦过来的输油管道恐怕比缅甸更安全一点。

张 军: 巴基斯坦是另外一个故事了。巴基斯坦国内政治不稳定也的确是一个问题,中国有很多的邻居,但是每个邻居家里都有一本难念的经。

胡展奋: 我记得您曾经说过,中国作为一个大国,周边好朋友太少了。比如美国周边没有敌人,俄罗斯虽然有一个欧洲在,但也基本可以掌控周边国家,其它比如德国等等,都不会像中国一样比较尴尬。所以中国从今年开始,越来越重视周边外交。

张 军: 中国在能源方面的设想虽然非常理想,通过一条输油管道,通过水电站的合作,通过其他项目的开发,让缅甸经济有所起色,让中国能源得到相应安全的通道。中国外交在缅甸其实有三个比较关注点:一是以缅甸为跳板彰显在东南亚的影响力,这对中国来讲非常重要;二是中国确实需要印度洋的出海口。但是,如果中缅合作能够进一步深化,中国能在缅甸取得印度洋的出海口,会对中国经济、战略、军事,甚至国防产生重大意义,而且中国一直矢志不渝地拓展西部大开发。如果缅甸这条通路通畅,就有可能成为中国西部大开发的原料进口来源,同时也是产品输出来源。大家可以想象,如果中国西部的产品可以直接通过云南经过缅甸,直接运到印度洋上的船只上,而后从印度洋绕行进入欧洲、中东地区甚至非洲,航程都会大大缩小,也避免了从中国东南沿海绕行南海,绕行马六甲海峡后进入印度洋,这其中节省出来的时间、成本都相当可观。

胡展奋: 在经济利益上,缅甸对中国具有极大的战略意义。那么,中国会如何施加自己的大国影响力?是不是要看中国新的领导人未来对中缅关系的拿捏和对中缅战略的考量了？

张　军：我们前面谈到了中国的能源合作、中缅关系，特别谈到中国和缅甸关系之间，都有一个因素，一个身影，那就是美国。

奥巴马访缅，当天在缅甸只停留了六个小时，先后会见了缅甸总统吴登盛、缅甸反对党领袖昂山素季，之后还在仰光大学发表演讲。奥巴马此行为缅甸带来了1.7亿美元的援助计划。舆论认为，缅甸成为奥巴马在连任总统后首批出访的目的地之一，反映了美国对于缅甸邦交正常化的重视。近日来，两国在军事和经济领域频频释放示好信号，分析人士指出，希望从军事和经济两方面同时与缅甸靠近是美国亚太再平衡战略当中不可或缺的一步，而其中，由于军事层面的难度颇大，美国倾向于先实施经济外交术。

其实美国跟缅甸并没有特别深的关系，我们曾开宗明义地提到，缅甸地缘政治位置太重要了，它夹在两个新型大国——印度和中国之间。同时缅甸还有出海口，所以美国对缅甸无论如何是不能放弃的。

1988年，缅甸出现政治动荡，世界各国尤其是西方各国对缅甸实行制裁，使缅甸和美国关系出现了一定波折。随后，随着缅甸军政府政治上逐渐宽松化，特别是著名的民主斗士昂山素季被逐渐解禁，她的政党和她身后的政治力量逐渐重新活跃在缅甸政坛。缅甸大选结束后，虽然昂山素季没有参加大选，因为涉及一些缅甸法律问题。但美国认为缅甸已经走上了一条美国所期盼的民主之路，2010年，美国全面解除了对伊朗对缅甸的禁运，同时开始对缅甸的作某些试探和投资。2010年，国务卿希拉里就曾经到访缅甸，随后，2012年11月总统奥巴马在总统胜选之后第一次出访，便是缅甸。虽然只是半天的短暂闪电式访问，但足以证明，缅甸的地理位置决定了世界各国都对缅甸不可以放弃和不可以不重视。

有人说美国此举是"围堵"中国的明显信号——对中国的新一轮"围堵"就要开始了。但也有很多朋友说未必，缅甸与美国远隔千山万水，而缅甸和中国有2 180公里的漫长边境线和悠久的交往历史。那么,奥巴马为什么要去缅甸?美国在缅甸的战略诉求又是什么?

胡展奋:我觉得美国在缅甸的战略诉求跟美国重返亚洲、重返西太平洋计划应该是一致的。以前我们也聊到过,美国至少奥巴马总统一直认为,过去十年的两场中东战争,使美国错过了随着亚太经济快速成长可以尽快摆脱经济危机的非常好的机遇。奥巴马希望尽快结束在伊拉克和阿富汗的战争,事实也是如此。两个月以后美国就要从阿富汗撤军了。

张　军:还有一些收尾工作要完成。其实美国另外一只眼睛早已盯在了亚太,美国认为亚太地区是未来可能是几十年世界经济发展的动力,而当中最重要的一环就是中国经济的崛起。我认为,美国重返亚洲不仅仅是为了围堵中国,更重要的是美国认为欧洲经济乏善可陈,其他地方更不用说了。

如果美国经济要在未来继续维持领导地位,毫无疑问,任何人当选美国总统都会把目光转向亚洲。随后就要面临的一个非常现实的问题——中国经济的高速发展,其发展速度恐怕是人类历史上从来没有过的,中国周边很多国家也从中得到了好处。当然中国的周边邻居们也很特别,比如菲律宾、越南等等,它们可能的确感受到中国崛起带来的压力或者说危险。因此这些国家尤其是东南亚国家,就比较倾向用他们长期行之有效的方法——拉其它大国入伙。对小国本身来讲,如果有两个大国"拉"它,可能就会为自己争取到一个比较好的发展战略空间。

美国要重返亚洲毫无疑问,美国人也不避讳地认为美国在亚洲潜在的经济上的对手,甚至潜在的政治、军事上的对手是中国。美国总统虽然四年一换,但事实上美国的外交政策方面有相当的连贯性,民主和共和两党都比较愿意遵守上一任留下来的外交政策远景。

美国重返亚洲,那亚洲所有国家包括缅甸都会成为这盘棋中的棋子。奥巴马访问缅甸他肯定不是一时兴起。第一,虽然美国长期遏制、孤立缅甸,但事实上美国的目光从来没有离开过缅甸,因为有昂山素季,更重要的是缅甸与中国特殊的地理和战略的关系。

而且,我刚才提到了美国品牌,美国人漂亮话比较多,比如宣称支持缅甸民主改变等等,希拉里访缅捐助了 100 万,但中国之前捐助的岂止是 10 亿、50 亿、上百亿。但是缅甸的很多人就是 Made in USA 的品牌,我讲的不仅仅是衣服,你知道我在说什么(?),他觉得美国向我们伸出橄榄枝了,美国的确是有一定吸引力的。

胡展奋:一个国家实力对整个地区的辐射性影响,在缅甸随处可见。

张 军:所以更不要说奥巴马的半天访问在缅甸造成的巨大冲击了。那是你我坐在这里不能想象的,所以我觉得,第一,奥巴马此访不是一时兴起;第二,缅甸肯定是美国重返亚洲和实现亚洲力量再平衡的重要一环。我也相信,美国还会继续推动缅甸民主化进程,继续希望缅甸在政治上做出改变。我相信美国跟西方其他国家一样,希望看到昂山素季顺利参选。

胡展奋:正如我们刚刚谈到的,美国虽然远隔千山万水,虽然有很多其它的世界热点需要美国去重视,但是美国不可以不重视缅甸。此次美国总统到访缅甸和对缅甸的关注除了自然资源比如石油、天然气等,美国当年其实还怀疑缅甸是不是在搞生化武器,国际上也有声音质疑缅甸会不会搞核武器。但美国没有把缅甸列入所谓的邪恶国家,只是采取了制裁,因为美国和西方国家在缅甸有巨大的经济利益。所以,美国能不能够成功地在中印之间塞进一个楔子,我们拭目以待。我们前面谈过了缅甸跟中国的能源关系、政治关系,同时还要谈谈中国和缅甸之间的经济关系。缅甸是一个经济欠发达地区,被联合国列为"最不发达的国家"。让人诧异的是,缅甸人现在的经济和平均收入居然比二战前还要差。当然缅甸已经开始了新一波的经济腾飞。我从网上看到很多消息,很多人在说,放弃印度吧,到缅甸、越南去投资;但也有人说,小心缅甸变成第二个越南。

经济已经成为中国和缅甸关系中比较重要的部分。前面我也谈到了,虽然密送水电站无疾而终,据说缅方另外一个水电站缅松水电站也在跟中国洽谈——中国水电站建设是世界的龙头老大。同时中国企业特别是国企对缅甸的投资逐渐在增加,根据统计,2012年中国国内对缅甸投资高达216亿美元。中国现在是缅甸第二大贸易国,第一大投资国。中国跟缅甸的关系表现在,中国在缅甸做了很多的基础投资包括矿产特别是铜矿和一些能源。当然也看到一些消息说,缅甸很多人开始对中国的进入有了一些疑虑。到底这些疑虑是由于外来的影响,还是由于西方国家的某些作用,不得而知。但中国企业带动了缅甸经济发展,这是不争的事实。中国跟缅甸经济到底如何,想听听你的分析。

张　军：东南亚周边小国尤其是缅甸、柬埔寨、老挝这些国家,他们常说中国是一个崛起的大象。它要站起来随便抖抖身上的树叶,那周边的蚂蚁们就会感受到非常大的压力。当然,如果大象对他们好,他们也会感受到益处,因为这些小国并不需要特别大的经济援助。从缅甸角度说,你会强烈感受到中国对缅甸的影响无所不在。

胡展奋：据说汉语在缅甸是通行的。

张　军：很多人会汉语,而且很多时候很多场合人民币是受欢迎的,尤其是在中缅边境,人民币几乎可以通用。中国的产品、文化甚至餐馆文化,对缅甸的影响是非常大的。但是,同时我也要向观众朋友们提出来,虽然中国这些年对缅甸影响非常大,但不要忘记缅甸历史上很长时间也是英国的殖民地,日本人也曾经进去过,美国现在对缅甸的影响也非常大。有时候我会开玩笑讲,这个 Made in USA 品牌本身就有一定价值,中国在缅甸经营了几十年,有那么大的影响力,可美国或西方国家稍微伸出一下橄榄枝,缅甸人立刻就受宠若惊、产生骚动。现在到缅甸国内去,他们当然希望跟中国人做生意,但是你也可以强烈感觉到他的内心也是很愿意和美国或其他西方国家发展关系的。

胡展奋：其实缅甸是一个很特别的国家,中缅之间的经济关系绝不是任何一个国家可以轻易所能取代的。中缅之间有长达 2 180 公里的边境线，而且有长期交往的一个过程。除了经济关系，其实大家都注意到，中缅之间还有一个很重要的关系就是军事纽带。

现在有很多人说，虽然缅甸军队规模不大约 42 万人，但是多数主要装备都来自中国，中国是缅甸军队最重要装备的供给国。不仅如此，中国不仅在军事装备上予以供应，同时在很多训练、项目上都有合作。另外，中国在印度洋，在缅甸的一些所属岛屿也有合作。中国主要是帮他们建立海军基地，也有外电报道说中国在使用缅甸的某些军事基地，包括可可岛等，但我们并没有得到官方的证实。中缅之间的军事合作显然越走越近，到底两者合作有多么深入，中国对缅甸军队，您觉得有多大影响？

张　军：你讲得不错，缅甸很多甚至连军装都是中国制造的，中国对缅甸军方的影响力，我觉得这么多年以来其实是一个谜。缅甸其实是一个挺复杂的国家，比如说中缅边境的马帮，跟中国非常亲近，或者跟中国有着天然渊源关系，但长期以来受到缅甸政府军或者叫缅甸的国防军的镇压，因为是叛军。

所以，一方面缅甸国防很多基本上是靠中国国防力量来支撑的，但是很多时候，缅甸人可能会认为这也是他们从中国购买的，只是中国价格便宜；而且缅甸有相当一部分人认为，中国很大程度上支持了中缅边境的反政府武装或者是跟政府经常过不去的那些武装。但总体说，中国对缅甸军方的影响力，对缅甸整个国家的影响力仍然是其他任何一个大国所不能替代的。

但是，我们必须要注意到的是，缅甸国内正在发生一场变革，这场变革不仅仅是缅甸本身，还有西方国家在缅甸多年的苦心经营。那中国对缅甸的外交政策必须要面对这个现实。我并不同意中国很多评论员讲的，美国访问过后，缅甸明天就会倒向西方。以我对缅甸政治这么多年的观察，我觉得那肯定不会，冰冻三尺非一日之寒，不可能明天就发生。

但我们必须意识到缅甸国内正发生的变化。所以我认为,像您刚才提到的,中国所谓的金秋外交攻势,缅甸实在是需要比较注意的地方。中国周边邻居很多,但好朋友又不多。缅甸基本上还能算是一个不错的朋友,我当然不希望因为对中缅关系拿捏得不好导致缅甸彻底跟中国离心离德。

胡展奋:中缅之间不仅仅是邻居,两国在各个领域都有卓有成效的合作。虽然目前缅甸经济发展依然比较滞后,甚至可以说非常落后,缅甸的政治生态也在逐渐改善。不仅仅中国重视缅甸,美国也重视。美国总体的亚洲战略是明确的,也就是说重返亚洲不管是否受欢迎,这个战略都会贯彻、会执行下去。缅甸显然是一个重中之重,这样重要的地缘政治关系对美国来讲是求之不得。就像阿富汗夹在俄国和中国之间一样,所以美国要在阿富汗要插一脚。如果在缅甸可以同样成型,这对美国的战略意义也是有一定帮助。

对于中国来讲,中国并不希望缅甸成为任何一方势力对中国不利的跳板。必须看到,中国与印度之间也还有很多问题,虽然两者之间达成了很多默契和协议,但显然中印之争在未来还会继续进行。缅甸,作为曾经印度的一个省,后来独立出来成为一个国家,和印度的渊源是割不断的。

中国、印度、美国在缅甸的脚印还会继续下去,到底在中国周边外交中能不能在缅甸这一环取得全面优势,要看中国新领导人在未来外交战略中如何作为了。

"龙象之睦"话西陲

在国家象征符号的标的上,中国是龙,印度是象。

图腾学中,龙与象是不该发生争战的,但现实无情,中印两国在上世纪六十年代曾经干过一仗,然后几十年相安无事。

最近,随着美国叫嚷"返回亚洲",中印关系又变得微妙起来。

在习近平访美之前,李克强总理风尘仆仆去了印度。而在前一段时间,中印在边界问题上有些不愉快,可这似乎没有影响中印两国总理的好心情。李克强总理还是按照日程访问印度。

胡展奋:张律师,中印作为两个邻国,也是世界上人口最多的国家。前段时间,两国在边界上有些不愉快,不过似乎并没影响到中印两国高层交往的意愿。你觉得两国领导人是怎么考虑的呢?

张　军:李克强总理在印度演讲中是这么说的,邻居是不能选择的,你爱不爱邻居,喜不喜欢邻居,尤其是国与国之间的邻居。这不像住房邻居,你毕竟还可以搬家。

我有时也在想:如果真的可以选择,中印会选对方做自己的邻居吗?原因为何呢?历史上两国交往很多,比如唐三藏西行。比如达摩东传。如今佛教在中国的兴盛程度,远远超过了印度。坦率说印度文明对中国文明的影响,可能比中国对印度的影响还要大。对此,李克强总理给予了高度肯定。

中印两国的经济发展道路比较相似,但在政治道路发展方面、社会发展层面等等,非常不一样。当时印度从英国殖民统治中独立,但印度的意识形态部分,有印度自身文化的一面,也有相当受到西方意识形态和文化影响的一面。而中国,在过去这些年中,中国自身的文化主要影响着自身的政治经济。所以,中印两国在历史上的确有很多问题,一部分可能是文化、政治、经济各方面差异造成的,还有就是老牌帝国主义在离开殖民地时给当地留下的痕迹。这些其实在中东、非洲也可以看到。所以历史遗留了麦克马红线和中印东段边界问题,让中印两个邻国每天为这块其实不是很大的地——大概九万平方公里,剑拔弩张。钓鱼岛也是个弹丸之地,但却非常有可能影响到中日、第二世界和第三世界经济体制间的问题。

所以,从技术角度来讲,边界问题始终困扰着中印关系。在李总理访问后产生了一个联合公告,也是新闻公告,涉及将近三十个条款,在提到中印边界时几乎是轻描淡写地带过。由此可以看出,双方领导人第一比较明智,第二高瞻远瞩。借着李总理的这次访问,不可能解决中印边界问题,一旦讨论到中印边界的麻烦和纠纷,其它问题也没办法推展。所以李总理提出,中印之间共同点也非常多,共同点大于分歧。我觉得对此学者们可以再做进一步研究和评判,但两国领导人确实希望双方能和平、友好地发展。

在政治关系方面,中印有和平共处的外交原则,是老一辈领导人周恩来与尼赫鲁等人来开辟的。与中国有相似之处,印度在历史上遭受过各种列强的殖民统治,包括英国对印度长时间的殖民统治。印巴战争导致印度和巴基斯坦、孟加拉的分裂,当然背后也可以看到美国和西方其他盟友的影子,而冷战期间,苏联对印度影响非常大——印度这点上对中国是感同身受,也因此赞同被外交界很多朋友认为是"圣旨"一样的和平共处五项原则。所以印度不会因为短时间的利益改变独立自主的外交原则。印度与俄国、中国、巴基斯坦、美国、日本之间的交往,无不体现了独立自主的外交原则。针对此,我认为中印可以找到合作的契机。总理李克强昨天也讲到,其实双方有共同的外交理念,讲白了就是一个国际观,就是我们要和平共处,就是我们要坚持独立自主的外交原则,而不是要对抗,你也了解,印度同时自己也是不结盟国家的重要成员和缔造者。但我们不能过于感性地去理解印度今天的崛起,政治的原因,外交的原因,我觉得中国现在有一种思潮,一提到印度,要么觉得不行,要么觉得印度很坏,这是过于简单化地分析中印关系。中印两国占了世界三分之一以上的人口,都是金砖国家的重要成员。李总理上台后把印度作为第一站,我认为是有非常深远的战略考量,甚至没有选中国所谓的最好兄弟、铁杆巴基斯坦作为第一站。

中印边界问题不是不重要,但双方领导人都高瞻远瞩,从更大的亚洲格局、从未来的世界格局来讨论中印关系。如果谈到中印关系就仅仅是边界冲突,谈到中日关系就仅仅是钓鱼岛,那一定是以偏概全了。那就相当于只见了树木,没有见到国际关系的"森林"。

胡展奋：中印关系确实相对比较复杂,有长久历史交往的渊源,也有兵戎相见的过去,但现在大家更多称之为"龙象之争",特别欧洲人喜欢谈龙象之争。中国改革开放不久,印度也开始实行改革开放,而且在过去十几、二十几年确实高速发展。两个非常重要的国家都是金砖五国的成员。从经济层面看李克强总理的这次访问,您认为中国的目的和印度的希望是什么？

张　军：我先谈下中美经贸关系。尽管中美经贸关系也会带来顺差问题、逆差问题、贸易保护主义等,但很长一段时间,经贸关系是中美政治关系的稳定剂和润滑剂。中印经贸关系,我认为比中美关系中的经贸关系还要重要。中国与印度有非常漫长的上千公里的边界线,随时可能发生所谓的帐篷冲突。而经贸关系带来的首先是人员的交流、民间的交流、经贸界的交流、政治人物的交流,也就是会带来经贸交流"副产品"。人员交流越来越多,经贸关系交流越来越多,会减少中印边界的帐篷矛盾。

经贸关系虽不是中印关系的唯一因素,但是一个非常重要的因素,如今中印之间每年有 700 亿以上的贸易额。在中印发生边界危机时,印度国内并非异口同声认为要对中国示好,恰恰相反,印度很多学者、媒体要求政府对中国采取更强硬的措施,比如派兵等等。然而印度的执政党顶住国内压力,派外长如期到北京访问,安排李克强总理顺利成行。印度号称是世界最大的民主国家,政府是民主选举出来的政府。如果反对党反对的声浪太大,执政党肯定要顶住压力,有所交代。而且李克强总理还会见反对党领袖,我觉得非常好。中国领导人到重要大国访问时不能只见执政党,因为反对党有时会起到非常大的作用,对执政党外交起到掣肘的影响。所以,我对李总理的首演是给予很高的评价。

胡展奋: 确实中印之间经贸关系越来越重要。就像中美关系一样,当年中国副总理谈到中美经贸关系是中美关系的压舱石和发动机,同样,我们也希望中印经济关系也成为一个压舱石、发动机,使两国关系能够更平稳发展。但是毋庸置疑,中印之间也有太多太多的不同,太多其他利益冲突,如何能够彼此协调和解决。刚才我们谈到了李克强总理对印度的访问,中印两国特别是高层都意识到,中印关系不能因为一些枝节问题而影响中印发展的大局。但毋庸置疑,中印之间确实存在很多不同,大家经常在媒体上特别是欧洲西方媒体上谈到龙象之争。印度作为"世界的办公室",中国作为"世界的工厂",两者既有合作也有竞争,从中你怎么看中印经贸关系的发展?

张　军: 龙象之争事实上不是今天的事,正是由于在过去十几、二十几年有类似言论,才有了金砖四国五国的来源。金砖国家已经开始要做金砖银行了,各国之间是既竞争又合作的关系,尤其是中印两个邻国,而且发展模式、经济改革模式基本相似。只是涉及发展的经济类型时,印度号称软件大国,中国更多走传统制造业的道路。

三十年改革开放以来,中国制造业基本每年高速增长,是一台超过平均增长8%的发动机,有人甚至称为永动机。当然发展不是没有代价的,比如污染、环保、劳工等问题确实存在,但也为中国创造了巨大财富。若体现在中印关系上,尽管大家都说是龙象之争,但我觉得其实它可以变成互补的关系。

这次李克强总理提到印度发展基本要比中国"慢半拍"。我觉得，中国一些方面的发展经验是值得印度学习的，尤其是大量的基础建设反面，比如高速公路建设、大型项目建设、高铁等等，而且印度还没有承办过现代奥运会。中国东南沿海在过去三十年发展非常好，随着发展中心逐渐西移、南移，导致中国与东盟产生了自由贸易区协定。随着西移，印度也可以从中国西部大开发中获益。

反过来，印度也可以为中国提供很多机会。印度软件发展并没有对环境造成伤害，而在中国大连、天津等地存在很多软件工业园。印度人很聪明，印度有世界上最优秀的工程师，甚至在美国很多印度人是知识分子，包括有医生、会计师、工程师等等。中国也可以向印度学习。所以中印不一定非要表现成竞争关系，即使竞争我也希望是健康的竞争关系，而更多时候两国可以互补。

胡展奋：中国、印度高速的经济发展，双方对能源的需求都比较大。比如印度是一个石油短缺的国家，中国石油需求也在剧增。国际市场上，中印两国在能源方面此起彼伏的竞争，会不会对两国关系产生负面影响？

张　军：我觉得有潜在的可能。任何时候一个国家的快速发展尤其是制造业的快速发展，对能源需求是非常高的。中印两国在过去二、三十年很多是粗放型发展，对能源使用效率不高，也导致了如今对能源需求量的增加。我认为，中印两国未来在国际市场上的能源竞争，会持续相当长一段时间。

比如中印两国有共同的河流水源，能源竞争甚至可能会影响两国政治乃至军事边界关系。所以我认为双方领导人现在应该有管控思路。首先我觉得，双方都面临着将粗放型经济转型为服务型经济、高技术经济，以此降低能源依赖。李总理也提出，针对两国共有河流和水源，中国要定期向印度提出汛情通报，这是一个非常好的姿态。我相信任何时候外交与普通人之间的关系一样，都是投桃报李。

而且李克强一直强调，中国政府高度重视并希望印度在联合国发挥更大作用。现在的中国可能越来越支持印度能够成为新的联合国常任理事国,这也是印度一直想要的。中国可从来没有对德国、日本做过这样的表示。一旦有人问及,中国领导人普遍会回答,希望日本首先正确对待自己的历史问题。

在过去三十年,中国和周边外交常出现一些问题,中国渴望稳定,而问题可能必须经过时间解决,所以中国要对印度有所示好。日本安倍等人也一直希望拉拢印度,而中国向印度多抛一些橄榄枝,多拿出一些"胡萝卜",我觉得现在是合适的历史期。

胡展奋：前段时间,特别是在中国南海出现冲突时,很多人认为印度也会卷入南海之争,认为印度会跟越南谈新油区开发。这仅仅是一种说辞呢,还真是印度能源战略的一步？您对此怎么看？

张　军：我觉得两个可能性同时存在。世界上很多人至少很多媒体希望看到中印发生冲突,发生竞争、发生零和竞争,这是一部分人的愿望。印度作为高速发展的新兴经济体对能源有非常大的需求,自身国土又不能足够供应,所以,印度在南海、印度洋地区有对海权方面的觉醒和认识,我觉得可以理解。

印度当然希望在南海有发言权,因此,往深里说,双方也很难在这方面合作,因为利益是对立的。我同时也认为印度与小的国家比如越南等等有距离。越南希望更多国际力量包括向菲律宾游说,能够共同加入南海来制衡中国。我觉得印度现在没有意愿跟中国发生直接的军事冲突,否则前几个礼拜的边界问题就是很好的契机。据说中国"帐篷军"是进入了印度实际控制线,当然中国不这么看,所以根本没必要开船到南海搞"冲突"。

胡展奋：张律师,其实中印关系历史悠久,但在经济、政治等关系发展中,总听到一些不和谐的声音。其中很重要的问题是,印度希望在印度洋有所作为,而中国也有意愿在印度洋维持自身能源运输安全,对此西方人炒作了一个话题叫做"珍珠链"。珍珠链在怎样的地理位置？

美国看法

到底是一个什么构架？据我们所知，印度媒体一直渲染中国在打造所谓的"珍珠链"战略包围印度。比如瓜达尔港的潜在战略价值备受注视，除瓜达尔港之外，中国从中东至南海航道沿线也援建了其他港口。其实，所谓的珍珠链，包括协助斯里兰卡新建汉班托达港、在孟加拉国新建吉大港、帮助缅甸多个地方设立雷达和燃料设施等，也在计划资助泰国新建跨越克拉地峡的运河，还包括使船只绕过马六甲海峡，与柬埔寨签订军训协议、为之提供军训和设备等等。如果在地图上把这些地方串联起来，看上去的确像一条珍珠链包围着印度。法新社因此说，中国取得瓜达尔港后将有利于其能源战略的实施，并使中国在阿拉伯海拥有潜在的军事基地，有制衡印度的作用。

张律师，中印之间虽然有很多共同利益，确实也有很多潜在的抵牾。印度洋是唯一一个以国家名字命名的大洋，印度一直以成为印度洋未来的真正主人引以为豪，而实质是一直为之而努力。很多国家在炒作"珍珠链"，认为中国在谋布局，希望进入印度洋，但中国自己解释是希望保护中东到中国内地石油运输的安全。

那么，珍珠链究竟是中印之间潜在的危险和矛盾，还只是大家炒作出的东西？

张　军：已经很长一段时间了，印度很多学者希望把印度洋变成印度的内海，或者是"后院"。既然是"后院"，当然就不希望别人来"染指"。但从国际海洋法层面说，印度领海只有十多海里，印度经济专属区也不过两百海里，别的国家当然可以在印度洋自由通行。

但随着世界经济形势的发展，印度洋的战略位置越来越重要。为什么？当今新兴的较大经济体中国、日本、韩国等等，都需要石油。如今中国已经几乎是纯石油进口国，中国产油完全不能满足自身经济发展，也不能一直用煤，对环境污染非常大。日本、韩国更是一滴油都不生产。石油需要大量从中东进口，经霍尔木兹海峡到远东地区。最经济的方式当然是使用万吨乃至二十万、三十万甚至四十万吨位的大型油轮运输，印度洋是必经之地。所以，随着人们对石油需要的增长，印度洋的地理位置越来越重要。

这条线从中东到远东,跟当年郑和下西洋时情况完全不一样。如果我是中国,当然第一希望航海线路要安全。这就是为什么中国急着要去索马里沿海打击海盗。索马里距中国很远,中国甚至还没到自己的南中国海去进行常态性的巡航。但如果仅仅认为中国是去打击海盗,也不全面。这条航路对中国非常重要,但光嘴上说没用,除非是展示你的肌肉和实力,所以会有中国海军的崛起包括现在辽宁号航母的下水等等。

对这条石油生命线的护航是中国领导人必须考虑的,但在考虑的同时,中国当然也希望能够寻找到一条更加便捷的通路。所以,中国在跟孟加拉、巴基斯坦甚至跟缅甸谈判。而且很多时候不论做还是不做,总会有人评论说中国是要把巴基斯坦的军港拿下来,中国要跟缅甸寻找第二通路等等。我觉得很正常的;反而如果中国领导人没有试图寻找生命线的第二选择,那才是不正常的。

当然,有人担心随着中国在此经济利益的提升,军事利益、战略利益也会不同程度提升,这种担心也很正常。中国用自己的实际行动证明,崔大使也在积极地进行口头说明,这些做法都很重要。中国在印度洋寻找第二通路,双管齐下地解决自身的生命线也是有意义的。但归根到底,如果中国能够部分能源自足最好,现在我们还做不到。

胡展奋：确实,大家在炒作这个"珍珠链",其实中国为了保护生命线的安全,在某些国家某个港口做些停留并不应该为之奇怪。起码中国不是要威胁印度,更不是要包围印度。

但是印度的崛起也引起了另外一个大国的不安,就是美国。美国将军们曾说过一句话:"印度洋,印度人并不是印度洋的主人。"印度洋在美国战略中的重要性,会不会酿成美印之间潜在的冲突?

张　军：美印之间以前就有直接冲突,比如印巴战争、印度被"一分为三"等等。当时美国在南亚地区,第一,展示自己的实力;第二,"维护"自己国家的利益。历史上印度愿意加入不结盟组织,也是发起人之

美国看法

一。印度在与诸多西方大国,与苏联、中国、日本等交往中意识到,不结盟政策、独立自主外交政策更适合印度自身。

印度正处于发展机遇期,在尽可能长久维护与世界大国的相对和平局面。如果撇开一些中国"愤青"或对印度贬低的看法等等,从过去二、三十年看印度外交政策的走向就会发现,印度一直想扮演大国之间不偏不倚的独立自主外交政策。印度想跟美国发展关系,与中国想跟美国发展关系是一样的。美国是世界第一超强,能够给印度经济发展带来重大推动力。印度也在与欧洲、俄罗斯发展关系。

有人说印度军队是"万国牌"军队,因为时而跟俄国,时而跟欧洲,时而又美国购买军力。但印度基本上希望走不偏不倚的政策,也许一段时间里他会跟美国走得比较近一点,我认为中国也不必担心。印度与缅甸还不太一样,如果从过去几十年外交历史看,印度并不情愿依附别的大国,他希望走独立自主路线。所以,中国一方面担心和警惕印度跟美国走得太近时,更应该做的是鼓励印度继续执行独立自主的外交政策。相反,如果中国采取遏制印度政策,真的对印度实现了"环印度包围圈",那无疑会把它推向另外一个大国,就像当年苏联对中国压抑到一定的程度,反而把中国推到美国方面去了一样。所以我认为,中国高层也应该了解这一点。

胡展奋:没错,套用一句老话,中印关系要站得高,才能看得远。中印关系显得比一般关系复杂些,因为既有竞争又有合作,有合作也有冲突。如何使两国关系走得更好,现在中印都在金砖五国框架内,也在二十国集团框架内相处。希望彼此能够真诚合作。

中印两国从领导人到学界到智库,知道尽管过去有六十年代的战争,尽管发展中有很多竞争,尽管双方对资源都有极强的需求,但大家也公认,中印只有合作才符合两国利益,特别在金砖五国框架内。金砖五国本身就表明希望能在西方经济政治秩序外走独立自主的外交、经济和政治制度之路。中印在金砖五国的框架内,或者在二十国集团框架内,具体地说,该如何合作维护彼此的利益?

张　军：我觉得,随着大量新兴国家的出现,金砖五国也好,二十国集团也好,首先这些国家经济已经发展出一定成就;第二,这些国家对世界影响越来越大,而且金砖五国内部经济的互补、互动越来越大。比如李克强希望中印贸易2015年能够达到一千亿/年,事实上中美贸易额也才五千亿。

金砖五国能够站在一起,首先是自身利益使然,这与其他政治性组织不太一样,比如上海合作组织就是政治性组织。对新兴发展中大国来说,世界银行和国际货币资金组织的制度未必适合自己的发展模式;而且长期以来,在这两个经济金融组织中,发展中国家的发言权都非常小,贡献和发言权不相匹配。所以,金砖五国、二十国集团就有意愿搞出自己的平衡性,虽然国家总量不多,但毕竟反映了新兴发展中国家对现行世界金融体系的看法,说不好听些是觉得不公平,好听些是不适合自己的发展模式,用崔天凯大使的话讲是,不想挑战现行国际政治和金融体系。

胡展奋：金砖五国,他们彼此之间的贸易合作其实比互相取暖更重要、更实际。新兴国家的崛起势必引起某些大国的疑虑,就像我们谈到中美关系时一样。同样,在西方世界特别是欧洲,依然处于经济衰退的态势,难免对金砖五国有说辞。刚才我们谈了龙象之争、中印之间的一些矛盾,问题是,中印两国政府如何能够真正站在一个高度,不受干扰地发展双边关系呢?

张　军：我有时也憧憬这个场景,我也知道暂时很难实现。如果中印能够发展出一种新型、真正意义上的战略合作关系,那会是一个对世界非常响亮的回答。但这的确也需要时间。

我觉得其实包括双方国民可能也没准备好,对彼此有些大的成见,我觉得这个不能回避。但如果两个国家能够精诚合作,肯定会加快各自成为世界强国、世界领导国家的进程。中印之间要创造出来一种新型大国关系,届时双方经济实力、人员交流等都到一定程度时,我觉得,世界可能也准备好接受这样一种新型的、解决冷战期间遗留的国与国边界问题的、新模式。其实很多有识之士已经在探讨,随着国与国之间边界关系发展到今天,是否存在有创新模式,还是必须要以马尔维那斯岛战争的形式来解决。中国在过去二三十年也做了很多这方面的探讨,包括跟俄国解决了很长一段的边界问题,与蒙古、越南解决了陆路边界问题。中印也要从更高的全球战略角度去看彼此关系。

胡展奋: 我和印度朋友有过接触。我感觉,印度朋友们都有一种很强烈的民族自尊心,用中国话讲叫"愤青"。而且无论是中国的愤青还是印度学术界的人士,都有很多自己的想法。那该如何在民间实行真正的交流?

张　军: 我觉得,就是要不停地去推动交流,不要因为有了隔阂就不交流。比如中日关系上有了这个钓鱼岛的"雷",但即使要解决问题,也还是要通过交流,加深两国人民互相了解。中印更是如此。中印积怨已久,一部分是历史遗留问题,比如边界问题,比如中国与巴基斯坦是"全天候"的朋友,而巴基斯坦与印度又是"宿敌",看似很现实的问题,但我认为存在更多的是误判。刚才讲到印度民间人士对中国误判,难道中国的普通老百姓对印度就没有误判吗?私下里聊天时,很多中国老百姓对印度发展还是不屑一顾,甚至采取贬低的看法。我相信在中国成长过程中,西方国家对中国难免也有同样的看法。中国也曾有过愤青的年代,任何一个国家在崛起过程中都有过幼稚现象。健康的大国关系,不应完全被双方老百姓的民族情绪所左右,否则就变成民粹主义,而不是一个成熟的大国。

胡展奋: 就目前看,中印民间层次的交往显然不够,就跟中美交往一样。我们一直在不同场合呼吁增加全方位、多层次的中美交往。其实只有两国人民之间的真正交往,才能真正消弭误会,使两国真正走到一起来。

最后一个问题,中印两国领导人都表达了很强烈的愿望,希望能够搁置暂时解决不了的问题而面向未来,做有利于两国人民的事情,但毕竟中印过去存在积怨,双方都有一些心结,中印未来的发展如何,您基本的判断是什么?

张　军:首先,中国与印度国情不太一样。印度号称世界上最大的民主国家,政府的更迭有时与西方一些民主国家很像,政府对中印关系和国际关系会有不同看法。但我认为,中印关系十分重要,因此不能以领导人的变化而发生粗糙的、很随意的、政策上的改变。中国需要注意这一点,印度可能更要注意这一点。印度的政府会受到比如反对党的车轮攻势。

第二,印度政府虽是世俗政府,但事实上受很多宗教影响,存在种姓制度等等。如果说中国发展是东西部不平衡,印度发展就更加不平衡,再加上边界问题,很多政权更迭后会使中印关系变得不确定。这时,印度领导人要考虑尽量避免冲突,中国领导人也不要特别不适应。不能保证不发生问题,但即使发生也要耐心处理,然后坚定不移地加强两国经贸关系、政治交往、高层互动等,不应受到时下政治气候改变带来的影响。如果能做到这一点,我对中印未来二、三十年的发展,持乐观态度。

胡展奋:确实,中印作为龙象之争也好,龙象合作也好,两者在世界舞台上的角色确实越来越重要。不仅仅是中国高速发展,印度也在高速发展,二者在合作中有矛盾,在竞争中也有互动,但就像刚才您所言,彼此应该站得高看得远,要抓大而放小。

我们衷心希望中印能够意识到这点:真正地发展两国友好关系,不仅惠利两国人民,同时也为世界和平作出贡献。

中日如开战，美国怎么办？

和一个中国人聊天，聊印度、聊蒙古、聊越南、聊俄国……聊任何周边国家都可以，唯独一谈日本，脸色就变，就尴尬、就凝重、就口水、就竖眉、就切齿、就跺脚；不是欣赏、就是恶骂，不是激赞、就是痛訾，不是反省、就是酷诋，就茫然发呆，就擗踊哀号……

——就什么矛盾的表情都有。

为什么？为什么一个总面积只及我们三十分之一的岛国，会如此强烈地刺激我们的神经？为什么？为什么一个总人口只及我们十分之一的民族，会如此深入地探视我们的痛阈？

中国已不是昔日之中国。日本也不是昔日之日本。由于中日之间的历史渊源和"纠结"，又有现实冲突，人们便不得不把这两个国家放在一起去考虑。

新民周刊高级记者胡展奋与张军一面痛说，一面布阵。

胡展奋：日本虽是战败国，但从传统来讲还是个军事大国；中国，特别是改革开放30年来，随着国力高速发展，经济实力快速提高，军事实力必然也在提高。我们当然认为现在中日之间不会有战争，但如果做假设，假设中日之间在钓鱼岛爆发战争，如今的中日军事力量孰强孰弱？从海军来看，中日各有怎样的优势？

张　军：首先我同意你的观点，中日之间立刻爆发大规模军事冲突的可能性不大，尽管现在钓鱼岛问题非常让人恼火。

胡展奋：的确相当纠结。

张　军：但老发生这个问题，我倒觉得在双方准军事部队之间，比方海警、海警部队、海巡等等，有可能发生低烈度的军事冲突。但如果牵涉到军队，当然日本号称是自卫队，但其实力很大程度上已经超过了很多国家的普通军队；而且长期以来，自卫队的海军、空军实力是超过中国人民解放军的空军、海军实力的。当然，在过去一段时间，尤其是中国改革开放的后半段，中国经济实力明显增强，而且我认为，中国在军事上毕竟"还"了历史上很多的"欠债"。

胡展奋：毫无疑问，中国显著增加了军事投入。

张　军：这主要体现在：第一，在过去十几年中，海军实力有了长足的进步。开始时尤其是80年代末，欧美对中展开了所谓的军事禁运，中国从这些国家获得大规模军事装备的能力非常非常有限。

胡展奋：到现在也如此。

张　军：而在中美建交初期"蜜月期"时，美国把黑鹰直升机卖给了中国，到现在中国成都军区还在使用。成都军区通过黑鹰直升机进行西藏物资运输，很少听说摔飞机的现象。遗憾的是，一旦出现大修，却没有零件。

胡展奋：好像小布什曾经答应给一点儿。

张　军：所以后来，中国很大一部分先进装备来自俄国，同时也尝试和其他的"好朋友"合作，比如从中东以色列购买预警机，如费尔康预警机。但后来因为美国从中作梗，都未能实现。中国在第二次伊拉克战争和海湾战争以后，受到了非常大的"触动"，发现现代战争尤其是在伊拉克大的沙漠和平原地区的作战，阿帕奇直升机对伊拉克坦克几乎是"蜻蜓点水"——点一个炸一个，如入无人之境。所以我相信，那伊拉克战争给世界军事带来了革命，也给了中国决策者很大的冲动。包括当年中国军委副主席刘华清就提出：中国一定要有自己的航母。他认为，航母作战平台对中国广大海疆包括现在中东战略地会有很大帮助。中国军事能力在过去的十几、二十年有了非常长足的发展。

如今再看,中国海空实力与日本相比,我觉得是从开始的落后到今天的有长有短。所以说,日本对中国不再占有完全的军事优势。

胡展奋: 日本作为一个海权国家,二战中就曾制造过航空母舰,而且造了多艘,简直是"航母大国"。二战后,还是一个造船大国,长年来一直稳居世界造船第一。2012年,我乘坐过美国十万吨位的邮轮,据说就是日本造的。日本海军的实力究竟如何?

张 军: 很长一段时间在世界上,日本和苏联的海军实力都处于解体状态。如今的俄国海军支离破碎,唯一运转的航空母舰可能只有一艘,尽管它还在叫嚣,觉得自己瘦死的骆驼比马大。相比之下,在过去几十年,日本海军得到了长足发展。

第一,日本传统上是海军大国,二战时日本拥有的航空母舰、战列舰都让美国吃了大亏,日本的一些军事理论、军事思想、海军建设思想,比中国要先进很多。这是现代军事、现代海军方面。二战以后,日本造船能力、生产电子产品能力,获得了长足进步。所以后来,日本海军今天使用的大的舰艇包括驱逐舰,比如像爱宕级是上万吨的驱逐舰,甚至还想称之为驱护舰、护卫舰(日本把上万吨的叫驱逐舰)。因为日本的自卫队,不能有侵略性。

第二,由于日本和美国天然的军事盟友关系,日本海军发展、建设思想受到美国非常大的影响。毕竟美国在日本有驻军的,有海军也有空军,还有海军陆战队,经常进行一些军事演习。仅仅从常规力量而言,日本海军在过去这么多年始终维持着相当可观的实力,甚至要排到世界第二。

胡展奋: 你指的是它的质量?

张 军: 我指的是它的质量。

胡展奋: 不一定是总吨位?

张 军: 中国的总吨位、舰只总数是超过日本的,但中国大部分的舰只,在相当长一段时间内是比较老旧的,或者吨位比较小。比如长期以来中国采取近海防御的方针,一些导弹快艇、潜水艇是有的,但是"明级"的潜水艇,第一是噪音比较大,第二是柴电系统不是很先进,经常需要浮出水面换气等等。

尤其是中国海疆跟日本海疆构造不同,日本不需要通过公共海峡"出去",中国则要通过他国,通过很狭窄的海峡到太平洋去,这就是中国海军所面临的问题。你看最近中国的北海舰队,要去远海训练,必须要通过公共海峡。日本就可以对其侦查,了解航迹、噪音特点。就像你我的指纹似的,每一艘舰艇、潜水艇都有自己的声纹等很多特征。若建立档案,一旦发生战争还是对日本比较有利。

中国海军也意识到这个问题。中国海军必须保护自身国家不断扩张的经济、政治等利益,可能也被迫要走向海疆。在过去一段时间,中国第一比较侧重发展潜艇,算是发展中国传统优势,就像发展二炮一样,发展潜艇主要是强调不对称,比如,让东风-21型成为真正的"航母杀手",但是又不知道实际效果如何,你就得花很多时间和精力去研究。为什么要这样做? 比方说,现在东风造价大概一千万到两千万美元,而制造一艘比较先进的"乔治布什号"航空母舰则要几十亿,如果要一个航母特混舰队的话是不得了的开销。所以,可能在相当一段时间内,潜艇的性价比会比较合算,或者是二炮,导弹发展会比较有利。但是现在,中国南海也有很多问题,比如中国南方海疆号称离中国海岸线大概五千多公里,算上曾母暗沙的话,如果没有强大的海上作战平台,不带飞机的话,长途奔袭对我们是相当不利的。所以发展航母还是发展潜艇(导弹),我觉得各有长处。

胡展奋: 您刚才特别提到了爱宕级,日本驱逐舰有一个特点是越做越大。中国驱逐舰大概六七千吨,日本都上万吨,而且近来整个国际海军大国有一种趋势,都在做所谓的两栖攻击舰。日本有一个日向级,是什么舰呢?

张　军: 很多人把它叫做准航母,现在中国也在刻意发展。日本的两栖攻击舰一般都在一万多吨将近两万吨,装载重型海军陆战队装备。如果中日之间发生钓鱼岛冲突，需要登陆作战、夺岛作战，使用登陆舰运载直升机就显得非常非常重要。日本长期以来比较重视这种发展，造船工业等等得心应手。

中国在过去一段时间也比较注意，因为拥有很多的海岛利益。在很长的一段时间内，台海局面也不是非常稳定，当时中国就下决心，要拥有一些大型登陆舰艇。登陆舰艇就像现在中国的"井冈山号"、"昆仑山号"，在亚洲算是比较大的，有人说可能是最大的，也有人说韩国还有更大的。但无论如何，中国"昆仑山号"和"井冈山号"级别的舰艇，经历过对索马里反海盗的亚丁湾护航，它积累了很多经验。这些运载工具对日本很重要，对中国也很重要。首先，它可以搭载大量的陆战部队，一个营甚至更多，可以搭载作战坦克，可以较长距离往返，而且可以介入海战序列防护。像中国和日本的这些运输舰或者登陆舰，本身就有很高的隐身能力，再配合其它舰艇，战斗力非常强。

胡展奋：没错。美国真正的军事力量投送，其实更多依赖两栖舰，大家也对此越来越重视。而且日本计划要做两万四千吨的更大的两栖舰。当然，对中国来说现实意义更大一点，因为夺岛作战、远程兵力投送对中国更有利一些。除了两栖舰，从潜艇角度看，大家公认日本潜艇做得不错。您怎么看？

张　军：日本潜艇水平受美国影响非常大。它的苍龙级在亚洲首屈一指。我们先暂且不谈核潜艇，因为日本没有核能力也不能发展核潜艇。如果中国的核潜艇加入日中潜艇对比，日本只能望其项背了。

胡展奋：对，这是完全不对称的。

张　军：所以我们是在谈论柴电潜艇。中国长期以来使用的是被西方称为"明级"的柴电潜艇，坦率地讲是非常落后的，是仿苏联的"罗密欧级"的潜艇。第一，噪音非常大；第二，舰上生活环境特别差。虽然中国的潜艇水兵历史上创造过多日坚守浅海潜艇的记录等等，但是其实对人的摧残非常大，现代战争中士气和战斗力也非常重要。

日本首先有非常精湛的造船技术,第二,日本潜艇通讯的一整套系统和美国联网,因为潜艇潜入大洋之后,通讯系统非常重要。第三,日本柴电潜艇有着长足进步,可以长时间地潜在海里,不用水面换气、电池充电等等。

在过去二三十年,中国对潜艇非常重视。因为中国认为自身水面舰艇较弱,如果不能以非对称方式去跟敌方作战,可能会吃亏。所以,第一,中国要维持相当的潜艇数量。第二,过去十几、二十年中,中国向俄国进口了很多"基洛级"潜艇,有人说卖给中国的比俄国自家使用的"基洛级"噪音要大。但中国的 Reverse Engineering 做得也非常好,可以对"基洛级"做很多后期改良,所以现在中国使用 AIP 发电系统后,中国常规潜艇的噪音比过去有了大幅下降。

胡展奋: 我看过一些报道,039、041这种潜艇,噪音和生存能力都在提高。

张　军: 中国潜艇最大的问题是没有经过实战,而日本毕竟经过些实战考验。再先进的武器,也必须要实战考验。两次海湾战争之后,美国发现 M16 虽然先进,但没有中国的 AK-47 好用,因为 M16 碰到高温、碰到沙漠就"卡壳"。中国还有中国海军,毕竟是这些年才发展起来,建军战略指导思想在先进性方面跟日本还存在一定差距。

胡展奋: 没错。其实对于一个国家,除了装备和设备要先进化,军事思想非常重要,特别是战略战术思想上。根据张律师的介绍,中日海军在驱逐舰、水面舰只、水下舰只等主要作战舰只相差不大。但中国有两大优势,一是拥有核潜艇,二是中国有航空母舰。那么,航母在中日海军力量对比中起到怎样的作用?

张　军: 我个人认为,中国的航空母舰16号辽宁舰,即原来的"瓦良格号",可能处于航空母舰的非常初期——婴儿阶段。

胡展奋: 中国刚解决了有没有航空母舰这个问题。

张　军: 日本在二战时走过了这个阶段,它投入的航空母舰、大型

美国看法

战列舰当时已经很多,这方面经验比中国丰富。而且,如果发生在钓鱼岛、东海附近的海战,航空母舰施展的空间非常有限。可能中国造航空母舰只是解决有和没有的问题。

更重要的是在南海,在从中东到波斯湾、马六甲海峡整个非常长的石油运输线上,中国可能需要大型类似航空母舰的战斗群来提供保护,但如果把航空母舰用在钓鱼岛,我觉得是施展不开来的。

胡展奋: 也就是说,钓鱼岛离中国近海岸也没这么远。

张 军: 中国的战机起飞二十分钟左右也就到了。

胡展奋: 从海军对比实力上讲,我们现在无法对比到近海。如果中国和日本发生海战,应该不会有近海舰艇的彼此较量吧,但从海军实力上看,存在某些不同说法,特别是来自大陆以外的一些华裔观察人士认为,日本海军远远超过中国海军,您觉得呢?

张 军: 比较两国海军不能完全从真空的角度出发。打仗之前想象的事情,打的时候不一定都会发生,很多事情是不以人的意志为转移的。比方说,即使两国海军发生摩擦,双方不一定仅仅出动海军;就算出动海军,那它是仅仅出动水面舰只,还是水下舰只,还是出动海军航空兵?这些都是放在"桌面"上可以使用的。

在这个过程中,如果双方都不使用核武器,只把常规武器放"台面",可能有胜有输。首先,日本舰艇电子化程度非常高,造舰水平也非常高。日本海军建军思想可能比中国先进。然而,这几年中国海军水平也有非常长足的进步:第一,舰艇数量有了很大提高;第二,拥有"中华神盾"051c,非常有可能已经有052d了。驱逐舰将近一万吨,相当于美国的伯克级,当然日本也有类似的。也许中国驱逐舰在水面舰艇方面,比较重视舰对舰的攻击能力。你知道十多年前,中国从苏联进口了四艘"现代级"驱逐舰,第一吨位非常大,第二,"现代级"携带着日灸型超音速长程导弹。中国过去比较重视导弹研究——鹰机62、鹰机83。其中鹰机62射程可达280海里,完全可以超时区作战,舰对舰能力较强。随着中国的052d、051c加入战斗序列,其防空能力也在增加。

我认为,中国可能欠缺的是反潜能力。中国在很长一段时间自己发展潜艇,由于受制于某些条件,比如舰载机不多,仅仅靠直升机是比较有限的,探测面不是很广等。就水面舰只而言,中日可能各有长短。日本拥有电子化全球作战能力,跟美国联网,情报侦搜可能做得比较好。中国舰队要前往太平洋,必须要经过几个水道,什么军舰从哪里出来,估计日本已经了如指掌。中国正处于一个成长学习阶段。但一旦真正战争打起来,双方海军航空兵也会介入,还有更多战略威慑力量,比如传统的东风等巡航导弹,中国巡航导弹,东风10导弹射程可以达1 500—2 500公里。总之我认为各有长短。

胡展奋: 根据您的介绍,确实从传统来讲,中日海军力量距离不小,日本是一个海军大国,一个海洋国家。近十几年来,特别是2009年台海危机对中国海军触动是非常大的,中国海军急起直追,051c、052d等等都在逐渐加入海军序列。当然,如你所讲,最重要的一点是,一场战争不单纯是单一兵种的对比,而是一个综合考量。中日两国军力对比是我们非常关心的,刚才,我们谈了中日海军实力对比,日本作为一个传统的海洋和军事大国,实力确实不弱,如果没有和平宪法的限制,日本很可能比现在还要强;中国拥有不对称的海军实力。中日实力似乎在伯仲之间。

下面我们可否谈谈空军?我们知道空军是一个特殊兵种,特别是在现代战争中,空军的作用越来越重要。张律师,中国空军近年来也在高速发展,但日本空军是得到了美国十足的帮助。请问,日本空军现在是什么状态?

张　军: 日本空军在很长一段时间内号称亚洲第一,当然中国空军也在快速进步之中。基本上日、中空军都在第三代,即所谓的三代机,两国也在积极发展四代机。对此,西方评论认为,四代半或者五代机也在研制当中。

日本空军、美国空军联动性非常强。日本使用的主力机型是F15

和F15的改进型,日本也拥有自身开发的F2中型战斗机,这些基本是主力机种。中国在相当长一段时间内空军实力不如日本,其主力机种主要是歼-7和歼-8,后来也有很多改进型,但歼-8在发展过程当中遇到很多问题,比如机动性有限等等,所以歼-7很长一段时间是中国空军的主要"家底"。但海湾战争和伊拉克战争使中国建军思想发生了很大改变,从以前传统的大陆军,到如今国防开支每年都是呈双位数增长,用来发展海、空军。中国空军主力是三代机,二代机基本被淘汰,如今歼-7已被淘汰得差不多了;中国主力机型基本是歼-10,原来的歼-11是苏联苏27的改进型,还有苏30重型,还有中国自己的F20。

中国暂时还没有形成非常强的战斗力,另外更重要的是飞行员的飞行训练水平。好的飞行员是靠黄金堆起来的,设备要好,空中小时数也非常重要。这些年中国空军飞行员训练时数已经非常逼近日本和美国空军训练时数,战斗机方面可能各有千秋,也许中国战斗机数量要高于日本,也许训练水平跟日本还有一定差距,因为一没经过实战,二是最近这些年才发展起来的新机型,包括中国自己开发的歼-10。还有外销型"枭龙"轻型单发战机。所以,我觉得在这些方面中日互有长短。在攻击机方面,日本没有单独的对地机种,中国有歼轰7,后来还有改进型号称"空中美男子",参加过1985年阅兵。在过去的一二十年,中国为什么费很大气力去改善歼轰7的航电系统、作战系统、导弹系统和火控系统呢?中国可能始终认为"空对地"在未来一段时间内早晚要派上用场,可能夺岛,也可能由于台海问题。

如果钓鱼岛发生夺岛战争,轰炸机的对敌攻击也非常重要。还有比如隐身战机,据说日本也在开发接近于猛禽F22的战机,但是这些暂不是主力机型。

胡展奋:那么,这些战机起码到正式部署服役还有一段时间。日本目前使用的是美国F15,其实F15在美国四代机还没有完全普及的今天,还是美国空军主战飞机。不过,听说美国对供应日本的F15做了点手脚,是不是?

张　军：有这样的说法,所以日本要持续对F15改进,试图通过独立的技术研发,基本传承F15的特征。其现状是第一,F15起飞重量非常大,属于重型战机;第二,F15基本结合了空中格斗和对地攻击双重能力,非常接近中国歼-11,其实也正是苏27、苏30这样重型战机的特点。由于日本的F15长期以来常和美国进行训练和军事演习,故维持着很高的训练水平。但其弱点也明显,第一在于数量有限,日本毕竟是一个受和平宪法约束的国家。第二,其战略腹地和战略空间受到很大限制,打仗不仅仅是飞机之间的战斗,还有地空导弹以及其它作战辅助手段,可能还有潜射等武器,仅靠一两架先进飞机,是不能持久应战的。而且飞机在天上一个小时,地上起码要十个小时的保养,飞机数量太少也是一个潜在的短板。

胡展奋：中国除了传言中的四代机歼-20、歼-31,因为没有装配部队——起码现在海战中还没有,但从中国一线部队装备讲,除了苏-27的"中国版"歼-11外,中国已经研发出歼-11B,甚至在苏-30基础上也有新进展。中国对外表示自己的歼-11、歼-11B甚至歼-11BS,与俄罗斯主战战机、美国F18和F15是同一档次的,但坊间又传出中国买俄罗斯苏-35的消息,这是为什么?

张　军：我觉得苏-35毕竟是截击机,中国海岸防御是非常重要的,国防思想还是要"拒敌于国门之外",不是我要到敌人"家里"打仗,所以截击能力必须要多功能,非常讲究。中国不可能像美国这么奢侈,航空母舰用F18大黄蜂,F15、F16等等分工细致。

中国主要是保护自己的领空和领土,所以需要综合能力比较强的战机。长期以来,中国军事飞机研发能力比较强,尤其是过去几年形成了一代代研发能力,但包括海军在内的所有兵种,包括海陆空二炮,弱势在于,发动机始终都不能过关。要研发苏-35、苏-30重型多功能战斗机,需要有很强的"心脏",但这始终是中国军事工业发展的短板。不仅空军,航空母舰、驱逐舰也面临着同样的问题,而驱逐舰动力最重要的来源就是发动机,除非是搞核动力。中国可能也是没办法,但我相信中国一直在做研发,比如歼-10也在使用中国"太行"发动机等等。但至少目前为止,发动机依旧是短板。

胡展奋:刚才我们谈到了军力。军事不只是装备的飞机数量,还要看是否有足够的储备能力。如果你只会造飞机而没有发动机,打起仗来,万一原来的供应方卡脖子,就麻烦了。确实中国买苏-35也许是出于一种临时考量,但也反映出中国空军或者中国航空工业的某些缺陷。

事实上,还有很重要一点:中国曾想购买以色列的"费尔康",钱已经交付,甚至时任主席的江泽民还专程去了以色列,可最后以色列没有同意交机——当然是迫于美国的压力。随后,中国励精图治终于拥有了自己的空警2000、空警200。从预警机来讲,日本预警机完全使用美国空军现役装备,那中日的预警机各自是在什么水平上?

张　军:就硬件而言,像您刚才提到的,中国预警机试图通过以色列购机未能成功,后来在自行研发的过程中付出了血的代价:当时中国派出70多位工程师研发,结果预警机在试飞时失事。听说当时中共高层非常遗憾和生气,毕竟人是最重要的。我也觉得非常遗憾,但所幸过去十几年中,中国的预警机也有了长足发展。您刚才提到的空警2000更多是起到战略目标的作用,可以指挥更大机群战略大纵深作战,还有"平衡木"空警200,会对战区局部战争有很大帮助。

由于中国预警飞机开发时间较晚,既是弱势也是优势:它集中了世界最先进的航电、雷达、指挥、空天一体,中国自己的北斗系统已经开发多年,最近看新闻说"北斗"的精度已经逼近甚至超过了GPS。

常有人问,为什么要有预警机?因为地球是圆的,人的视野始终存在地平线,地平线后面的东西是看不到的,而预警机升空以后,会将地球的弧度克服掉。预警机观测得越远,对整体作战、超视距作战就越有优势。比如一些世界先进国家,几架预警机负责轮流观测战况,指挥几十架甚至上百架飞机作战,与舰艇、卫星和其他各种作战性能飞机结合——战力也就立马发生倍增性。

胡展奋：也就是说，一架预警机不仅可以指挥飞机，其功能甚至上至太空下至海底都能大展拳脚。

张　军：是的。中国的空警2000和200，因为有后发优势，在航电、雷达、电子方面肯定比日本先进，但没有用过实战。而美国预警机已大量用于实战，日本使用的预警机基本全是美国现役的，或完全的翻版。任何一个好武器如果未经实战考验，你就不能说是一个好武器，正如美军以前的M16，据说是非常先进的单兵武器，但到了沙漠以后一进沙子就"卡壳"，只能捡起仿造中国的AK-47，反而好用，由此可见，武器的适战性非常重要。所以我认为，中国在预警机技术平台上，应该完全和日本同一水平甚至更强，但是中国空军在很长一段时间里还是地面指挥空中——由塔台来指挥千里万里以外的战争，对此该如何磨合是需要时间的。

胡展奋：没错，日本很大优势在于很早就装备了预警机，而且可以从美国直接借鉴先进经验，可以直接运用到训练中。中国也有后发优势，去年中国科技最高奖给了预警机的发明人王小谟，可见中国政府还是非常非常重视的。除预警机外，海上还有的特别机种是直升机和无人机。在美国有个说法，中国在无人机方面有后发优势，甚至把无人机做得越来越广泛。您怎么看无人机未来的海战优势？

张　军：我觉得反正美国已经使用了无人机，最近新闻是，美国希望把无人机从中央情报局撤出，因为争论太多。但毕竟无人机帮美国灭掉了很多恐怖主义的头子。无人机有很大优势：第一，续航时间特别长，因为无需支持人的生命系统；第二，带弹重量也增加很多，而且由于人在地面操纵，避免了现场执行任务时的投鼠忌器。所以，无人机在过去十几、二十年中发展非常迅速。

坦率地讲，中国在无人机方面的确有后发优势，因为中国看到了世界军事革命和无人机在其中的作用，中国军队的无人机也是广泛地使用在各个军种里面。海军有自己的无人机，比如包括前往索马里等一些地方的远海训练，经常有无人机在进行侦察、训练。陆军、空军也是如此。其实无人机最早由陆军开发，以前打炮弹、导弹要派步兵、侦察兵到前方设置攻击诸元，现在无人机基本可以覆盖。我相信无人机技术在中国一定会有更大的发展，现在世界军事强国都在强化研制。

胡展奋：我看到美国最近一篇报道专门提到中国无人机，就像刚才您讲的，美国航空母舰最忌讳中国东风-21D，美国人认为，由于导弹需要飞越一千多公里准确命中目标，中国无人机可以成为东风-21D的中继导航，提高未来瞄准准确性。您觉得中国无人机真有这么大作用吗？

张　军：我觉得无人机只是整套系统中的一个诸元，或者环节，什么都靠无人机是不现实的，现代战争也不能这样打。但无人机的确为作战方提供了常态下不可能获得的"眼睛"。东风-21，被西方认为是航母杀手，但是东风-21从来没有付诸过实战——它真的击沉过航母吗？还是击中过航母？都没有，这仅仅停留在一种理论上。有些西方报道说中国在新疆沙漠里建了航母，外加使用"东风"，但那毕竟是静止状态下的。航空母舰始终处在运动中，虽然有十万吨位，但在大海里就像一叶扁舟，是一个非常小的目标。如果说"东风"起飞后，要经过大气层然后返回，以六倍音速冲击航母。而且，它还要采取所谓的饱和袭击，由于航母自身舰队的反导武器有限，即使每个防空武器都击落一枚来袭的导弹，毕竟也有弹尽粮绝的时候；而导弹的造价却非常低，一旦击中航母可能就是灾难性毁灭，所以美国当然非常在乎中国以及如俄国发展的弹道导弹打击航母的技术。

胡展奋：导弹打航母，从理论上讲大家认为有一定可行性，但都没看到过实战。其实我们刚才谈到了空军、海军，也看到中日实力伯仲之间各有优势。特别在不对称作战中，中国可能优势更多些，中国三代机比日本多一些,还有四代机在研制。日本也想购买 F35,但它能拿到的时间不会早于 2017 年。其实除了空海力量,真正两军交战还可以有很多其它的元素,对吧?

张　军:对,两军交战武器当然非常重要,现代武器也已经不是冲锋枪了。武器包括全球范围内各种可使用的资源,从卫星到潜射到数据链,今天实在没有时间谈整个数据链的整套电脑系统等等。

最终决定战争胜负的还是人。如果仅仅依靠武器就能赢得战争,那只需要双方把家底比较下,弱的就是输了,不必打仗了。但最终我觉得,军事思想、国防战略、国防思想必须配合先进武器,才能把先进武器的作用发挥到极致。中国改革开放 30 余年,各方面都有了长足进步,但军事理论、国防理论究竟有没有进步,坦率地讲并不知道。这也是西方长期以来对中国政府的诟病——国防思想、军事思想、国防经费增加都是不透明的,不知道中国目的是什么。当然也可能是中国有意隐瞒。但我相信,中国现在军事战略、军事思想可能正处在转型期,如果仅仅停留在过去的《孙子兵法》,恐怕绝对不能了。我们曾在闲聊时谈到远交近攻、近交远攻、合纵纵横这些,但今天在此基础上是否要有很大创新,必须要结合现在新的军事技术。因此更重要的是现代军事理念,这样才会事半功倍。

胡展奋:没错,刚才您提到一个很重要的概念就是"人",其实战争到最后还是要"人"来决定。各国也许强调点不同,但是,"人"永远是决定战争胜负最后的因素。我们当然不希望发生战争,今天我们仅仅作为军事话题,从军事角度,分析中日之间可能或潜在的军事危险。事实上,我们无法完全超然谈军事,毕竟,战争的决定性因素不是一两件武器,而是一个国家的综合实力,还包括很多很多——制止一场战争其实也包括了你和我的努力。

后记／未来 10 年的中美关系

中美关系正在经历着前所未有的变化,人类社会的历史长河尚找不出这样一对复杂的,相互矛盾,相互交织,牵一发而动全身的大国关系。随着美国综合国力逐渐退出"一家独大"的局面,而中国进一步成为经济强国,同时,伴之以逐渐增强的军事与政治实力,有人悲观的认为中美的未来将是以冲突为主,合作为辅的主要基调。因为至少二战以后,尤其是冷战的历史还历历在目。

我个人认为,中美两国由于意识形态,政治制度,文化传统等诸方面的巨大差异,加之,国际社会在冷战结束后正在重新排列组合的"洗牌"之中,在可预见的未来,中美之间在不少议题上确实存在矛盾,冲突,甚至是激烈对抗的可能性。现在首要的问题是双方必须要意识到这种对抗如果不能合理管控,不但对双方,对世界都将是灾难。值得欣慰的是,中美两国历任和现任的领导层,即便是在自己国内极其困难的政治压力下,依然基本做到了相对理性的管控中美关系,今年是中美建交 35 周年,纵观这 35 周年的历史,中美的对话与交往还是主轴,而对抗与冲突被尽可能的控制在了最小的范围内。

未来的中美关系如何定位

中美两国固然有着巨大的差异,而且引发冲突的因素也不少,但我认为至少中美双方应考虑最大限度的减少"误读"与"误判",如能做到这一点,双方潜在的冲突因素就会极大的减少。

其实中美双方都有一个互相学习的过程,"二战"以后,以美国为主建立了"新"的世界政治与经济的秩序,不论你喜欢还是不喜欢。例如,来自金砖国家等新兴的发展中国家的挑战等。但是,看起来,这一个体制至少在可预见的未来我们还是要尽量利用与适应的体制。当美国人在建立这个体制的时候,中国还是一个"一穷二白"的国家,而最近三十年的改革开放使中国一跃成为世界第二大经济体,而且,很有可能在不远的将来超越美国成为世界第一。这对中国当然是一个新鲜事物,对世界,尤其是对美国和它西方的盟友也是一个新鲜事物,所以一方面中国确有必要"学习"如何成为一个"大国",尤其是"强国",因为成为大国、强国不是说GDP到了某一数字就自动的在一觉醒来之后就变成了强国,成为大国,强国伴随着很多问题,要承担更多的国际责任,需要更巧妙的发挥自己影响力与话语权,倍增我们大国的实力,强国地位,而这远非一个GDP数字就可以涵盖一切。

美国也要有一个适应的过程,冷战期间,它主要是要应对苏联为首的东欧的华约集团,今天的世界格局发生剧变以后,中国异军突起,而中国与前苏联为首的华约国家不一样,中国走的是"和平崛起",或者是说以经济崛起为主的发展道路。中国崛起的目的和初衷不是要像苏联一样与美国进行军事对抗的,所以我说美国也有学习怎样接受和适应中国成为世界大国俱乐部成员的过程。这种影响应该是相互的,而不是单向的。如果是单向的,双边关系就会出问题,如果是双向的,大家都能建设性的去管理这个关系。正如习近平与奥巴马在安纳伯格庄园达成的共识所言,中美要建构"新型大国"关系。这个"新"体现在几个方面:一是人类历史无案可循,两种社会制度与意识形态的不同要学会"相处之道";二是有案可循的历史似乎都证明,老大与老二发生冲突是常态,因为老大想永远做老大,而老二也想取而代之;三是这个"新"还在于两国间的冲突其实也还在"摸着石头过河",也在为定义,实践和完善这种新型关系在做出各种尝试,中美关系从过去的六十五年看,敌对的时间与交往的时间几乎各占一半。即使在建交后的35年,也经历了冷战时期"地缘政治学"的准战略同盟关系,从建交初期的"蜜月期",

到"利益攸关者",到现在双方领导人切实认识到有必要建立一种人类历史上前所未有的"新型大国关系"。这个新型关系如何发展,毫无疑问将影响中美关系和世界格局的变化很多年。

中美双方各自对对方有"容忍度"的极限吗?

有一种说法,美国对于一个崛起的新兴大国,它的GDP达到美国的60%以后,美国的容忍度就会达到极限,因为历史上,比如说日本,当年也是它的GDP达到了美国的70%,所以就有了后来的广场协定,而似乎中国也在一些方面给美国划"红线"如南海、台海、东海等问题。

我不太认同以数字化的方式定义如此复杂的中美关系,虽然GDP达到一定水平时的确会对世界经济产生相应的影响,尤其是当它在影响冲击到美国为首建立的世界经济、金融秩序的时候,美国人是确有担忧的,尤其过去的十多年,美国发动了两场战争,对它的经济和国际地位产生了很大的影响,也使它客观上忽略了"亚洲",没顾上中国的崛起,所以奥巴马上台后就一直想推动美国重返亚洲,需要指出的是,美国的重返,决不是简单意义的军事重返,尽管这是很重要的一个组成部分,这个重返是全面的涉及经济、文化、意识形态、人民对人民、人道主义援助等可以想到的各个层面,而这个"重返",虽然因应中国的"崛起"是一个重要的组成部分,但又不应简单解读了仅仅是针对中国的"重返",过分解读与解读不足其实都是危险的。

国际事务的"话语权"从何而来

纵观当今天下大势,无论是经济实力,亦或是军事实力去掌控世界已经不完全是硬指标了,今天很多国际关系中表现出来的是软实力和价值观,而美国作为老牌大国,在世界上推销它的价值观,可以说是经验丰富,很多时候掌握着对世界很多重要事务的话语权,而对崛起的中国来说,我们则必须要学习如何去推销自己的价值观,如何争取在国际事务上获得更多的话语权。

举例来说,美国在过去的这些年中,不但在经济,军事方面居于世界的霸主地位,它向世界输出他的文化,如好莱坞文化、麦当劳文化、体育文化、人道主义关怀等方面它做的是非常成功的。

中国在崛起的过程中坦率的说确有一个学习的过程,世界不会因为GDP达到一个数字就自动承认其强国地位,因为经济只是强国崛起的综合得分的一部分,不是全部。它的全部应是全面

张律师与美国著名ABC电视台主持人 Barbra Walters 巴巴拉沃尔特斯

的,包罗万象的,包括价值观的输出,文化层面的社会建设,媒体走向世界,让海外的侨民有更高层面的认同感等等。由于历史上的积弱太久,我们在过去三十年也许更注重自己的硬实力的成长,而未来的三十年,我们可能要花更大的精力打造更强的软实力,如廉政高效的政府,公平透明的法制,人与自然的和谐共生,进一步推进文化层面的建设,以及建立信用社会等,所有这一切都将于经济实力的进一步提高相辅相承,成为中国强国崛起的助推器。

中美关系未来的走向

中美关系未来与它的过去一样,应当不会是一帆风顺的,有的时候

可能还会是矛盾的,冲突的,但是两国领导应该要有足够的政治远见把矛盾与冲突尽量管控好,使得中美关系能够继续的在矛盾与冲突中向前发展。

应当清醒的认识到,中美两国毕竟不是战略盟友关系,未来的中美关系可能会在相当一段时间里继续是经贸关系为先锋,事实上,双边逾5 000亿美元的经贸关系在很长的时间里扮演着稳定,润滑双方政治关系的"压舱石"和"稳定剂"的作用。但是,从长远看,中美两个大国仅仅靠其实也是矛盾重重的经贸关系来维系是不全面的,不现实的,不可靠的。更多层面的关系,例如:政府间,民间,文化,艺术,旅游,智库,企业之间的深化交往与接触才能使两国间的误解,误读,误判和不信任减少,直至最终消除。中美双方函待建立政府,民间,NGO,人民对人民真正的交往管道,而不仅仅是满足于形式上的"有"管道,尽管形式上的"有"也非常重要。

中美关系未来的走向取决于太多的因素,篇幅所限,难以一一加以分析。此处,还是以经贸,投资为例谈一些个人多年的观察与体会。

贸易,投资的问题应尽量避免动辄泛政治化

与三十年前一面倒的是美国企业去中国投资,发展,到今天越来越多的中国企业来美国投资发展,这个现象本身是可喜的,也符合中美两国的根本利益,毕竟,双向的经贸,投资可以帮助平衡贸易逆差,减少贸易摩擦,但是最近崛起的中国企业在美国的发展似乎相当不顺,例子很多,如华为、中兴、三一重工等等,这使我想起美国企业三十多年前刚刚进入中国时的种种不适。

我认为现在中国企业在美的发展,首先还是要避免泛政治化,更多发生的问题是商业问题,是行业内的,司法体制内可以解决的问题,少数案件,例如,三一重工案,即使美国政府动用"国家安全"的条款,大部分时候还是可以诉诸司法,因此,中国企业来美发展的确有个"入乡随

俗",学习美国"游戏规则"的问题,这些年,坦率的说民营企业来美发展,这方面做的要好于一些国资企业,民营企业的通常做法是先在美国市场做可行性调研,请专业人士,律师,财务师,会计师等提出完整的法律,财务建议,这些年国资企业也在迎头赶上,最近的三一重工案就是有力的例证。

再有,中国企业在美国很多的时候是单打独斗,至今尚未形成真正意义上的行会组织,这方面,美国的企业行会就做的很好,例如:汽车工人协会,教师协会,他们的宗旨主要不是联谊,而是游说政府机构,向公众做公关,引导舆论,制订有法律依据的行规等。

另外,中国企业到美国发展,高级主管的本地化应该尽快的提到议事日程之上,例如,不久前,丰田车的刹车出了问题,国会听证,舆论挞伐,大有压垮丰田的意思,然而,丰田公司的危机公关处理显然在危机的时候挽救了丰田,有一点我们注意到,国会听证除了丰田章男本人用英语回答质询外,更多的是丰田美国公司的金发碧眼的高级主管在应对国会、媒体,很多美国老百姓觉得,这个企业虽然是日本企业,但它代表的是美国人的就业机会,美国的工厂,心理上就会有一种亲近感,反过来,中国的一些企业在应对国会与媒体更多的是国内派出的高管,然后还有中文翻译,美国观众就会说这是外国企业,是"我们"对"他们"的质询,客观上在公关层面上已经先输了一局。

美国的国内政治时常影响中美关系

外交政策从来都是内政的延伸,所有的国家都是如此,美国当然也不例外,这本书问世的时候,美国刚刚完成了中期选举,这次选举的重要性是不言而喻的,如果共和党拿下众议院和参议院的多数,那么民主党的奥巴马总统余下的两年任期将是一个"跛脚"的两年,也就是说,他很难再推动像当年"奥氏全民健保"这样影响面极大的法案,相反,如果民主党能够拿下两院的多数,那没有了选举压力的奥巴马很有可能再

美国看法

推动一些有利于民主党2016年总统大选的议案,如:移民法,同性恋权益,重返亚洲等,如果选举结果跟现状一样,也就是民主党掌参院微弱多数,而共和党掌众院多数,那么一直困扰奥巴马多年的"政府关闭","国偿上限"等问题就可能继续,甚至愈演愈烈,因为未来的两年,美国将进入"大选"年,这个时候,任何候选人向对手示弱都是危险的。

同样,国内政治的斗争一直也影响着美国的对华政策,1972年尼克松,基辛格等为了打开与中国外交的局面,同时为了顾及国内势力的提早曝光而导致"破局",就不得不让基辛格绕道巴基斯坦,而后"称病"秘访北京,试想,如果当时提早曝光的话,那么今天的中美关系的历史就很可能会改写。

再比如,在奥巴马与罗姆尼上次的竞选过程中,罗姆尼就多次的攻击奥巴马在一系列问题上的软弱,如草率结束伊拉克,阿富汗战争,对俄国防备不足等,当然,罗姆尼也没忘记攻击奥巴马对华政策,如贸易政策,人民币汇率等,所以在大选年里,现任总统就不得不迫于选举的压力而做出对外国"强硬"的姿态,好笑的是,奥巴马有一次在与当时俄国总统梅德韦杰夫谈话时,他要他转告普京,要他耐心些,等他选举完,那么美国在欧洲反导问题就可能会更灵活(让步),不成想,当时的麦克风没关,一下子被无孔不入的媒体抓到,差点影响了奥巴马的选情。

张军律师和罗姆尼竞选搭档副总统候选人
保罗·瑞安(Paul Ryan)

另外,美国的外交政策和对华政策很多的时候还有受到美国地方政治的掣肘,美国政治有一个俗语叫做"所有的政治都是地方政治",由于美国国会议员的份量很多的时候与他在国会服务的"工龄"有关,很多时候来自于小州的议员反而发言权更大,原因是他为自已小州争取利益比来于大州的议员更容易,正因为如此,他州里的选民就更愿意一而再,再而三的把他选回到国会去,从而导致他"工龄"更长,话语权更大,历史上,台湾领导人经常喜欢在阿拉斯加州过境,一是因为航线顺路,更重要的是,当地资深的参议员们会给他们较高的接待规格,因为,他们都是"工龄"很长的重量级的,有很大的话语权的参议员。

未来的中美关系一定还会有经历美国的选举周期的考验,也会碰上来自不同州的握有重权的议员的挑战,如果,仅仅向美国总统施加压力,而忽略了美国政治的现实,那就很难管控分歧,相反,如果能充分了解美国政治的实质,那就容易扩大共识,管控分歧,奥巴马与梅德韦杰夫的对话可以说是最好的例证。

求同存异,知易行难

中美两国都意识到有鉴于两国的巨大影响力,在很多问题上,尤其是攸关世界前途的问题上,求同存异,尽量扩大共识,管控分歧,对中美两国,对世界都是有巨大益处的,但是,求同存异这个听起来不难理解的成语,真正做起来,有时却很不容易。

我在起草此后记的这段时间,世界发生了很多大事,要求中美求同存异,管控分歧,例如:正在西非蔓延的埃博拉病毒,有进一步扩大,延烧到世界其他地方的可能性,事实上,美国也发生了疫情,未来,亚洲,中国发生疫情的可能性是存在的,奥巴马总统在会见来华盛顿与美方商讨中美领袖 APEC。11 月北京峰会的中国外长王毅时,就强调中美两个大国对抗危及人类生存的埃博拉病毒的重要性,事实上,今天的世界,离开中美的合作,很多世界性问题的解决将变得不可能,如:地球暖化,恐怖主义,反海盗,中东的和平进程,朝鲜半岛问题,非洲的和平与发展离开了中美两国的合作都是难以想象的。

时下与未来的中美关系,将不再是建交初期的关系,那是双边关系的单一性特点,也就是准结盟对抗当时苏联的色彩的色彩很突出,而其它攸关世界的议题,由于当时中国的国力等,远不如今天显得强大,当今的世界从来象现在这样的呼唤中美两国的合作。

但是,求同存异有时又谈何容易,前面已经分析了阻碍两国顺利发展的各种政治的,意识形态的,地缘政治的,各自国内政治的原因,两国人民对人民在旅游,文化,教育,社会等方面的交往也与两国的经贸交往水平极不相称,中美两国的关系经常被诸如:经贸关系,南海,东海问题,台湾问题等困扰,而这些困扰经常又被两国的国内政治的发展而影响,如果不管控好,或者说不下大力气真正的建立一种"新型"的,人类前所未有的管控机制的话,套用中国的一句俗语:"人无远虑,则必有近忧",那么中美关系就会经常为一些不大不小的棘手的问题所牵制,从而影响两国在更广阔的空间里展开合作,更不用说在许多更大的,人类共同面临的课题上的合作,21世纪是太平洋的世纪,太平洋两岸的两个大国对这个世纪的人类历史的发展有着不可推卸的责任,求同存异,共谋中美两国和人类的发展应该是这个世纪的主规律,令人欣慰的是,越来越多的中美两国的领导人,还有两国的人民意识到历史赋于我们的机遇和责任,中美唯有合作才能共赢,中美唯有合作,世界才能和平,才能发展。

致　谢

写完这篇后记,已是2014年的秋天了,春华秋实,在这个收获的季节里,有必要向那些无私帮助过我的人们致谢。首先我要感谢上海《新民周刊》的高级记者,著名作家胡展奋先生,没有他的推动,策划,采访、协调、统稿和对文字文稿爬梳剔抉所付出的大量心血,这本书是不会如此顺利问世的;我感谢出版社的黄勇先生,作为责任编辑,他的抬爱与热忱以及对整体的把握,无疑都浸渍在这本书中了;感谢待我如兄长的施国亮先生,他承担了很多后勤、协调的工作,几乎就是我的金牌使者。

更要感谢华东师范大学新闻传播学院2010届的毕业生王若翰和11级学生都彦霏、王萌、白华康、陈亮、王健佳、邵云韵、吴禅菁、薛梦锦、杨艺、王婉玉、赵可人以及12级学生周尽欢、房鑫、沈思予、金倩楠、陈佩珍、邹玥、单奕等同学在成书初期为我承担了近四十万字的录音整理及转换文字工作。

这本书除了汇集了多年来我在中美各大电视台,电台,报纸,杂志,通讯社,大学,论坛的主要言论与思考外,还汇集了我众多的人脉与友情,在此一并感谢这些给了我机会与平台,并容忍我的错误与瑕疵的各位朋友、各位老师,领导,记者,主持人,编辑等。也请帮助过我而被我疏漏名字的朋友原谅我的颠顶,因为事实上这二十多年来对我帮助过的人还很多,即使全部列出也难免挂一漏万,好在助我之友,都持无私之初心,请在此接受我深深的谢意!

我还要特别感谢我的家人,我太太这些年来为我承担了很多家务和公司的事务,使我有时间静下心来写书,事实上她不但支持我,而且还给了我很多很有价值的建议。我10岁的儿子时常问,爸爸的书什么时候写好呀？对他来说写一本书是件特别了不起的大事。令人欣慰的是儿子也喜欢阅读和写作，并时常说要写一部儿童小说。我也要感谢我的爸爸，妈妈，他们对我的培养与教诲始终是我人生向上的动力。我的妹妹承担了此书很多后期文字校对、打字、纠错等繁锁的工作，在此一并致谢。我还要感谢我的岳父帮我收集资料和大力支持。我的同事们也在这几年成书过程中为我大量的演讲而承担了书报查阅，资料检索的工作，恕不一一列出他们的名字了。

　　最后，我要将此书献给已离我而去的外婆，她的坚强，坚忍，坚毅，以及对我无私的，有时甚至是无原则的爱是激励我攻坚克难，永不言败的力量源泉。

2014 年 10 月 10 日

于美国洛杉矶